日本企業の
組織行動研究
■企業成長の組織的課題■

Organization Action Research of Japanese Firm
■ *Systematic Problem of Firm Growth* ■

Meng Yong

孟 勇

専修大学出版局

はじめに

　戦後の日本経済は1950年代半ばから1970年代初期にかけて高度成長を実現し、その後のニクソン・ショック、二度の石油危機、80年代後半の円高などの難局を乗り越えて高いパフォーマンスを実現した。しかし、1990年代初頭のバブル崩壊とともに日本経済は極度の不振に落ち込み、その後の10年あるいは15年にわたる混乱の後、ようやく回復の兆しを見せている。

　言うまでもなく、日本経済の成長の原動力は個々の企業の成長にあった。それは個々の企業の競争力に帰着する。すると日本経済が長期の低迷から脱して再度成長できるかどうかは、個々の企業の競争力にかかっている。

　では日本企業は自らの競争力をどのように形成してきたのか。これまでのメカニズムはどのような問題に直面し、それを日本企業はどのように克服しようとしているのか。これによって日本企業は再度競争力を取り戻すことができるのか。

　経済のグローバル化とともに、各国の産業再編はますます加速することとなっている。ヒト、モノ、カネ、そして情報の資源をグローバルに利用すれば、企業成長の可能性もまたグローバルに広がることになる。このような観点からは、企業の競争力にとって、どの国に所属するかという「属地」の重要性はますます薄くなる。その代わりに経営能力という意味での「属人」の重要性がますます大きくなると考えられる。

　1990年代末、経営不振によってフランスルノー社と資本提携した日産自動車は新たなグローバル企業として生まれ変わり、その経営をカルロス・ゴーンに任せた。同様に2004年12月、中国レノボ・グループ（聯想集団）はアメリカのIBMのPC部門を買収すると発表し、本部をアメリカにおき、最高経営者としてアメリカ人のスティーブ・ウォード(Stephen M. Ward, Jr.)を任命した（現在はビル・アメリオ　William J. Amelio）。これらのことはまさに企業成長が、経営者という「属人」に依存することを表している。

このように企業の成長にとってグローバルな経営能力がますます重要となるのであるが、どのように競争力を構築するのかに関しては、企業は多様な選択肢を有することになる。とりわけ近年の日本企業では、従来型の内部資源の蓄積による成長を求める企業があると同時に、国内、海外での企業買収を通じ成長を追求する日本企業も増加している。さらに同一のマクロ経済環境や同一の産業や市場においても、一方には極度の業績悪化に落ち込む企業があると同時に、他方には顕著な業績を達成する企業が存在する。このように企業成長の多様な選択経路があると同時に、企業競争力の二分化もまた進行している。

　本書は、戦後の日本企業の成長過程と現在の課題を、経済学の企業成長理論の古典的著作であるE.T.ペンローズの『会社成長の理論』に基づき企業成長の分析枠組みを提示する。ペンローズの企業成長の本質は、規模の量的拡大ではなく、技術革新と組織革新が生み出す企業の質的成長のメカニズムを提示する点にある。本書は、戦後日本を代表するホンダとソニーを取り上げ、その成長のプロセスをペンローズの枠組みの中で解釈し、企業成長の本質を明らかにする。さらに競争戦略理論におけるポジショニング・アプローチと資源ベース・アプローチをペンローズの企業成長理論の観点から再解釈し、競争戦略理論の観点から日本の企業システムの多元性と組織的特質を解明する。

　以上のような企業成長に対する関心は、私の母国、中国の企業に対する示唆を求めてのことでもある。つまりいかなる企業システムをもって、中国企業は競争力の形成と企業の持続的成長を成し遂げるのか。

　現代中国にはさまざまな形態の企業が存在する。その中でも企業内労働者を使い捨ての一生産要素として取り扱う企業は少なくない。ペンローズ理論および日本企業の成長の経験からわかることは、企業の競争力の形成および持続的成長の実現は、人的資源に依存するということであり、そのためには人的資源を高めるための制度的保障が必要となる。

　ゆえに、もし現在の中国企業の成長が労働コストの切り下げに基づくものであるなら、それは短期的には可能であっても、中・長期的には不可能となる。企業の持続的成長のためには人的資源の持続的成長が必要となる。そのために

制度設計はまさしく経営者の責任である。しかし現実には、多くの中国企業(外資系と中国系)において、人的資源の成長のための有効な制度はいまだ未形成である。

さらに企業成長のためには、人的資源だけではなく、物的資源、金融的資源の持続的成長が必要となる。そのための企業間取引関係と企業金融の制度を整えなければ、中国企業の中・長期の成長は困難に見舞われることになるであろう。

課題は今後の中国の企業システムがどのような方向に向かい、どのように競争力を構築するかを明示することにある。これは現場の企業経営陣だけの課題ではなく、企業システム研究者の課題でもある。このことにいささかなりとも貢献することに本書の出版の意義がある。

本書は、平成18年度専修大学課程博士論文刊行助成を受けて刊行されたものである。本書の出版にあたり、専修大学出版局の笹岡五郎氏、パンオフィスの小川寿夫氏に多大の協力をいただいたことに深く感謝申し上げる。

私は1992年10月に来日し、一年半での日本語学校を経て、これまで12年間専修大学で留学生活を送ってきた。

大学での学部ゼミおよび大学院ゼミ(博士課程の2年間)の6年間、正村公宏先生のもとで、経済学の基本視点から日本経済システムの「光」と「影」、特に日本経済発展と経済システムに関する問題発見の方法を養ってきた。ゼミでの活発な議論を通じ、その大きな知的刺激から、研究員の道を歩み始めた。心より正村先生に厚く感謝申し上げたい。

博士課程に入ってからの4年間、鶴田俊正先生は私のこれまでの研究を踏まえて、日本の産業組織、特に戦後企業システムの変遷およびそのシステムの合理性と問題点を研究課題とするように指導してくださった。とりわけ鶴田先生は定年退職したにもかかわらず、昨年(2005年)猛暑の中、莫大な時間と精力をかけて、博士論文の全体構成及び日本語をチェックしてくださった。一留学生の私は鶴田先生の熱意に感激し、心より敬意と謝意を申し上げたい。

博士課程第5年目からの2年間、宮本光晴先生のもとで博士論文を作成しはじめた。宮本先生は博士論文の理論モデルの選定・構成および博士論文の書き方・内容・修正・提出までのすべてをご指導してくださった。宮本先生のご指導がなければ博士論文の作成はなく、今日の私の姿はなかった。心から宮本先生に感謝申し上げたい。

　これまでの研究生活の中で、以上三名の恩師のほかに、吉家清次先生、中島巌先生、山田節夫先生、平尾光司先生、田中隆之先生、徳田賢二先生からさまざまな面でのアドバイスと有益なコメントをいただいた。深く感謝申し上げたい。さらに雷新軍、陳振雄、呉文金の諸先輩からも暖かいコメントをいただいた。来日当初の友人の高原隆志氏、保証人の福崎武史氏をはじめ、専修大学同級生の友人、アルバイト先の友人からも多大な支援をいただいた。記して感謝の意を表したい。

　最後に、長期間、私の留学生活を心配しつつ見守ってくれた両親、義理の両親及び家族の皆さまに、心より感謝申し上げたい。何よりも私の人生のパートナーである家内の周麗君はあらゆる面で私を支えてくれた。とりわけ2003年春、私が長期入院した際、一人で看病し私を支えたくれたことに、心より「謝謝」を言いたい。

　本書は私の14年間の留学生活の結晶である。これまでの40年間の人生を振り返れば、さまざまな人たちのおかげで今日の自分があることに改めて思い至る。謹んで、本書をこれらの人々に捧げたい。

2006年12月冬至
横浜国立大学ＶＢＬ研究室にて

孟　勇

目 次

はじめに …………………………………………………………………… i
序 章 ……………………………………………………………………… 1

第1章　日本企業の成長 …………………………………………… 19
第1節　企業成長の市場環境 …………………………………………… 20
第2節　成長市場への環境適応 ………………………………………… 22
　(1)ホンダの成長 …………………………………………………………… 23
　(2)アメリカ市場への進出 ………………………………………………… 27
　(3)企業組織の特徴 ………………………………………………………… 29
第3節　新製品・新技術と新市場の創出 ……………………………… 34
　(1)ソニーの成長 …………………………………………………………… 34
　(2)企業者と組織成長 ……………………………………………………… 38
　(3)ソニーの成長変化 ……………………………………………………… 41
　(4)企業成長と産業技術 …………………………………………………… 43

第2章　企業成長の本質（ペンローズ理論の展開） ………… 51
第1節　企業成長の理論 ………………………………………………… 51
　(1)ペンローズの企業理論 ………………………………………………… 52
　(2)資源と用役 ……………………………………………………………… 53
　(3)生産者用役・経営者用役・企業者用役 ……………………………… 54
　(4)誘引と障害 ……………………………………………………………… 57
　(5)内的成長と外的成長 …………………………………………………… 59
第2節　企業成長のパターン …………………………………………… 63
　(1)外的誘引と内的誘引 …………………………………………………… 63
　(2)外的障害と内的誘引 …………………………………………………… 68
　(3)外的誘引と内的障害 …………………………………………………… 70

(4)外的障害と内的障害……………………………………………… 73

第3章　戦略と企業成長……………………………………………… 75
　第1節　戦略のアプローチ…………………………………………… 76
　　(1)戦略と戦略アプローチ………………………………………… 77
　　(2)ポジショニング・アプローチ………………………………… 78
　　(3)資源アプローチ………………………………………………… 79
　第2節　戦略アプローチと競争力…………………………………… 81
　　(1)ポジションと競争力…………………………………………… 81
　　(2)資源アプローチと競争力……………………………………… 84
　第3節　戦略の特徴…………………………………………………… 88
　　(1)戦略の独自性…………………………………………………… 88
　　(2)多様な独自性…………………………………………………… 89
　第4節　企業者気質と戦略…………………………………………… 94
　　(1)企業者気質と資源・組織……………………………………… 95
　　(2)戦略と組織に関する命題……………………………………… 96
　　(3)戦略と組織についての命題…………………………………… 97

第4章　企業者・経営者と制度…………………………………… 103
　第1節　経営者と企業制度…………………………………………… 103
　　(1)株式会社制度の本質…………………………………………… 104
　　(2)コーポレート・ガバナンス制度……………………………… 106
　第2節　日本のコーポレート・ガバナンス制度の特徴…………… 113
　　(1)株式の相互持合制度…………………………………………… 114
　　(2)メインバンクの役割…………………………………………… 116
　　(3)日本企業経営陣の選任………………………………………… 118
　第3節　日本のコーポレート・ガバナンス制度の機能…………… 119
　　(1)従業員主権の制御の真実……………………………………… 119

(2) 製品市場からの制御 ·· 122

第5章　経営者用役と企業成長 ·· 133
第1節　企業組織の課題 ·· 134
　　(1) 組織効率性の課題 ·· 134
　　(2) 組織効率性の含意 ·· 135
　　(3) 企業組織の構造 ·· 137
　　(4) 効率性組織のデザイン ·· 138
第2節　企業の組織形態と効率性 ·· 144
　　(1) 単一型組織(U型) ·· 145
　　(2) 事業部制組織 ·· 146
　　(3) コングロマリット組織 ·· 148
　　(4) 日本企業の中間組織形態 ·· 150

第6章　用役の形成と企業成長 ·· 155
第1節　経営能力と生産者用役 ·· 155
　　(1) 組織能力の生成 ·· 156
　　(2) 経営能力の本質 ·· 158
　　(3) 資源の組織能力 ·· 161
第2節　従業員能力の形成と雇用制度 ·· 164
　　(1) 雇用制度と競争力 ·· 164
　　(2) 雇用制度と仕事の性質 ·· 166
　　(3) 従業員能力とコミュニケーション ·· 167
第3節　日本企業の雇用制度 ·· 170
　　(1)「人本主義」企業の本質 ·· 170
　　(2) 職能資格制度 ·· 171
　　(3) 雇用制度のジレンマ ·· 178

第7章　企業成長の変化と原因 …… 183
第1節　企業のパフォーマンスの変化 …… 184
(1) 費用構造の変化 …… 184
(2) 資金調達の構造変化 …… 188
(3) 収益性変化の原因 …… 191
第2節　市場と技術条件の変化 …… 193
(1) これまでの技術革新 …… 193
(2) 中間組織の活用 …… 195
(3) ＩＴ技術の影響 …… 196
(4) モジュール化の生産方式 …… 197
(5)「相性」が産業組織能力への影響 …… 198
(6) 海外への直接投資と海外企業の成長 …… 199
第3節　日本企業の新たな成長課題 …… 201
(1) 構造的な制度改革 …… 202
(2) 経営陣自体の制約 …… 209

結び …… 217

参考文献 …… 221

序 章

問題意識

　平成13年から平成17年までの経済白書の副題は「改革なくして成長なし」であった。5年連続して同一題目がつけられたのは1947(昭和22)年に第1回経済白書が発表されて以来一度もなかった異例なことであった。

　当面、日本経済の課題は文字どおり「改革」と「成長」である。これは金融、財政、税制などのマクロ構造改革を通じて経済の活性化を促し、経済成長を実現させるための環境作りとともにミクロの企業組織制度の改革を通じて企業成長の基盤を再構築するという狙いからである。

　平成13年からの緊急課題として企業の過剰設備投資、過剰負債、過剰雇用などいわゆる三つの過剰の解消が課題として設定されていた(なお、平成17年度の経済白書ではこれらの課題は達成されたと宣言した)。この意味で、経済白書における改革に関する政策スタンスはマクロベースでの経済成長を実現させながら企業組織制度の改革を通じて企業成長をも促そうとしたものでもある。

　90年代に入ってからの日本企業が直面していた課題は長期間にわたっての経済停滞から脱出することであった。国内市場の成熟による成長率の低下や周辺国などの賃金の安い企業との厳しい競争、技術の急激的な変化などが企業成長の停滞要因としてあげられることが多い。こうした外部の市場環境・技術要因などが多くの企業の成長にプラスに働いていないという判断からである。

　しかし、同じ経済状況においてもトヨタ自動車を代表とする少なからざる企業が史上最高の売上高と営業利益を収めるなど成長企業群と停滞企業群との二極分化が生じていた。このことに注目するならば、市場の成熟や成長率の低下や技術状況の変化などの企業の外部要因はすべての企業成長へのマイナス要因となっていたということはできない。同時に、マクロ経済状況の改善も必ずしもすべての企業の成長にプラスに作用したとはいえない。問われることは環境

の変化をいかに企業の持続的成長の原動力に転換するかという企業組織そのもののあり方に関わる問題といえよう。

　本書は、マクロ経済理論を活用してマクロ経済政策を点検し日本経済の現状を分析しようとするものではなく、マクロ経済を支えるミクロベースでの企業成長の課題を検討しようとするものである。

企業成長への影響
　コーリン・クラークによると、産業構造は第一次産業から第二次産業、さらに第三次産業へと構造変化が生じ、このような構造変化はその国の経済発展パターンと密接に結び付いている。経済発展の初期段階では第一次産業の比重が高く、経済が成長するに伴って次第に第二次産業、第三次産業が産業構造の中心を占めるようになる。

　産業構造の変化のプロセスでは、構造変化に適応できない企業は市場から退場し、構造変化の過程で新たな成長機会を見出した企業のみが産業構造の中心を占めるようになる。このことは企業内部での効率的な資源配分を促し、事業構造の転換を通じて再度、企業成長を実現させることもありうる。

　企業成長は二つの要因によって影響されると思われる。一つは、企業内部組織の要因、つまり企業組織を構築する制度とこれら制度がどのように機能するかということ、もう一つは、企業の外部環境要因、つまり企業が直面する市場と技術などの条件変化などである。

　市場および技術などの環境変化は企業成長にマイナスとプラス両方の影響を与えることがありうる。すなわち、企業は市場と技術を一つの変数として企業組織の中に取り込み、この結果、企業は環境変化からの撹乱を排除しあるいは環境変化を組織制度の中に機能的に取り込み、これらの変化が企業成長に有利な方向に結び付くような制度設計が企業に求められている。

　こういった環境変化に企業の組織制度が適応できなければ、企業は市場から退出せざるを得ない危険に直面することになる。企業組織の観点から見ると企業成長は組織が環境変化に適切に対応し機能した結果でもある。換言すれば、

現実にマクロ経済などの市場・技術などの環境が変化しても、それぞれが実現する企業成長という成果には必ずしも同じようには機能しない。それぞれの企業が効率的な組織構築に成功したか、あるいは組織が万全に機能したかどうかによって企業間に埋めがたい格差が発生することがある。

企業成長の課題

　企業組織が環境変化に対応する制度および外部撹乱を排除する制度を備えることができるならば、組織の効率性が損なわれずに企業成長を実現することができる。したがって、企業組織はいかに制度構築によって効率性を維持、発展させることができるかという課題を絶えず抱えることになる。この課題は次の二つの内容を含んでいる。一つは、こうして構築した制度の中で、従業員が適切に判断し行動しうるかどうかによって制度がうまく機能する場合もあれば、従業員の行動いかんによっては適切に機能しないケースも生まれよう。この論点は従業員能力に関わる課題である。もう一つは、構築した制度の欠陥が存在するかどうか、また制度の改善、制度のリ・デザインができるかどうかという経営者能力に関わる課題である。

　企業成長は、一見すると内部組織と環境要因の影響を受けて変化を遂げていくが、実際には企業組織内部で制度デザインと制度運営に関連する人間能力により強い影響を受けていることが重要である。つまり環境変化に対応できるように制度をデザインし制度を運営しても組織に関わる人間能力いかんによってそのパフォーマンスは大きく左右されるのである。持続的な企業成長を実現していくためには企業組織に関する人間能力（経営能力と従業員能力）がきわめて重要な位置を占めているのである。

　企業組織の制度構築は効率性の観点からはどのような制度の下でさまざまな経営資源をどのように組織化するかという制度形成のあり方と密接に関連している。このような企業組織は一定の利潤関数の下で人的資源をめぐる制度としての特徴を有している。企業成長も、組織の機能と環境変化に対応する組織の深層にある人間能力がどのような制度の下で形成され、制約を受けているのか

によって変化するともいえる。

　以下では、企業成長と組織内部の人間能力の関係をペンローズの企業成長理論を援用しながら考察をすすめ、企業成長に関する諸概念を整理し、企業者、経営者、生産者のそれぞれが企業成長への命題にどのように取り組み、戦略・組織・制度をどのように改革し、有効な企業成長を実現するためにどのような戦略を打ち出すべきかについて検討することにする。

日本企業研究の経緯
　日本的経営についての研究は、アベグレン(1958)の文学・人類学的な方法論で日本的経営の特徴を論じたことが最初であった(加護野・野中・榊原編, 1983)。その後、日本国内だけでなく、海外の学界においても日本の企業システムに関するさまざまな実証研究が80年代から90年代初期にかけて発表されている。その中で代表的な著作は今井・小宮編(1989)、伊丹・加護野・伊藤編(1993)、青木・ドーア編(1995)、伊藤秀史編(1996)などがある。

　こうした研究は、日本の企業、特に自動車・電気機械・一般機械などの加工組立産業に属する企業が、70年代の二度にわたる石油危機および85年の円高をどのようにして乗り越え、激動する外部環境にいかに巧みに適応しながら成長し、国際競争力を強化した要因は何かを探求する目的で行われていた。一方、同じ時期の欧米諸国の企業、特にアメリカ企業は、なぜ成長軌道に乗ることができなかったのか、また国際的な比較優位をなぜ低下させたのかを解明することが多くの研究者の主要な関心事であった。煎じ詰めれば日本の企業システムの優位性はどこにあるのかを解明することが多くの研究者の関心事であったといえる。

　それらの研究はアメリカ社会、学界、企業に多くの衝撃を与えた。日本企業の成長性、収益性、労働生産性、品質管理、製品開発に関わる数々のパフォーマンスは、日本企業の長期取引慣行、長期雇用の慣行、企業統治の仕組みなどアメリカから見ると必ずしもスタンダードとは思われない生産方式、慣習によって実現されていたものであったからである。第二次大戦後に日本企業のモ

デルとなっていた多くのアメリカ企業が、80年代に入って日本企業に追い越され相対的地位の低下が生じたことはなかなか信じがたい出来事だったのである。

企業理論の応用

　アメリカから見ると標準的な産業組織論のアプローチで日本企業の組織制度の構造と行動を解釈できないことが少なくない。産業組織論はミクロ経済学の重要な応用部門の一つを担う学問分野であり、産業の市場構造はどのような特徴をもち、このような構造の下で企業はどのような行動をとるのか、その結果としてどのような成果が期待されるのかを分析する学問分野である。

　この理論の基本枠組みは市場構造・市場行動・市場成果とを有機的に結合させながら分析するところに特徴がある。したがって、望ましい市場成果が得られるためには市場が有機的に機能し、競争的な市場構造が発見し、資源配分を最適化するような市場行動が前提となる。

　しかし、日本の企業組織をこのような理論的フレームから見ると大きくかけ離れているかのように見えた。市場構造の中には「企業集団」や「系列」が存在し、企業組織の中にも「終身雇用」が採用され、また政府も「産業政策」によって産業を保護するといったように、標準的な産業組織論では理解しがたい諸現象が見受けられた。つまり標準的な産業組織論に基づく限り、企業が望ましい成果を得るためには企業集団に基づくグループ化や系列に基づく長期取引の慣行によって行動するのではなく、市場で取引者が出会うという通常の取引を採用し、また雇用慣行も終身雇用でなく流動化した市場での雇用こそが望ましいというロジックが有力だったのである。

　欧米諸国の伝統的な見方からすると、なかなか理解しがたい制度・慣行の下で日本の企業は70年代以降も高成長を実現していたのである。このような80年代以降の日本企業がアメリカ企業より効率的な市場成果が得られた原因を解釈するために学界においては新しい理論フレームが求められていた。新制度派経済学を代表とするウィリアムソンは(ウィリアムソン,1975,訳1980,2001)、日

本企業組織の制度構造と行動とを経済合理性で説明できる理論ツールを提供した。また、情報経済学によるゲーム理論への応用は日本企業、ひいては日本経済システムの構造と行動の合理性を解釈した。

青木・奥野(1996)は「システムの中で一つの仕組みの割合が増えるほど、その仕組みを選ぶことが有利になることを「戦略的補完性」(strategic complementarily)が存在するので、一つの社会の中で成立している制度の体系が比較的同質的なのは、これらの制度に戦略的補完性が存在しているからである」、さらに「異なる制度の社会的適合度は経済システムが直面する歴史的・技術的・社会的・経済的環境に依存する」と論じている(青木・奥野,1996,p.8)。

これらの観点を踏まえて、青木・奥野は制度の多様性および制度の形成と変革とが辿ってきた過程、いわゆる「経路依存性」を提示し日本の経済システムおよび企業の組織制度の形成を説明するとともに、各国制度が並存することの必要性を通じて日本企業の組織制度および行動の正当性を論じている。

こうした理論的関心の下で、日本の企業システムに関わるさまざまな制度分野に専門的な研究が盛んに行われるようになっている。日本の雇用システムの特徴また組織効率性を高める技能形成のメカニズムは小池(1999)がその著作などにおいて詳細に述べている。また、自動車企業をモデルにして日本の長期取引慣行のメカニズムを説明した浅沼(1997)、クラーク・藤本(1993)、藤本・西口・伊藤編(1998)などがある。つまり日本企業の長期雇用の慣行と長期取引の慣行は、ウィリアムソンが提示した市場の失敗と組織の失敗という枠組みの下で効率的な制度として説明されるようになったのである。

90年代以降の変化

しかし、90年代に入ってから日本の企業制度は再び批判された。こうした批判の理論的フレームは新古典派経済学を援用し、企業の組織構造、企業間の取引と行動とに関心が寄せられていた。同じ時期に多くのアメリカ企業が成長を回復し始めたことによって再びアメリカの企業制度の優位性が注目されたのである。

このようにそれぞれの国ごとの枠組みで企業の制度分析を繰り返し称賛と批判と繰り返して行うことに生産的な意義が果たしてあるのであろうか、企業成長に基づく企業組織の制度構造と行動の分析が果たしてこのような方法で十分であろうかと、私はいつも疑問を禁じえない。これらの研究と理論フレームは高成長をもたらした日本企業の組織制度の合理性あるいは優位性を解釈するのに有効である一方、必ずしも日本企業の成長が停滞した組織制度の要因の解釈としては有効な方法ではないとの印象がある。

さらにある国の実現した企業成長という結果次第で、企業の組織制度の優劣を判断する方法論では、制度を構築する人間の自主性が軽視されているように思われる。とりわけ動態的な経済においては企業制度の制約の下で組織内の人間能力を高める制度の役割には限りがなく、人間の主体的な制度改善を通じて企業成長により重要な役割が果たせるという観点こそが必要である。

企業成長を通した企業の評価基準も、組織制度との関係だけでなく組織制度と組織に関連する人間能力との関係を考慮すれば、企業成長の変化をより明確に説明できるのではないかと考えられる。このように企業成長の変化に対し、環境変化とともに組織の深層にある人間能力、特に戦略の策定と実施における経営能力、組織の効率性に貢献する従業員能力は大きな役割を果たしていると思われる。人間能力の形成は制度に制約されるが、人間能力は制度を変化させる自主性をもっているというのが私の分析視点である。

本論文は以上の観点からより一般的な企業成長の説明を試みるものである。つまりE.T.ペンローズの企業成長の理論に基づいて組織内部の制度と人間能力が企業成長とどのように関係しているのかを論考していく。

研究方法

経済学には実証的科学と規範的科学の区別がある。こうした区別は既存の大量の事実データから新しい理論素材が提供され新しい理論モデルを構築すること、または既存の理論モデルの下で新しい事実関係の発見から理論モデルの問題点の提起および修正をするという社会科学的な方法論に基づいているとい

える[1]。本書は既存の企業成長モデルの下で、日本企業を対象にし企業成長の変化の原因を考察するものである。

　企業成長の変化については企業の組織制度の視点から、静学的な接近ではなく、時間的な要素を考慮する動学的な比較方法が採用される。さらに企業分析の方法論はウェーバーとシュムペーターの考え方に依存する。すなわち「没価値性」の主張や個人主義的政治的信条とは無関係に、研究の出発点と考察の中心としてはマクロ的な「社会」や「国家」を選ばないで、ミクロ的な「個人」が選ばれる「方法論的個人主義」の立場にたっている(吉田,1974,p.64)。

　このようなアプローチを採用すれば、「日本の企業」と「アメリカの企業」といったどの国に所属しているかといった国家の違いの意味は相対的に重要性が低くなる。このようなアプローチは、それぞれの企業に属する「個人」の立場と「没価値性」の下で、企業の成長行動に関連する組織制度と人間能力の関係とが企業の成長変化の要因として捉えることができ、かつその意義でもある。

　以上から、これらの関係は企業成長の変化に対して従来と同じように企業行動・制度によって解釈できると考えられる。前述したとおり、本書では企業成長の本質から企業成長の枠組みを俯瞰し、日本企業の成長問題およびその問題の解決方法を提示することを試みる。すなわち、企業成長の本質を通じ、戦略の観点から企業組織に関わる企業者、経営者、従業員の能力の関係およびその成長結果との関係を考察する。さらに、企業者と企業戦略との関係、経営者と組織経営との関わり、従業員と組織の効率性との関係などが組織制度と組織形態などを通して企業成長の変化に及ぼした影響を分析し、明示していくことにする。

論文構成と主要内容

　本書は序章と結びを除き、7章構成となっており概要は以下の通りである。

　第1章では、第二次大戦後に創設したホンダとソニーをとりあげ、それぞれの企業が経営資源の蓄積と経営資源の利用、そして組織の変化を通してどのように成長市場に参入し、あるいは新たな成長市場を創出することに成功したの

かを検討する。

　企業成長の要因は環境要因と組織要因に分けて考えることができる。環境要因は、製品市場の成長性をはじめとして、要素市場の状態や技術の条件などをさす。他方、組織要因は、企業内部の技術革新や組織革新をさす。そしてそのために関連する経営資源をどのように開発し獲得するのかに関わるといえる。

　ホンダは国内では後発の自動車企業として出発し、その後に成長軌道に乗り今日のような巨大企業となった。同社は企業内部での研究開発・生産能力の蓄積を通じて、運動系自動車(スポーツカー)という製品に特化し、自動車企業としての幅広い支持を獲得した。

　しかしホンダの成長は、必ずしも国内の自動車市場の成長という、恵まれた環境が与えられたことによるものではなかった。アメリカ市場に進出しアメリカ市場に経営資源を集中するという方式を選択したことによるものであった。このようにホンダは国際的な枠組みの中で現実の市場への適応からさまざまな経営資源を蓄積することによってエンジンに特化した製品を形成し、さらにこうした「切り札」としてのエンジンを活用して成熟市場に進出するという極めてユニークな戦略行動によって企業成長を実現し、今日のような国際企業まで成長した。

　これに対してソニーは、小さな地場企業として事業を始め外部技術の利用とともに、企業内部での研究開発を通じて新製品による新市場を創出し、また成長市場との結合によって国内市場から海外市場への拡張を追求して成長を実現してきた。ソニーの成長は、製品と技術における「先へ」と「次へ」の創造的精神をもってテレビやＡＶ機器などの新製品の開発を通して新市場を創出したことによるものであった。

　現在ソニーは、総合エンタテイメント会社、金融事業、ネットワーク事業など多様な分野に参入し、大きな「帝国」を築いている。しかし、経済のグローバル化に伴って、市場および技術の変化がエレクトロニクス産業の全体を包み込み、ソニーはこのプロセスで市場の支持を集めることに必ずしも成功せず、かつてのような成長の勢いがなくなっている。この意味で、これまでの「先へ」

と「次へ」の創造的精神の原点に戻って新たな成長戦略を練り直すことはソニーにとって極めて重要な戦略課題となっている。

以上のホンダとソニーの成長の経路を踏まえて、第2章ではペンローズの企業理論による企業成長に関する諸概念を整理し、企業成長の本質を検討する。

伝統的なミクロ経済学の企業理論の観点と異なって、ペンローズによると成長とは「単に規模を大きくして同じ製品をより多く生産するという問題ではなく、技術革新、販売技術の変化、生産と経営組織の変化をも含んでいる」(ペンローズ, 1954, 訳1962, 1981, p.204)とされる。要するに、規模の量的拡大ではなく、技術革新と組織革新が生み出す成長こそが、企業成長の本質なのである。企業成長は獲得した「資源」を企業成長のためのさまざまな活動に貢献するような「用役」へと変換するプロセスのことである。

企業組織の課題は、「潜在的用役の集合」としての資源から、現実の機能や活動に即して用役をどのように引き出していかに組織化するかにある。そのために企業は組織の内部に「調整とインセンティブ」(ミルグリロム・ロバーツ, 1992, 訳1997)のシステムを確立して組織内部の情報の経路を作る必要がある。

この企業組織は「生産者用役」、「経営者用役」と「企業者用役」によって構成される。「生産者用役」は生産の遂行に関わり、「企業者用役」は企業の理念やビジョンおよび中・長期的な戦略の策定に関わり、「経営者用役」は企業者的着想に対する提案とその執行、および現在の運営の監督などに関わる。

また、企業成長は資源とその用役が利用される機会の発見、つまり「生産的機会」の発見によって始まる。このとき、「生産的機会」に関わる促進要因が「誘引」、阻害要因が「障害」と呼ばれる。そして「誘引」と「障害」は企業組織の内部と外部の両面から捉えられ、それぞれが「内的誘引」と「外的誘引」、「内的障害」と「外的障害」と呼ばれる。さらに資源利用の形態によって、組織内部の資源を利用することによって実現した成長が「内的成長」、市場からの資源の購入や企業買収や合併などによって実現した成長が「外的成長」と呼ばれる。

以上の概念の下で、第2章の後半では「内的」と「外的」、「誘引」と「障害」

の区別から4つのパターンを想定し、それぞれにおいて企業は異なる成長形態および成長方向を選択することを検討する。つまり、成長のためには、利用可能な内的誘引を生み出し、あるいは外的誘引を発見することが必要となる。と同時に、市場や技術の変化が生み出す外的障害や、利用可能な資源と用役の限界が生み出す内的障害を克服することもまた不可欠となる。これらの働きは経営者用役、ことに企業者用役にかかっている。しかし企業者用役の不足やその能力の低下によって、外的障害と内的障害の克服が不可能となるならば、その結果は企業の淘汰となる。この意味で企業の存続は経営者用役と企業者用役にかかっている。それは企業家の「企業心」と経営者の「経営の能力」に関わる問題でもある。

　第3章では、企業者用役の戦略の策定いかんが企業成長へどのような影響を与えるかについて論じる。成長のための内的誘引と外的誘引の利用、また内的障害と外的障害の克服において、中・長期的な成長目標およびその目標実現の方法、つまり戦略が必要となる。

　競争戦略理論は、ポジショニング戦略論と資源戦略論とに分けられる。ポジショニング戦略論とは、企業がおかれている市場の競争要因から企業自身を守るための適切なポジションの維持、あるいは自社が有利になるように競争要因を操作できるようなポジションを業界内部(関連産業の市場)に見出すという理論である(ポーター,訳1999,2002,pp.33-35)。ペンローズの企業成長の観点からは、ポジショニング戦略論は、内的誘引の下でいかに外的障害を避けるか、または外的誘引をいかに発見してこれらを競争力にうまく結び付けるかという戦略理論とみなすことができる。

　一方、資源戦略論とは内部資源の蓄積による独自資源の形成が企業競争上優位の源泉となると認識する理論である。同じくペンローズの企業成長の観点からは、資源戦略論は外的誘引の下でいかに内的障害を克服するか、またはいかに内的誘引を顕在化させるかというパターンの発見によって企業の競争力に結び付けるという戦略理論とみなすことができる。

　たとえば、前述したようにホンダは、ポジショニング戦略論によってアメリ

カ市場を選択し、資源戦略論によって運動系（スポーツ車）エンジンを装着した自動車を「切り札」とすることで成長を成し遂げた。ホンダの事例を通じて、競争戦略において内的誘引と外的誘引との相性のいい組み合わせを発見することがいかに重要であるかが明らかとなる。換言すれば、ポジショニング戦略論と資源戦略論の補完的な関係によって持続的な企業成長が可能となる、ということがこの章の最も重要な結論となる。

これに対して、90年代以降、多くの日本企業の成長の低下は企業競争力の低下を伴うものとなっている。もし日本企業が内的誘引と外的障害のパターンに陥っているのであれば、資源戦略論に基づき、内部資源の蓄積によって競争力の構築を図ることは困難となっている。反対に、外的誘引と内的障害のパターンに陥っているのであれば、ポジショニング戦略論に基づき、市場の有利なポジションの発見だけで競争力の構築を図ることは困難となっている。

ホンダの成長はこれまで論じた内的・外的と誘引・障害の４つのパターンにおいて、以下の結果を示唆している。つまり内的誘引と外的障害のパターンでは、外的障害を克服するという観点からポジショニング戦略が重要となる。他方、内的障害と外的誘引のパターンでは、内的障害を克服するという観点から資源戦略が重要となる。そして内的障害と外的障害のパターンでは事業転換を図るという観点から２つの戦略論がともに必要となる。

以上のように、第３章では競争戦略論とペンローズの企業成長論を結び付け、成長のためには異なる戦略が必要であることを検討した。

第４章では、企業者用役と経営者用役の担い手としての「経営陣」がどのような制度の下で企業成長への役割を果たすことができるかを検討し、日本企業のガバナンス構造および「経営陣」の形成および機能の特徴を考察する。

近代企業組織の原型は19世紀後半のアメリカ鉄道企業に端を発する（チャンドラー，1977，訳1979）。その代表的な制度は株式会社制度である。現在、株式会社制度においては所有と経営の分離の結果として株主がさまざまな企業所有権をもつことが許容される一方、それぞれの企業経営権は経営者が握るという形態になっている。

株主は自己利益を保護するために企業資産と企業利益の処分において経営者の恣意性を制御する必要上所有関係の法的権限に基づいて統治機構としての取締役会を強化し、コーポレート・ガバナンス制度を作り上げてきた。このような株主の経営者への制御は発言アプローチと退出アプローチとに基づいている。

　発言アプローチと退出アプローチは、株式の集中度、株主の影響力と交渉力に制約されて、機能する。一方コーポレート・ガバナンス制度は機能するために、取締役会を経由して制御とインセンティブの双方を機能させるための制度を構築する必要がある。コーポレート・ガバナンス制度は、すべての国で一様ではなく、国ごとにそれぞれの企業風土・文化の違いを反映して異なったものとなっている。

　日本企業のコーポレート・ガバナンス制度は株式の相互持合という特徴も有している。株式の相互持合は企業法人Aが他の企業Bの株主となり、またBがAの株主となることによって発言と退出の権利を相互に行使することを意味している。これによって「経営陣」の任免はすべて企業の最高権力者（会長あるいは社長）に委譲されることになり、株主による制御は遮断されることになる。

　メインバンク制の下でのメインバンクは債権者と株主という二重の地位をもつことにより制度的に経営者を制御している。しかし、現実にはメインバンクは救済役として事後制御に機能するのが一般的であり、日常の企業経営は株主およびメインバンクからの制御はうけないものとなる。むしろ日本のコーポレート・ガバナンスに関しては、製品市場の競争を通じて機能するという見解が有力となっている。

　日本のコーポレート・ガバナンスを従業員主権とみなすとき、それは組織編成と利益の配分において「ヒトの結合体としてのメインに置きながらもカネの原理をサブに使うこと」（伊丹, 2002, p.130）を意味している。しかし、従業員による経営者の選出およびチェックのメカニズムが制度化されているかといえばそうではない。この意味で、「株主と従業員の未分離」、「株主の分散」、「サイレ

ント化」、「取締役会の内部化」の下での制度上の欠陥は、今日、日本コーポレート・ガバナンスの大きな問題ともなっている。

　第5章では、生産者用役の利用と形成のための組織効率的な「調整とインセンティブの制度」の構築を検討する。このとき組織効率性の達成は情報収集と情報伝達の異なるシステムに依存する。つまり、組織内部の事業部門間の補完性が強い場合には情報共有という「情報同化システム」が水平的調整に効率的となり、他方、組織内部の工程技術的結合が強い場合には、集権的ヒエラルキーが垂直的調整に効率的となる(青木・奥野，2000)。

　日本企業の組織効率性は水平的調整制度の構築、つまり企業組織内部で補完性の強い「情報同化システム」の構築によってもたらされた。経営者の役割は、このような情報システムの構築によって、組織階層の中のそれぞれの調整機能を有効に働かせる点にある。

　また、組織の効率性は調整制度だけでなく、組織のインセンティブ制度のデザインなくしては実現できない。組織のインセンティブの問題は「人間の要因」(ウィリアムソン，訳1980)を企業の組織内部に取り込み、それを組織効率性の実現につなげる点にある。このインセンティブの制度あるいはルールの設計は、機会主義的行動を阻止するための費用を節約することを通じて、組織効率性の実現につながる。

　この章ではさらに、組織効率性の観点から、単一型組織、事業部制組織、コングロマリット組織、中間組織などがどのようにして形成されたのかを歴史的背景に遡って検討する。アメリカで誕生したU型組織形態は、当初、技術上の理由つまり「規模の経済性」を実現するために、企業内部で未使用資源を利用し新規事業の拡張に活用されていた。U型企業の拡張型が階層レベルを追加する必要を生み出す結果、情報の伝達の面でのロスが生じることになる。事実、企業組織の増大に伴って経営者と事業部長の役割は混同することになり、経営者によるコントロールが無効になるという組織ロスの発生を招いてしまった。

　これに対して、U型組織のロスを緩和するために、事業部制組織の創設が図られた。それぞれの事業部は「ミニ企業」の役割をもち、企業成長のための戦

略の策定と執行および具体的事業の管理はそれぞれの事業部ごとに分離され、これによって情報伝達の組織ロスの回避が図られた。他方、コングロマリット組織は、新製品や新市場の拡大のための「規模の経済」や「範囲の経済」に基づくというよりも、既存の事業とは異なった事業への参入を目的として、事業を多角化し、全体的な企業規模を大きくしていくという特徴をもっている。

　このようなアメリカ企業の組織革新に対して日本企業は長期取引関係を通じた中間組織形態を形成した。アメリカ企業の事業部制組織やコングロマリット組織と異なって、中間組織形態は、資本や人事や技術や数量や価格などに関してさまざまな調整メカニズムを制度化し機能させている。

　第6章では技能形成、あるいはより一般に能力形成の観点から、組織能力の形成、利用の重要性について検討する。組織能力には、経営の権限に基づく企業者能力、戦略を執行する経営者能力、そして実際に企業行動に携わる従業員能力が含まれる。

　経営者能力は戦略を執行する過程の中で、企業組織の安定性を維持する能力、戦略の実現に向けて情報収集と情報伝達の効率性を実現する能力、そして既存の制度を変革する能力などによって構成されている。

　さらに日本企業では、このような経営者能力と戦略の策定そのものに関わる企業者能力が同一視され、この結果、経営者は戦略策定から戦略執行に至るまで組織行動に関わるすべての機能を担うものとなっている。しかし、企業者能力に固有の企業戦略の策定能力は、90年代以降、徐々にその弱みが顕在化してきた。

　戦後、日本企業の成長の多くは内的成長を選択してきた。その理由としては、生産者用役の発見、創出というメカニズムが組織内部に定着したことに加えて、企業買収を通じた成長という外的成長の条件が不備であったという制約もあげられる。

　生産者用役の発見と創出は、従業員能力の形成のプロセスと密接に結び付いており、それは日本における雇用制度と関連性を有している。この雇用制度の本質は従業員のルーチン的能力と改善能力の向上を日常の生産的仕事の中で図

る点にある。そのために昇給・昇進および長期雇用などのインセンティブの制度を構築した。

　以上の観察を通して本章の最後では、市場と技術の変化に伴って、内的成長に依存した日本企業は雇用制度のジレンマに直面している点を論じる。つまり、市場と技術の変化に対して、日本企業は新たな生産者用役の発見と創出に頼ろうとするのであるが、それはますます困難になっている。と同時に、外的成長という市場のメカニズムの利用の不備のため、組織の急速な再編成も制約されることになっている。

　第7章では、70年代以降の日本企業の成長変化をもたらした環境を考察し、これまで論じた枠組みの下で、環境変化の要因と企業の経営陣の能力変化との関連性を検討する。

　90年代以降の企業の収益性は70年代後半および80年代全体と比べると低下してきている。この収益低下の理由は二つある。一つは、高付加価値の生産構造を失いつつあり、このために収益の低下を招いたこと、あるいは外注の増加によって収益の一部が外部に流出したことが考えられる。

　もう一つは、多角化事業を展開する企業は、高付加価値の生産構造と低付加価値の組織構造を共に有することにより、企業全体としては付加価値率の低下や収益率の低下となる可能性が高いということがある。換言すれば、売上高成長依存型の収益構造のために、売上高の成長の低下によって既存の収益構造の下では費用が高く計上され、この結果、収益率が圧縮されることになる。

　また、企業収益性の低下は企業収益構造と費用構造の要因の他に、ＩＴ技術の応用と普及という技術条件の変化、そして経済のグローバル化と資本市場の国際的一体化という市場環境の変化もまた影響している。

　これらの状況の変化を前提とすると、経営能力の有効性は制度などの構造的な要因だけでなく、経営陣自体の能力の面からも再考するする必要がある。経営者能力を高めるためにも、コーポレート・ガバナンスの観点から、戦略策定と戦略執行の役割分担とそれぞれの責任を明確化することが必要となる。その上で経営者能力は、企業戦略の構想および戦略の執行において独自性をもつ必

要がある。そのためには経営者能力の行使には柔軟性が保証される必要がある。
　最後に企業の歴史の観点から次のような言葉で結びとした。これまでの企業の歴史は、企業成長のためのそれぞれにユニークな組織や制度の構築の成功と失敗の過程であった。それはまた企業成長のためのそれぞれに固有の経路を発見する過程であったということができる。したがって、今日の日本企業に対し悲観的な見方をもつ必要はなく、むしろこれまでの日本企業の成功に敬意を払い、努力を続けている経営者への期待を表明することが必要のように思われる。

注
1) 経済学公認の方法論についてドナルド・マクロスキーの批判があった。こうした方法論の諸概念はホジソン（訳1997,pp.40-41）を参照されたい。

第1章　日本企業の成長

　戦後、日本経済の成長と発展の特徴は、産業構造の大規模かつ急激な変化が生じたことである。このような産業構造は各種産業の相対的重要度の変化と、それに応じた一国の資源の移動のプロセスであった。たとえば鶴田・伊藤(2001)は、日本の産業構造の変化を次の三つの時期に区別する。すなわち「戦後軍事産業から大衆消費産業に転換することによって、重・化学工業を中心とする産業が日本経済を牽引した高度成長期」、「70年代以降重・化学工業の成長の「光」と「影」を背負って、省資源型・省エネルギー型・脱公害型という知識集約型産業構造が形成された時期」、さらに「90年代からIT革命による情報通信産業を中心とする新興産業」の時代とである。それぞれの時代において、ヒトとモノとカネと情報は産業間を移動し日本の産業構造の急激な変化をもたらしたのである。

　このように日本の経済成長は、産業構造の急激な変化の中で実現されたのであるが、この成長はいうまでもなく個々の産業における企業成長によって実現された。すなわち企業成長は、その集計として一国の経済成長をもたらすと同時に、個々の企業が活動する場である産業の変化と変動を生み出すものとなる。一国の経済成長と産業構造の変化は企業成長の結果にほかならない。

　企業成長は、与えられた環境条件の違いに応じて、そして自らの組織構造の違いに応じて、その成長の様式も結果も一様ではありえない。成長産業に属する企業は成長が容易であり、新規参入企業にも成長の可能性が与えられているのに対して、成熟産業においては当然、成長は困難となる。しかし、同じ成長産業に属しているとしても、その中で成長に成功した企業と失敗した企業の違いもまた顕著である。あるいは成熟産業であったとしても、その中で成長する企業は当然に存在する。要するに企業成長は、企業ごとに固有の性格となり、それは企業の成功と失敗を述べる多くの物語の中に見ることができる。

と同時に問われるのは、企業はいかにして成長の軌道に自らを乗せ、失敗を避けるかにある。企業は市場の成長性や技術の条件といった環境の制約に従うと同時に、企業内部の技術革新や組織革新によって新製品を生み出し、新市場を創出することによって成長を追求する。それは企業の「戦略」にかかっている。自らを取り巻く環境の制約をどのように認識しそれをどのように打破するのかにおいて、企業は成功と失敗に大きく運命が分かれることになる。そこで戦略の観点から日本企業の成長を理解する、というのが本書の基本的な視点となる。

第1節　企業成長の市場環境

　企業成長の要因は環境要因と組織要因に分けて考えることができる。環境要因は、製品市場の成長性をはじめとして、要素市場の状態や技術の条件などをさす。他方、組織要因は、企業内部の技術革新や組織革新をさす。そしてそのために関連する資源をどのように開発し獲得するのかに関わる。

　企業成長は市場と技術の環境条件の変化に対する適応から始まる。それは企業が市場と技術の環境の中で自社の正確なポジションを認識することからはじまる。その上でどのように行動するのかが企業の戦略となる。それは同時に、自らの組織要因をどのように理解するのかに関わってのことであり、環境条件に適応し、あるいはその制約を克服するために、どのように組織要因を形成するのかが同じく企業の戦略となる。

　詳しくは、第3章で企業戦略論を取り上げて議論することになるのであるが、たとえば企業の市場戦略は、企業成長の「切り札」となる製品の優位性を発見する過程を意味する。そしてこの「切り札」を探す過程は、企業にとって成長資源を蓄積する過程のことになり、このように環境要因と組織要因が表裏一体のものとして企業成長を導くことになる。

　市場環境は製品市場と要素市場によって構成される。製品市場はさらに成長

市場と成熟市場に分けられる。製品市場の成長と成熟は、企業にとって市場の「パイ」における変動の可能性を意味する。文字通りの成長市場は製品の需要拡大を可能とし、成熟市場は製品需要の拡大を一定の水準に押し止める。いうまでもなく成熟市場よりも成長市場における企業には成長の機会がより多い。

たとえば、製品ライフサイクルの長い自動車や冷蔵庫やテレビなどの耐久財は、その急速な成長の後に成熟局面に入ることによって、新規市場はほとんど消滅し買換え需要だけが市場の中心となる。したがって、このような成熟市場に参入して企業を成長の軌道に乗せるのは、よほどの「切り札」をもたないと不可能に近い。ただし、成熟市場においてさえも企業の成長の可能性が皆無というわけではない。少なくとも企業の成功と失敗は、それらの製品の技術革新や生産性やデザインなど、様々な改善活動にかかっている。換言すれば、もし「成熟」の意味が技術における成熟のことであるなら、少なくとも個別の企業にとって市場それ自体は成熟することはない。自動車企業が物語っているように、国内市場に対して海外市場が追加され、そして個々の企業にとっては、それぞれの市場は相手から奪い取るものなのである。

さらに成熟市場において、そこで「成熟」した技術を革新することによって、新たな成長市場を創出することも可能となる。たとえば同じ日本企業にあって、シャープは従来のブラウン管テレビ・ディスプレーの技術を革新し、それを液晶テレビ・ディスプレーに切り替えることによって、成長に大きく貢献した。このことはシャープが市場環境の変化を素早く読み取る能力に加えて液晶技術の開発など企業組織要因が企業革新を可能としたのである。

企業成長の環境条件としては、製品市場とともに要素市場と技術が存在する。しかしこれまで、要素市場と技術は所与として扱われる場合が多かった。技術に関しては、現在、ＩＴ技術を中心としたイノベーションが企業成長の最重要の条件となっている。ただ少なくとも、現在のＩＴ技術革新の時代を迎えるまでは、技術革新それ自体が企業成長のテーマとなることは少なかったといえる。さらに、労働市場や金融市場などの要素市場に関しては、それが企業成長を左右する環境条件であるとの認識は僅かであった。

しかし現在、グローバルな資金調達の可能性が企業成長の重要な条件となっている。あるいは労働市場に関しては、提供される熟練労働の利用可能性が企業成長を左右する条件ともなっている。いずれにせよ、製品市場と並んで労働市場と金融市場、そして中間財取引の財市場の状態が、企業成長にとって重大な環境条件となるのである。

以上のような観点から、戦後日本企業の成長を理解したい。そのための理論的分析の前に、本章ではホンダとソニーの事例を取り上げ、日本企業の現実の成長過程について検討する。それぞれの成長過程をこれまでに指摘した環境要因と組織要因の観点から検討し、次章以下での理論的分析につなげていくことにしたい。

第2節　成長市場への環境適応

日本の自動車市場は高度成長期を経て、第一次石油危機以降70年代後半まで大きく成長し、80年代から成熟化に向かい始めた。それは国内市場新車登録台数の伸び率や生産台数の変化から見れば容易に理解することができる。1960年の新車登録台数は48万8千台（トラック・軽自動車を含む）であったが、1973年には約12.2倍の490万2千台に急増した。70年代後半、新規登録台数は増減を繰り返し、80年代に入り500万台の大台に乗った。80年代の新規登録台数は8割以上が買換え需要に依存し、新規需要は約2割占めていたのに止まる（下川，1990）。

一方、生産規模によって成長段階が3つに分けることができるのは新車登録台数の分け方と同じである。すなわち1956年に年総生産台数は1万台から10万台に達し、自動車産業の揺籃期として位置づけることができる。一方、その10年後の1967年に総生産台数は300万台に、乗用車数は100万台を突破し、この時期が日本の自動車産業の成長期であった。1980年に総生産台数は1000万台に、乗用車数は700万台となって、成熟期に入ったと理解される（伊丹・加護

野ら編，1988)。このような日本の自動車市場において、トヨタ自動車や日産自動車などの戦前からの大手企業の他に、戦後に参入した本田技研工業は先発の日産自動車と同規模になり、日本の自動車産業の中で不可欠な存在となっている。

(1)ホンダの成長

　ホンダは半世紀を経た平成14年度に資本金が860億6700万円に増え、国内外には439社の関係会社(連結子会社312社、持分法適用会社127社)を擁し、従業員が国内合計で約2万7798人、海外企業を含めて約12万6900人を抱えるという巨大企業グループになっている。平成15年度における連結決算売上高は8兆1626億円、営業利益は6001億円に拡大している(営業利益は前年度7245.27億円であった)。

　事業別ではメイン事業の自動車部門の売上高は全体の80.76％、営業利益は同じく73.13％となっている。かつての主要事業であった二輪車部門は売上高の12.21％を、営業利益は14.97％を占めるにとどまり、営業利益に関しては金融サービス事業より小さくなっている(ホンダ有価証券報告書2004年3月期)。

　本田技研工業の前身は本田宗一郎が1946年に静岡県浜松市に設立した本田技術研究所であった。設立時の資本金は100万円、従業員はわずか20人であった。その後1948年に本田技研工業(以降ホンダと略称する)と改名し、最初はエンジン付き自転車を開発し、その後ホンダドリーム号を開発し、バイク市場に参入し、60年代後半から本格的に四輪車市場に進出を果たしている。しかし、ここに至る道程は必ずしも平坦ではない。

①**自動車市場への進出**

　ホンダは自動車市場に進出したタイミングにおいて二つの特徴がある。一つは、日本の国内自動車市場に進出した企業の中で最も遅い1963年であったこと、もう一つは日本の自動車企業の中で最初にアメリカ市場に進出し、現地生産を行ったことである。ホンダがアメリカ市場に進出し、現地生産を始めたの

は、日本国内で四輪市場に進出してから20年目の1982年であったが[1]、アメリカでの現地生産においてホンダはトヨタより6年、日産より半年強、早い時期であった。

ホンダは日本国内の自動車市場に進出した時期とアメリカ市場に進出した時期という間には「矛盾」が存在したように思える。実際、このような参入時間の「矛盾」はホンダが市場におけるポジションの確立および競争力の形成を模索したことによると思われる。

自動車市場への進出はホンダの創業者である本田宗一郎の子供からの夢であった(日経ビジネス人文庫,2001,p.92)。しかし自動車市場に参入したホンダにとっては、60年代初期は企業内部の資源蓄積の不足および技術上の未熟さによって、自動車市場に進出する能力をもっていなかった。

当時、ホンダの自動車製造技術の事情について河島(2001)が次のように述べていた。「ホンダは二輪車から事業を始めているが、四輪車に関して昔フォードT型車ぐらいしか知らなかった、また四輪車の技術者がほとんどいない。ホンダの自動車を製造する意図は「特定産業振興臨時措置法案」が設定される(現実には国会で審議未了廃案となる、筆者注)前に、とにかく自動車事業を始めるという危機感に基づくものである」。

すなわち、ホンダはオートバイでこそ世界一を実現したものの四輪市場ではその実力は未知数であった。四輪乗用車のエンジンは空冷ではなく水冷が主流であり、ラジエータなど空冷エンジンでは体験したことのない未知の技術領域に挑戦することが必要であった。車体構造も二輪車とでは格段と異質の技術が要求された。ホンダは乗用車の販売ネットワークも未整備であった。このホンダがいきなり1000ccクラスのファミリーマーケットに参入することは、経営資源の賦存状況などからしてリスクは限りなく大きいといえた。

1960年代以降、日本の自動車市場は成長期に入り、トヨタや日産など大手自動車企業が市場の中で圧倒的な力をもち、また、多くの新規自動車企業も四輪市場に参入してきた。ホンダはバイクの知識しかもっていなかったので、自動車市場に進出するには自動車製造技術をもたないと成功はおぼつかないとい

う意識をもち、慎重に他社と違う成長方式を探し始めていた。河島(2001,p.100)の回想によれば「僕らの時代にやったのはトヨタや日産のやらないことばかり」というのはまさに当時のホンダが自動車市場に参入するための成長方式探しに熱中していたことがわかる。

ホンダの自動車市場への参入した時期は、50年代以降に新規参入企業が相次ぎ、企業が乱立傾向にあり、このために通産省が「特定産業振興臨時措置法案」を制定し、企業数を絞り込むという危機感をもち始めていた。また、ホンダの自動車生産はバイクの製造技術を活かして自動車製造技術に転用し、組織内部資源を蓄積してから始めたのである。しかし、ホンダの自動車市場に進出するタイミングは自動車製造の技術を取得し、また資源蓄積の能力が十分に存在したという判断に基づいたのではなかった。こうした諸条件の未熟のまま早期に参入したのであった。当時ホンダの自動車は「自動車でなく、四輪付きオートバイである」と他の自動車企業に酷評されたほどであった。

②経営資源の蓄積

ホンダが自動車市場への参入が遅れた要因は、自動車研究技術と製造技術が見つかっていなかったこととともに、自動車製造技術の資源蓄積が不足であったことによる。

60年代前半にホンダは自動車市場への進出が不本意であったにもかかわらず、成長市場および運動系エンジンに大いに頼って成長の軌道に乗り始めていた。ホンダが運動系エンジンにおける馬力および操縦安定性を高める方法はレース参加を通じて実現した。ホンダは「マン島ＴＴレース出場」を宣言した5年後の1959年に初出場をし、そして1961年に初優勝を果たした。このようにレース参加をめぐって本田技研工業株式会社が設立されてからの12年間はホンダの企業文化の形成期であり、経営資源蓄積の時期でもある。

レースに拘るのは本田宗一郎個人的な好みもさることながら、二輪車の性能があがるとともに、レース形式のテスト走行が頻繁に行われるようになり、限界に挑戦し、試行錯誤を繰り返し、レースに参加することがさまざまな技術的

改良・進歩と繋がり、レース参加途上で開発されたさまざまな技術が市販車に反映され、最終消費者にその利益を還元することが可能となるからである。このような考え方が後ほど自動車製造においても適応された。

　マン島ＴＴレースへの参加が世界最強の二輪車メーカーへとホンダを発展させていた実績があった。64年1月に自動車市場に参入した翌年、ホンダ自動車のエンジンの優れたイメージは翌年Ｆ1レースへの参入によって、さらに上昇していた[2]。すなわち二輪車と同じように、乗用車製造とカーレースはホンダにとって共に目的であり、手段であった。

　ホンダにとって二輪車と自動車の繋がりはエンジンであるので、エンジンをいかに生かすかによって企業成長の帰趨が大きく変わる可能性があった。1962年10月にホンダは初の四輪車であるスポーツカーとして、空冷エンジンを搭載した「N360」という四輪車を展示した。「N360」の発売は67年のことであった。すなわちホンダといえども四輪市場への参入には経営資源を蓄積するために相当の準備期間を必要としたのである。

　1972年7月に市場に投入された「シビック」という乗用車は新しく開発された水冷1300ccエンジンを搭載したのである。「シビック」がヒットしてから、ホンダは正式に自動車企業として認められるようになった。

　このようにホンダは、若者のサポートによって二輪車市場で成功し、自動車市場で若者を中心とする顧客に絞って、シェア拡大を目指した。ホンダのエンジンは「VTEC」をはじめ、後ほど独自の方式で低公害エンジンとしての「CVCC」、また「DOHC」などを続々開発している。ホンダという自動車に似合うエンジンを開発し、また成功したのは他社のものを真似しないこと、またユニークな商品をつくるというホンダの創業者の理念に基づくものであった。

　このように独特な技術と方法で開発したエンジンをもっているホンダは、国内自動車市場の成長を自社の成長に結び付け、本格的に自動車市場参入への「入場券」を獲得していた。後ほど見られたホンダの成長は、まさに国内自動車市場に適応してから、成長の軌道に乗りはじめる類型に属する。この自動車市場

への「入場券」をもち、自動車企業の一員としてホンダは国内市場だけでなくアメリカ市場への進出によって、企業全体の成長を実現するという道を選択していたのである。

　70年代に入り、ホンダは国内市場では製造・開発技術、さらに販売などの側面においてトヨタ、日産などの大手自動車企業と比較すると、必ずしも優位性をもち合わせていなかった。ただし「シビック」の国内販売・輸出が好調であり、消費者の支持を集めつつあったが、成功した車種は「シビック」のみという状況であり、国内市場で大規模の投資による自動車生産を拡大する政策を採る余地に乏しかった。たとえば、この時期に鈴鹿に乗用車第2生産ライン増設の提案が取締役会で決定されたが、実行は見送られた(出水,2002,p.231)。

　ホンダは当時の企業体力でトヨタ、日産に勝ち目がなかったため、国内市場での競争を極力避けたいと考えていた。こうした市場・技術の環境に適応する適正技術の開発およびこれらの技術の応用による企業成長を実現するまでには、なお時間が必要であった。ホンダはアメリカ市場への参入によって、自動車市場におけるポジションを確立するという迂回戦略を通じて、大きな組織成長をもたらしていたことがわかる。

　ホンダの売上高成長率は50年代において、年平均で32.26％となっていた(トヨタが30.11％、日産が31.08％)。60年代、70年代においてもそれぞれに18.17％、14.01％となっている。60年代を除いて、自動車11社の中で最も高い成長率を維持していた。売上高順位は1964年、1974年、1984年においてそれぞれ26位、19位、9位となっていたが、1987年以降3位を守っている[3]。

(2) アメリカ市場への進出

　ホンダの成長は国内でなく、アメリカ市場に販売と生産の拠点作りによって実現したのである。なぜアメリカ市場に踏み切ったかは以下二つの理由があげられるのである。一つは、成熟市場の特徴の利用ということであり、もう一つはタイミングに相応しい製品をもっていたことである。このような理由は第3章に論じるように、戦略策定のアプローチに帰結することができる。

50年代から70年代にかけてアメリカ自動車市場は日本と違って、成熟市場であった。つまり成熟市場においては商品や消費者を細分化することができるので、スポーツ系エンジンを搭載することのできるホンダは、こうした消費者に特化し、市場を拡大することができるのである。一方アメリカ市場において輸入車最大手ドイツのフォルクスワーゲン社の自動車品質が著しく落ちてきていた（現実に70年代以降80年代を通じてドイツ車だけでなく、アメリカ車の品質も落ちてきていた）。競争が激しい成熟市場において、品質の低下という致命的な欠点は品質改善を挽回するためには莫大なコストがかかることにある[4]。この意味でフォルクスワーゲン社の品質の低下はアメリカ市場に日本車の進出を促して、ホンダにとって大きな成長チャンスであった[5]。

　国内市場において他社との直接競争を避け、アメリカの成熟市場に進出するという戦略を策定していたホンダは、欧米車の品質欠陥という成長の阻害要因の存在を観察し、また自社がこの阻害要因を取り除く能力をもっているという判断であった。

　逆に言えば、ホンダはアメリカ市場への進出と日本市場での他社との競争を回避したのは、成長市場（日本の自動車市場）においても既存企業の自動車の品質が安定すれば、後発自動車企業がシェアを拡大するのに容易でないと認識していたからである。こうした事実は近年成長する中国の自動車市場にも見られる[6]。

　ホンダが海外市場に進出したもう一つの理由は優れた自動車エンジンに依存しさらに価格に反映したことである。後発の自動車企業が市場に進出し、シェア拡大を実現するためには他社より品質が優れていること、価格の魅力を消費者に感じさせることなどに大きく依存する。こうした価格は自動車単体の価格だけでなく、自動車使用に伴う価格を含んでいる。他方、こうした価格は環境にやさしい、省エネルギーエンジンに依存することによって、実現するのである。

　1960年代後半、先進国の大きな関心は公害対処であった。さらに二回の石油危機による省エネルギーと環境汚染を排除する商品への要請は、自動車市場が生まれ変わるきっかけとなっている。したがって、ホンダが現地工場立地、

生産を選択したのは国内市場の状況とともに、海外での要素市場におけるコストの優位性を利用し、低公害と省エネルギーエンジンの開発成功に依存する製品によって、価格の競争力を生み出すという考え方に基づいたものである[7]。

　ホンダはより成長するために、国内市場でなく、いち早くアメリカ市場への進出を通じ、ホンダというブランドのイメージを成熟したアメリカ自動車市場に植えつける戦略を選択した。ホンダのアメリカ自動車市場への進出は、タイミング的にアメリカ政府の低公害(マスキー法)・省エネルギーなどの環境を重視する政策と相まって成功している。すなわち「CVCC」エンジンを搭載したホンダ自動車は汚染物質の排出量の90％削減というマスキー法の規制基準をクリアし、環境にやさしいイメージが高く評価され、世界的に存在が認められ始めた。

　このように自動車市場におけるホンダのポジショニングの確立は、アメリカ自動車市場での成長によって実現したのである。こうした海外市場の現状および企業自体の生産能力に基づいて、ホンダは市場戦略の策定と実施を通じ、アメリカ自動車市場での成長を通じ、ホンダ全体の成長に繋がっているとわかる[8]。すなわちホンダのアメリカ市場での成長はタイミング的にアメリカ成熟市場の細分化の存在と環境重視の商品への要請に対応し、自社には内部経営資源の蓄積によるエンジンという「切り札」に特化し、製品の優位性をもっているという判断の下で成功したのである。

（3）企業組織の特徴

　ホンダの組織変化は二つに分けられる。一つは、生産組織の成長である。もう一つは、研究開発組織の成長である。生産組織は創業者の本田宗一郎自身の言葉によれば、「需要のあるところで生産する」ことによって国内と海外市場に焦点を絞って、生産拠点を設けたのである。ホンダは、現在、国内では埼玉、浜松、鈴鹿、熊本、栃木など五ヵ所の生産拠点を設け、研究開発と生産技術開発と分けて、研究所を設立した[9]。海外でもアメリカ、タイ、カナダ、イギリス、中国など31ヵ国で生産工場をもっている[10]。

①柔軟な組織構成

　ホンダは現在北米、欧州、東南アジア、南米など世界の31ヵ国での海外生産体制を確立し、現地の部品調達とともに海外へ製品の輸出をも行っている[11]。ホンダはいわゆる生産の三分割と生産の三本柱という戦略によって生産体制を構築している。生産の三分割は総生産の三分の一を国内に販売し、三分の一を完成車で輸出し、海外の生産も三分の一を保持することである。生産の三本柱は二輪車、自動車、汎用品である（出水,p.278）。こうした生産体制は「相互補完展開主義」の考え方に基づいて危機回避のために経営の「安全弁」として構築され始めたのである（三戸，1981）。

　60年代以降、ホンダは企業成長に伴って組織規模を拡大する一方、市場環境の変化に適応できるリスクマネジメントの組織を構築していなかった[12]。1960年代後半に対米輸出の急落と欠陥車という二つの危機をきっかけに、ホンダは組織の時代の到来を意識し、藤沢の「強い守り」の意図のもとで景気変動に対応できる組織を河島喜好の時代から作り始めていたのである。つまりこのような組織は危機を回避できるために「国内市場と海外市場」、「二輪車と四輪車の生産」、「仕向地相互」を補完的な関係として捉えて、生産と販売との調整ができる「安全弁」である（三戸,p.55）。

　とりわけ一般の事業部制と異なって、ホンダは50％の操業率でも経営の支障にならないという独特な組織を構築している。このように、1960年代後半からホンダは外部の環境変化よりいかに企業内部での組織構築によって調整できるかという企業組織の課題を重視し始めたのである。

　一方、事業部制組織を構築したが、事業組織内部の調整は避けて通れない課題である。つまり事業部制組織は「縦割り」の階層組織として機能しながら、他の事業部との間に「横割り」の連携がないという特徴をもっている。このような一般的な組織間に横断関係のない事業部制組織に対し、ホンダはユニークなトップ・マネジメントの役割と機能をもつ「大部屋役員室」を構築し、「縦割り」と「横割り」ともに調整できる制度を作り上げた。「大部屋役員室」は専門部会での情報交流が自由に行われて、また個々の役員が所管する部門の個

性をも生かすことができるといった組織間の補完関係を強める制度である。つまりホンダはマトリックス的な組織化の構想によって役員の「担当制」を採用し、「横割り」の連携を機能させながら「縦割り」の守備範囲も拡大する組織を形成している(三戸, p.32)。

このような組織において「横割り」によって企業の「全体最適」が実現できるとともに、「縦割り」によって個々の事業の「部分最適」も実現できることになっている。さらに、こうした「全体最適」の実現は時間軸に加味すれば、つまり「現在最適」より「未来最適」という企業の全体像を描くことができている(三戸, 1981)。

このような柔軟な組織はホンダの成長に貢献している一方、より重要なのはこうした組織において環境変化に対して「大部屋役員室」を含めて組織形態をも常に変更できる精神を有することである。つまりホンダの組織は「形」としての組織に縛られなくて、「形」のない組織構築思想の転換を定着していることである。たとえば、熊本製作所で「人間性と効率性との調和」の観点から「フリーフラー・ライン」を構築している[13](三戸, 1981)。このような生産ラインは生産現場での操業者の意思、つまり人間を主体として機械をコントロールし、機能することになっている。これによって組織内部において従業員の自主管理と参画意識が加われば、ＴＱＣの普及およびＮＨサークルによって組織効率性の上昇につながる雰囲気も形成することになっている。

②個性重視の組織

ホンダは「切り札」として高度のエンジン技術と高品質の自動車だけに依存し、組織成長が保証されたわけでない。言い換えれば、ホンダの成長はマーケティング戦略などの販売網の構築、またホンダの組織制度および制度を作り上げたことによって成功したのである。技術進歩に繋がる製品技術と生産技術の開発組織の形成は本田宗一郎と藤沢武夫、およびそれらの後継者の能力と意欲に大きく依存している。

生産組織とともに、ホンダの研究組織も国内では1960年本田技研研究所を

発足させ、1970年ホンダ工機株式会社(ホンダエンジニアリング)をスタートさせた。現在ホンダの研究開発体制は製品研究開発と生産技術研究開発に分けて構成されている[14]。ホンダの研究開発体制は従来の本田宗一郎のワンマン体制から、70年代に入って、集団指導体制に移行しSEDシステムを作り上げた。SEDシステムは、S (Sales)販売、E (Engineering)生産、D (Development)研究所の開発により、R (研究) ＆ D (開発)の各段階で客観的評価を行い、結合したものである[15]。

こうした研究・開発・生産における制度整備また研究員の個性が組織に埋没しないように、1968年から専門職資格制度の活用はホンダ組織の活性化を保つ要因にもなっている。とりわけ技術者の「個人プレートとチーム戦略の相乗効果」(三戸,p.95)を生み出す「並行異質競争主義」の制度は研究組織に浸透し、新技術の創出に大きく貢献している。

「並行異質競争主義」は研究員の個人のもち味と組織の効率性につながるチームワークとの融和、また研究員の生甲斐などの問題意識でホンダ独特な研究開発の「イズム」である(三戸,p.104)。たとえば、ホンダの研究組織ではほとんどの研究者の個人的な発想が研究テーマとして認められる。その後、採否評価を得てリサーチ開発へと進む。開発の段階において、個々の研究員がそれぞれ自分の研究スタイルのもとで、つまり「一人一件主義」を取りながら、「競争」を行っている。目標が同じとしても、研究の方法は研究者個人に依存するので、異なっている。このように研究者が同時「並行」で研究した結果は、評価会によって段階的に絞って最後にDにつなげることになる(三戸,pp.101-108)。

本田宗一郎は普通の会社ではごく当たり前のように言われる「会社のために働く」という言葉を嫌った。本田宗一郎の哲学は「自分のために働け」であり、「愛社精神は各人が自分のために一生懸命に働いているうちに自然に発生してくるもの」が口癖であった。ホンダ直轄部隊も各人が自分のために創意工夫を発揮し、試行錯誤を繰り返し、組織と会社を活用していくことによってはじめてよい成果が生まれることが期待されていた。このようなユニーク、かつ研究者の創発の精神を重視することは創業者本田宗一郎の時代から今日までホンダ

の研究組織に続いている。

　80年代以降さらにこうしたSEDシステムはグローバルに転換し、新たな「シビック」や「アコード」などのヒット車を市場に送り出した。90年代からホンダはグローバル企業として、かつてのような製品研究開発、技術研究開発の活力を活かし、また生産現場での機動性を上昇させるために、事業部制的運営に改革し新しい組織スタイルで自動車市場の成長軌道に乗り始めた。

③ホンダの成長変化

　これまで見てきたようにホンダの成長は、成長市場への参入とそれに伴う事業転換によって実現された。主要事業の二輪車は80年代に入ってから自動車事業に譲り、金融事業に次ぐ三番目になっている。ホンダのような事業転換による企業成長は、戦後、日本における企業成長の中で最も代表的な例である。一方、ホンダのように早期に海外市場を意識し、また海外市場に依存し、さらに国内と海外の生産、研究組織を活用することによって企業成長を実現した日本企業は必ずしも多くはなかった。今日ホンダの業績における主要事業の寄与度は自動車、金融事業、二輪車、汎用製品（汎用エンジン、発電機、耕耘機など）の順番によって構成されている。こうした事業において売上高、営業利益などは７割以上が海外市場に依存していることがわかる。

　一方、このように国内と海外におけるホンダの組織成長はほとんど企業内部資源に依存していた。つまりホンダの生産組織と研究開発組織の成長が、既存の企業内部に所有した人的資源と資本を中心に実現されている。ホンダの成長は企業内部での研究開発、生産能力を蓄積したことによって独特な製品を形成したことによるものである。こうした内部資源に依存し、企業成長の方向を選択するのはホンダが設立した当初からの理念に基づくのである[16]。

　国内自動車の成長市場に参入してから海外自動車市場での成長を通じて、ホンダは自動車市場においての地位を確立するのにわずか30年の年月しかかからなかった。現在、ホンダは世界の自動車企業の中でも最も高く評価されている企業の一つである。こうした評価はエンジン・二輪車・自動車など商品研究

開発の技術のホンダだけでなく，投資効率性や経営合理性などにおいてなされている。2004年3月期における世界の自動車大手7社の経営指標の中で，ホンダは売上高および世界販売台数において四位にまで入っていない一方，純利益と株主資本利益率はともに三位であり (4643億円，16.9％)，純資産純利益率および一人当たり売上高は二位である (5.8％, 6432万円)(ローランド・ベルガー・アンド・パートナー・ジャパン自動車戦略チーム, 2002)。

　60年代から国内の成長市場環境に恵まれて，また70年代以降アメリカ市場の特徴を洞察し，果敢にポジション選択を通じ，ホンダは成長を実現した。一方，80年代後半から90年代にかけて，国内および海外の厳しい成熟市場環境においてもホンダは一時の低迷を経験した一方，急速に回復している。この意味で同じ外部市場環境におかれても，ホンダは企業組織制度およびこの制度を機能させる経営陣・従業員の能力による競争力が相当高いといっても過言ではない。したがって，今日，多くの日本企業が長期停滞に直面しているのは，単に市場の成熟にその原因を求めることは適当でないと思われる。これもホンダにおける企業組織の独自性を通じて多くの示唆が与えられた。

第3節　新製品・新技術と新市場の創出

　70年代以降，日本経済成長を牽引し最も成功した産業は自動車・電気機械・一般機械などいわゆるモノ造り産業である。こうした産業群は高度成長期を経て成長期に入り，企業も関連市場の拡大によって成長軌道にも乗り始めていた。一方市場に適応するために，独特な製品の利用と創出によって成長したホンダと異なって，ソニーは新技術に基づく新製品によって新市場を創出し，成長したのである。

　（1）ソニーの成長

　ソニーは，1946年5月7日に「東京通信工業」として設立され，創立当初

の従業員総勢は二十数名であり、資本金はわずか19万円であった(ソニーと社名に変更したのは1958年)。設立当初のソニーは業務用のテープレコーダーを開発して企業としての基礎を固め、その後にトランジスターの開発に社運を賭して取り組み、1950年代後半に世界で初めてトランジスタラジオの開発に成功し、国内外からの支持を得て急速に成長していった。

　ソニーは設立当初こそエレクトロニクス事業に特化し成長した。ソニーは生産工場の拡張と同時に、1972年技術研究所を、1982年開発研究所を、1983年情報処理研究所を設立している。こうした製品・技術の開発は多くのソニーブランド商品を作り出し、新市場の創出に貢献している。

　エレクトロニクス市場の拡大および成熟化に対応し、ソニーはエレクトロニクス事業だけでなく、総合エンタテイメント会社という戦略転換を行っている。ソニーは1988年からＣＢＳレコード・インクを、また世界的な映画会社までを買収した一方、90年代後半に入り、従来の生命保険会社のほかにソニー銀行を創立し、またＩＴと結合したブロードバンド会社までを作り上げていた。このように多角化戦略を積極的に展開した結果、今日では、主要事業はエレクトロニクス、ゲーム、音楽、映画、ファイナンス、その他(半導体、インターネットを中心に)によって構成される。

　ソニーの資本金は1961年度の21億円から1988年237億円に、1998年度4062億円、2002年度4763億円に増加した[17]。2003年現在子会社1081社、関連会社105社をもつ巨大な企業グループになっている。連結で従業員数は約16万1100人となっていた(有価証券報告書各年度)。

新製品による新市場の創出

　ＡＶ機器を知っている人々ならソニーというブランドを知らない人がいないといえる[18]。ソニーの歴史は戦後の日本経済の成長を象徴すると言っても過言ではない。つまりソニーは戦後に多くの企業と同じように、ＡＶ電機製品の製造および技術改良によるモノ造りから成長し、奇跡を刻んできた。ソニーが注目されたのは財務視点からの企業成長でなく、数々の新製品を迅速に市場に提

供し、ヒット商品を生み出してきたことにある。ソニーの成長経路からわかるように、ソニーはＡＶ電機製品の製造と販売から成長し、さらにエンタテイメント産業への参入によって企業成長の大きな相乗効果を生んできた。

ソニーの新製品創出は二つの目的をもっていると思われる。一つは、新製品による需要創出、つまり量産可能な製品による新市場の創出が製品シェアの拡大につながり、常に企業の新製品創出のイメージまた次の新製品への期待を消費者に植え付けてきた。もう一つは、こうした新製品を不断に市場に出し、ヒット商品を通じてさらに組織内部の技術・製品開発および製造能力を高め、蓄積してきたことである。つまり一つのヒット商品が出ると、次のヒット商品への期待を企業内部に喚起し、組織内部の競争を促す役割を果たすことになったのである。このような戦略展開はソニーの創業者である井深の「創造」で表現できる。「創」が表の競争力であり、「造」が裏の競争力である。

「次へ」と「先へ」(勝見, 2003)はソニーが他社より一歩先んじて新製品を開発し、新市場を創出することを通じて常に自社を有利なポジションにおいておくという考え方による。ソニーは新製品造りから市場へのいち早い参入により、市場でのリーダー役としての存在をアピールし、また他社を追随させる立場に追い込む目的をもっている。早期に市場に新製品を出す行動は外部環境である成長市場での自社に有利な技術規格を形成し、利益を確保することをも意味する。企業収益を高める新製品の開発・製造および新市場の創出という戦略は当時のソニーの経営者が意図的にもっていたかどうかにかかわらず結果としてそのとおりになったのである。

このような新製品に基づく技術規格の形成から利益の確保は長期間に企業の利益の確保を意味するわけでない。それは市場あるいは産業内の競争が存在するからである。産業内の同業者間での競争度合と新規参入の脅威は、ソニーだけでなく、市場には常に存在する。たとえば、ソニーのライバルである松下電器がある。このような同業者の競争は1956年世界で最初トランジスタラジオを開発し、世界の中で先導的な位置に立ってから、今日ネット関連商品にいたるまで続いている。

短期間の技術規格による利益を長期利益に転換するために新しい技術規格を造るのは高篠によれば(勝見,p.232)、「世にないものをつくる」「人のマネをしない」というソニーのモノ造りのＤＮＡによって守られている。こうした製造能力を蓄積することは、製品・技術の開発・生産方式の革新などを含む従業員能力の蓄積と学習の過程である。市場創出とモノ造りのＤＮＡはソニーの創立以来、数え切れないほど多くのヒット商品を市場に送り出し、企業成長の事実を教えてくれる。

　こうした新商品による新市場を創出した代表例は1968年クロマトロンの技術で製造したトリニトロン[19]を日本のカラーテレビ市場に送り出したことに認められる。世界の中で最初にカラーテレビを造る技術を開発したのはアメリカのＲＣＡ社である。ＲＣＡ社が生産するカラーテレビはシャドウマスク方式であったのに対し、ソニーはクロマトロン方式を採用していた。ソニーは多くの実験とアイデアを練って、新技術に基づくカラーテレビを市場に送り出し、市場シェアが６年後の1974年に10倍以上増加した(勝見，2003)。同時に日本のテレビ市場の拡大に大きな影響を与えていた。

　ソニーは事業成長においてホンダと異なって、決して自主独立に拘ることはなかった。たとえば、技術上において早くも1979年からオランダのフィリップスと提携し、特許に関するラインセンス契約をするという経験をもっている。また異業種のエンタテイメント産業に進出し、企業買収によって外部資源を買い求めるによって、組織成長に貢献した歴史をもっている。さらに近年ソニーは弱い分野への進出において、日本の国内企業でなく海外の企業との連携するケースが多くなっている。たとえば、携帯電話と液晶ディスプレーなどの分野にエリクソン社とサムソン社と合弁会社を作り、自社の優位を活かせる将来の世界市場を視野に入れて、戦略の策定と実施に取り組んでいる。こうしたソニーらしい成長方法と考え方は多くの日本企業から見れば「異色」でもある[20]。

（2）企業者と組織成長

　ソニーの成長は市場の需要に対して適応する姿勢によるものだけでなく、新製品による新市場の創出という独自性のもとで実現したのである。このような企業はしばしば技術上の独創性をもち、業界をリードするポジションにある。リード役の企業は真似することでなく、より動態的な技術、組織の創出の考え方に依存する。このような考え方はそれぞれの時代、またそれぞれの企業者の「異色」に強く染められている。

　初期ソニーの組織成長は、起業家の井深大と盛田昭夫のカリスマ性を抜きには説明できない。たとえば、世界最初のトランジスタラジオを開発し、商品化したのは、企業者である井深と盛田が戦後の日本に必要なのは何か、つまり戦前の軍事産業から戦後日本が大衆消費市場を基礎とした経済へと転換したのに伴い、このような市場では軍事産業に代わる代替的な商品が何なのかを模索し、適切な判断を下したことによるものである。井深および盛田は市場での製品成長の見る目をもっていたため、数々の製品が開発できヒット商品になったわけである。直感あるいはアイデアなどいわゆる「非常識な考え方」におけるソニーの企業者たちの能力こそがソニーの企業成長を実現させたことに異議はなかろう。

　このようにソニーの組織成長の歴史は企業者がソニーという「帝国」にいかに自分の夢を実現し、あるいは企業者なりの色付けをするかに大きく関与している。逆に言えばソニーがいつも活力が溢れているのは、こうしたそれぞれ時代の企業者の「異色」の存在によるものでもある[21]。こういった時代の動きに伴う企業者の「異色」の存在はソニーという会社の連続性と非連続性を融合した組織のイメージを世界に植えつけ、組織の活性化をもたらしたといえる。

　このような活力化があるソニーは、多くの技術者や若者に夢を与えたと同時に、技術者と若者によるエネルギーが組織の活力を導き、これらが相乗効果となって、一層成長を可能としたのである。しかし、企業者自身はそれぞれの時代にソニーという「帝国」を築く「夢」をもっていたので、企業の成長に貢献

する一方、強すぎる企業者の「異色」はワンマン体制になり、組織としてのメリットも顕在化してきていなかった。

　たとえば、ソニーは創立してから「技術さえよければ必ず売れる」といった開発技術の重視の「異色」をもち、生産組織やマーケティングを軽視する傾向をもっていた(河合, 1996)。内部組織の変更が日常的に行われたので、社内電話帳は2ヵ月ともたなくなっていた。また開発技術の志向が強かったので、人事異動も定期的でなく必要に応じて行われるようになっている(河合, p.141)。

　このような組織は企業者の「異色」のもとで常に新技術と新製品開発に機能しているが、企業成長に伴った組織の拡大は組織階層のルールや利益責任の不明など、いわゆる「小企業病」の発生を招いてしまっていた。「小企業病」は生産組織の効率性、さらにソニー全体の効率性を損うことになっていた。ソニーは新規市場において独創的で付加価値の高い商品を提供したことによってソニーというブランドを形成し高い価格で売り出すことに成功した。一方、市場の成熟に伴って、商品的にまた技術的に追い越される可能性が高くなるので、企業成長は組織の効率性およびマーケティング行動などとの関連性が強くなってきている。したがって、市場変化に対応するため、すでに大規模の組織をもつソニーは、意思決定の迅速化に必要な新たな分権制度および効率的な生産組織における調整制度の構築という課題に直面していた。すなわちソニーにワンマン体制(たとえば、会長や社長の指示を待つ体制)から脱皮し、新たな組織形態を要請していた。

　ソニーは大賀時代に(1983年)正式に事業本部制を導入し、市場の変化に新たな生産組織を作り上げて、対応していた。つまりトップのワンマン制度から事業本部長に自由裁量権を委譲し、有能な経営人材の意欲と責任を引き出す目的に基づいた事業部制を構築したことである。それによって従来の新技術、新商品の開発に偏った制度から、技術と営業のバランスのとれた制度になっている。

　ところで、こうした分権的な組織とした事業本部制を導入した一方、1987年にソニーは社内ベンチャー制度をも導入し、よりいっそう新技術と新商品の研究を重視する姿勢を打ち出した。社内ベンチャー制度の運営の主体は「イン

キュベーター事業本部」であり、既存の組織から切り離していた。このような制度は組織にあわない「異質」の人材が社内で「異能」を発揮できる「場」を提供しているとともに(河合, p.153)、事業部を横断する新商品の開発機能も整えている。このような組織制度は「創発的なインフラ」と名づけられている。

事業本部制の導入は、市場の変化に適応できたとともに、1980年代のソニー成長の原動力ともなっていた(河合, p.168)。一方、社内ベンチャー制度を有するにもかかわらず、複数事業部にまたがる商品開発は必ずしも進んでいなかった。またそれぞれの事業本部長が「縦割り」の事業を重視し多大の投資を行って、ソニー全体の投資収益率の低下をもたらしたこと、いわゆる事業部制の弱点が露呈してしまった。

60年代から90年代にかけてソニーの技術・製品の開発・製造能力が創造精神によって高くなってきている一方、ソニーはこうした能力を収益に転換するために、つまり収益の基盤を築くために、多くの設備投資(固定資産)を行っていた。総資産に占める固定資産の比率は60年代、70年代、80年代、90年代の年平均でそれぞれ33.07％、28.79％、32.89％、51.11％となっている(末政, 2001, p.232)。60年代から80年代末にかけて設備投資を増加したことによって、売上高の成長をもたらしたとともに営業利益率も向上してきた。しかし90年代から設備投資が急増したにもかかわらず、売上高の急成長と営業利益の低迷というアンバランスの状態が生じている。

たとえば、売上高と営業利益の成長率は1961年を100とし、1969年の5.81倍と9.35倍に、79年の34.91倍と43.65倍に、89年の118.36倍と94.41倍に、2000年の359.45倍と141.53倍に成長してきた(末政, 2001, pp.44-48)。売上高の成長率と比べると営業利益の成長率は鈍く、80年代に入ってから縮小していたことが明らかになっている。売上高に占める営業利益率は60年代11.5％、70年代11.8％、80年代7.9％、90年代5.3％[22]となっており、エレクトロニクス市場の成熟に伴い投資の収益力が低下する傾向が読み取れる[23]。

こうした状況を改善するためにバブル崩壊に伴ってソニーは、1994年事業本部制を廃止して新たなカンパニー制を導入、また1997年執行役員制度を導

入し組織改革も行った。1999年ソニーはネットワークの時代に相応しいネットワークカンパニー制を導入し、「ブロードバンド・エンタテイメント・カンパニー」戦略を展開していた。

（3）ソニーの成長変化

　今日われわれの生活に普及しているソニーの関連商品はモノづくりや技術開発において「世にないものをつくる」「人のマネをしない」という創造精神、いわゆる「ソニーの遺伝子」によって作られたものである。こうしたヒット商品が迅速に新市場を形成したのは技術の改良・開発および生産方式の改良・開発いわゆる競争に有利な条件を造る企業内部の資源蓄積が実現したからである。

　新製品の開発と技術の未成熟の前期段階では膨大な資金を投入する必要がある。こうした資金を獲得するために、設備投資に必要な資金調達にはいろいろな手法が求められる。これらの手法は製品市場の成長段階において企業成長に大きな影響を与える。製品と技術における「先へ」と「次へ」の創造精神をもつソニーは、多くの日本企業と違って早くも1961年から日本の企業として初めて米国預託証券（ADR）を発行し、1970年ニューヨーク証券取引所で上場し、資金調達を行っていた。

　しかし、90年代以降にソニーの成長はかつての勢いをもたなくなった。その要因はかつてのソニーのように製品規格における優位性をもてなくなっていたことに求めることができるように思われる。ソニーの成長は外部の中核技術を利用し、内部資源の蓄積による新たな中核技術を創出し、またブランド製品の製造を通じ、大量消費の時代において大量生産と大量販売によって実現したのである。

　こうした成長市場に対応する大量消費の時代が終わり、それに伴って製品サイクルが急速に変化し始めると、次世代の製品開発においては製品の中核技術、いわゆる規格をどのように確定し、それに伴ってどのように規格を設定するかにおいてもっとも重要な意義をもち始めたといえる。このことは製品開発において様々な知的付加価値を生み出す特許のような「障壁」が重視されてきたこ

とを意味している。ソニーは他社の追随を許せない製品を造るだけでなく、規格の「障壁」を造ることにも腐心してきたのは、70年代の家庭用ビデオテープレコーダにおける「規格戦争」に負けたきっかけになっていたのである。

一方、80年代以降のソニーはＡＶ製品に関連する規格の「障壁」を造るのに、莫大なコストをかけたにもかかわらず、基礎規格における「障壁」をもつことが必ずしも多くなかった。たとえば平面型ディスプレーに多くの特許を出願していたソニーは、最新型テレビＡＣ型ＰＤＰに直接関する特許を二つしかもっていない。一番出願が多い各種映像信号（平面型ディスプレー共通）、フォーマットへの対応などにおいてソニーは32件の特許を出願した。しかし、登録されたのが一件もない。さらにそれら出願した特許が引用された回数は皆無である（有価証券報告書,2003年度,pp.232-233）。

オーディオ・テレビ・ウォークマン・半導体などＡＶ機器分野において、ソニーはかつてのように新技術による内部の新製品による「障壁」作りによって利益と市場シェアを守ることに成功せず、90年代以降には外部企業が設けた「障壁」によって逆に阻害されるようになった。つまりＡＶ機器を中心とする製品が無数の特許という「障壁」によって構成されてくるとなると、それぞれの製品の特徴がかえって弱まり、製品性能の類似性が高くなっているといえる。

多くの特許の存在によって製品製造および研究開発に特徴をもっていた企業は、製品性能の類似性が高い場合には、優位性を発揮するのにかえって不利な立場に立たされているといえる。言い換えれば、こうした特許に支えられた関連部品を利用することにより後発企業でも類似的な製品の生産を可能とする。この意味で、ソニーのようなブランド・イメージの高い企業でさえ成長の勢いは弱まり、企業成長はより困難に直面することになる。

一方、「先へ」、「次へ」というソニーのＤＮＡの製造技術は多くの場合他社の中核技術を利用して商品化し、このことによってソニー自体の研究開発組織が萎縮したという批判もある。「たとえば、フィリップス社と開発したコンパクトディスク（ＣＤ）の特許では出願件数はソニーが十倍多い。特許料収入は半々、光で情報を記憶し、読み取る中核技術は、フィリップスが抑えているよ

うだ」[24]。このように新しい中核技術を形成することとともに、中核技術を利用し新製品の研究開発においても、ソニーは大きな成果を収めなくて、組織の失敗が顕在化してくる。

　こうした批判の最も代表的なケースはウォークマンにある。かつてソニーが開発したウォークマンはソニーが新たなデジタル機能の開発において出遅れたことによって、「先へ」、「次へ」に進化していなかった。たとえばハードディスクやフラッシュメモリーを使った小型の携帯用ウォークマンをソニーは2004年から生産し始めた一方、アップルはすでに300万台の「iPod」を出荷している(『日本経済新聞』2004年7月2日朝刊)。

　技術だけでなく、新製品までを他社に追随させない立場にあったソニーは、ネットワーク時代の戦略商品の開発に遅れ、他社に追随されるとは到底思っていなかったであろう。言い換えればソニーの新製品開発による新市場を造るリーダー役が交代させられたのはソニーが企業成長の原点を失ったことを意味する[25]。

(4) 企業成長と産業技術

　ホンダの成長は企業組織内部での技術・商品の研究開発と生産組織の整備に依存し、組織内部の資源の蓄積を通じて成長市場への進出から始まり、海外市場での成長によって、企業としての飛躍が実現したといえる。一方、ソニーは外部の技術を利用し、企業内部での研究開発を通じて新製品による新市場を創出し、また成長市場との結合によって国内市場から海外市場への拡張を経て、常に産業の先頭に立ち、成長が達成されていたといえる。

　90年代後半にホンダは海外市場での成長を中心に、とりわけ中国でのバイクや自動車市場への進出によって、企業全体の成長の勢いを維持することができた。一方、ソニーは海外に進出したにもかかわらず、同時期に成長性と収益性が大きく落ち込んで、組織改善を通じて新たな成長の方向を模索している。

　こうした企業の成長変化は二つの産業技術要因に依存している。一つは、時間の変化に伴い中核技術が大きく変化しないという前提で(大きな技術革新が起

きていないこと）、周辺技術[26)]の改善と組織効率性とによって生産組織を再構築し、規模の経済性を達成し価格競争を展開してきた自動車のような産業技術である。

　自動車産業においては中核技術の獲得は内部資源の蓄積と外部市場からの購入によって可能となる。中核技術が大きく変化しないので、製品のデザイン・研究開発・製造などの生産・開発組織の効率的構成は企業成長にとって大きな要因にもなっている。ホンダの成長は内部資源の蓄積を中心に、中核技術の習得を通じて後発の立場からグローバル企業に発展している。これは現在中国の自動車企業の成長から分かるように中核技術の買収や合弁が多くの自動車企業を成長軌道に導いている。

　この意味で、中核技術が不断に変化するより、あまり変化しない産業において市場が成長しさえすれば、新規参入企業にとって成長軌道に乗るのがあまり困難にならない。一方、買換えを中心とする成熟市場においては製品価格が差別化されにくいので、研究開発による製品の装備と品質の改善、デザイン、安全性、アフターサービスなど市場の細分化がより重要となっている。同時に競争が激しい成熟市場において、こうした市場の細分化によって企業はある分野におけるミスが起きたらダメージを受けやすくなり、製品シェアの回復も容易にならない。

　ただし、自動車産業への参入のためには中核技術の買収や生産工場の新設などに莫大な初期費用がかかるので、企業は長期的な観点から投資を回収する視点をもたないと新規参入の成果は期待し得ない。また、後発参入企業にとっては、ホンダのようによほど大きな「切り札」をもたないと、とりわけ成熟市場においては成長しにくいといえる。これは現実に多くの国で自動車企業が増えない理由でもある。

　産業技術要因から言えるもう一つは、自動車産業と比べると製品のサイクルだけでなく、製品に関する中核技術と周辺技術も短期間に変化しやすいエレクトロニクスのような産業において（大きな技術革新が常におきること）、組織の柔軟性による市場対応よりも中核技術の習得の変化が競争の原点になってい

る[27]。

　こうした産業において、中核技術による新製品つくりによって、常に新規需要を生み出しやすく新たな成長市場の創出も可能となる。したがって、成長市場と成熟市場の交代は、中核技術の変化と新製品の創出とによって生じるといえる。たとえば、現在テレビ業界において液晶とプラズマテレビの主導企業はシャープと韓国のサムスンの2企業になっている。この産業は市場への参入の初期費用が自動車産業よりも小さい一方、参入と淘汰が繰り返され、競争も激しい産業である。

　中核技術の分化、また中核技術の転換が早い産業における企業は内部資源に依存するかぎり、長期成長の実現が容易でないことがわかる。したがって、ソニーのように長期間にわたって市場での主導的立場に立っていながら、90年代以降に後退した傾向が見られるのはやむを得ない面もある。

　こうした産業において、外的資源の利用とくに中核技術の共同利用は、市場拡大を通じて新たな企業成長のパターンを生み出す。つまり中核技術の補完性を利用し、より多くの製品を形成したことによって、製品の市場シェアを拡大し、企業成長をもたらすことである。また企業は生産工場を投資せずに、ＯＥＭのような生産方式への選択が90年代以降しばしば行われている。

　このように自動車およびエレクトロニクス産業の技術特徴の違いは、ホンダとソニーのような企業が内部資源を重視し、あるいは内部資源と外部資源を活用することによって実現した成長形態および成長パターンが違うようになっている。

　ホンダとソニーの成長は新技術の開発によって市場への適応および新市場の創出によって成功している。こうした企業成長は生産技術の創出を含めて研究者の新技術、新商品の研究開発の能力と意欲を引き出す制度、および効率的な生産組織の創立に大きく依存することになっている。一方、環境変化に対応し、ホンダとソニーは一時成長の停滞を経験したが、経営者が迅速に制度のリ・デザインを通じて、成長回復のメカニズムを機能させることにも成功している。

このように新技術と新商品の研究開発・生産に関する制度の構築能力、また環境の変化に対応し制度のリ・デザイン能力は企業成長を導く原動力ともいえる。このような能力は企業組織における内部要因および外部要因を洞察し、企業成長の決定要因となっている。

このような日本企業の成長実態を踏まえて、これから企業成長に関する包括的な条件を検討する。

注

1) ただし、ホンダは1978年にすでにバイク市場に進出した。その4年後の1982年にホンダはアメリカの自動車市場に進出している。日本自動車企業がアメリカで単独会社を設立した時期の順序は以下の通りである。ホンダは1978年2月、日産は1980年7月、マツダは1985年1月、トヨタは1986年である。三菱自工は1985年10月クライスラーと、トヨタは1984年2月GMと合弁会社を作っている(白澤,1990,p.166)。
2) ホンダは1960年代F1に参戦し、92年いったん撤退し、99年再び参戦する経緯をもっている。
3) データは『週刊東洋経済』各期をまとめたものである。
4) アメリカ市場に見られたドイツ車とアメリカ車の失敗した経験は、今日の日本市場でも確認される。三菱自動車がその例であった
5) フォルクスワーゲン車が品質低下によってアメリカ市場での輸出量を下落させた要因について、ホンダはアメリカ市場に進出する前、独自の調査によって分析している(出水,2002,p.238)。アメリカ自動車市場における日本車と欧米車の品質差別について藤本・クラーク(訳1993)の調査がある。
6) 中国政府の産業政策によって外資系自動車企業は50％以上の出資が認められないため、現在中国自動車市場に進出している外資系自動車企業はすべて合弁企業である。今日、中国自動車市場にはフォルクスワーゲン社が真っ先に進出し、その後GM社とフォード社や日産、ホンダなどが順次入っている。ドイツ系の

自動車はアメリカ車や日本車の品質との間に大きな差がないので、後発進出自動車の市場シェアの拡大は価格やアフターサービスなどの「切り札」を軸に競争を行っている。2002年度フォルクスワーゲンは45％のシェアをもち、ＧＭは9.9％、ホンダは5.4％を占めている。日産とトヨタは2002年から本格的現地生産を始めている。詳細は下記のアドレス　http://www.mizuho-ri.co.jp/research/economics/pdf/asia-insight/asia-insight031017.pdf を参照されたい。

7) 日本自動車企業のアメリカへの進出の大きな理由は貿易摩擦によるという指摘があった。

8) ホンダはヨーロッパ市場において、日本車全体シェアが約10％強の中1.56％を占め(約18万台、1996年)、五番目となっているが、アメリカ市場では約9.1％を占め、854879台となっている。日本車の中で一位に立っている。

9) ホンダは国内二輪車生産のため1953年に大和工場(1973年に埼玉製作所和光工場に)をはじめ、1954年に浜松製作所葵工場(同年11月から浜松製作所)を、1960年に鈴鹿製作所を設立した。1963年に乗用車生産を開始し、既存の二輪車工場のほかに1964年に狭山製作所を立ち上げて、1970年に狭山製作所第二工場工機部門を本田技研と分離し、ホンダ工機株式会社を設立した。さらに1970年に真岡工場(1994年に栃木製作所真岡工場に)を、1977年に熊本製作所を、1989年に栃木工場(1992年栃木製作所高根沢工場)を新設した。ただし、2002年に和光工場の四輪車用エンジンの生産は終了し、生産機能を狭山工場に移管した。

10) 日本国内自動車市場でなく海外市場への進出は当時社長であった河島(2001,pp.100-102)の提案であった。

11) 海外生産拠点を設ける前に、国内生産に占める輸出の割合は50％以上を示していた。たとえば、1960年の二輪車生産台数は147万台に達し、その内国内販売は44.1％を占めていた(出水,p.47)。

12) 本田宗一郎と藤沢武夫の時代にはホンダは正式な組織図をもっていなかった(三戸,p47)。

13) フリーフラー・ラインとは、人間の意志で流れの速さを自由に変えられる仕組みを取り入れた生産ラインである(三戸,p.164)。

14) 製品研究開発は、本田技術研究所、ホンダアールアンドアメリカズ・インコーポレーテット、ホンダアールアンドディヨーロッパ(ドイチェランド)・ゲー・エム・ベー・ハーの三社を中心に、生産技術研究開発はホンダエンジニアリング(株)、ホンダエンジニアリングノースアメリカ・インコーポレーテッド二社によって行われている。

15) ＳＥＤシステムとＲ＆Ｄの詳細は出水(2002,第2章)を参照されたい。

16) 河島によれば、「ホンダは資本提携の誘いが来てもホンダは常に自主独立なので、実行に移さない」。ホンダは90年代以前海外のフォード、クライスラーからの資本提携の誘いがあったにもかかわらず、乗っていない。イギリスのローバーとの提携もサッチャー首相からもちかけられたが、ホンダは最後に断った(日経ビジネス人文庫,2001,p.102)。ただし、中国広州で合弁企業を設立した。

17) ソニーの資本金は四捨五入によって計算されていた。2001年から2003年まで自己資本の毀損により自己資本金率が減少していた。

18) 1990年にアメリカのランドーアソシエーツ社は世界規模で事業を行う企業のブランドイメージを調査した。ソニーは'評価度'では世界第1位、'知名度'では第4位、総合順位ではコカ・コーラに続いて第2位となっている(ソニー・マガジンズ,2002,p.184)。

19) シャドウマスクとクロマトロンに関連する技術の区別は勝見(2003)を参照されたい。

20) 経済産業省は国内電機企業のもとで次世代液晶技術研究開発を提案し、一時ソニーも参加していた。一方ソニーは韓国大手電機企業サムスンと液晶技術の共同研究開発を発表している。経済産業省は日本の先端技術が海外企業に漏れるので、ソニーに韓国企業との提携を破棄するよう促している。しかしソニーは逆に国内企業の共同研究を辞退し、サムスンとの合弁を決めた。こうした日本国に拘らない行動は、国内企業および政府から見れば「異色」としかいえない。

21) たとえば、創業者井深の時代から精密さと小ささのＡＶ電機作りのソニー、大賀の時代に音楽家出身の大賀自身によってエンタテイメントのソニー、今日出井の時代におけるデジタルのソニーとも言われるのはそれぞれの時代的背景の下

での経営者能力が活力の源泉であったといえる。
22）それぞれ年代の区分は以下のとおりである。60年代は1961年-1969年、70年代は1970年-1979年、80年代は1980年-1989年、90年代は1990年-2000年となっている。また決算期は1961年から1986年まで10月からとしたが、1987年から3月となった。ちなみに1987年の決算は年率に換算したものである。
23）こうした利益率の低下はメイン事業の成長率の低下によるものであった。事業別売上高に占める割合をみると、オーディオ・テレビ・ウォークマン・半導体などＡＶ機器生産販売のエレクトロニクス分野は1983年度91.0％、1987年度83.9％、1991年度80.5％、1995年度77.4％、1999年度70.6％、2001年度69.8％へと低下し、企業成長への寄与が縮小傾向にあった。一方、エンタテイメント部門などのゲーム、映画、音楽分野は1998年度の30.7％、2001年度の32.0％を占めて、ソニーの新しい成長分野となった。こうした計算は最後に100％に合致しない場合もあるが、ソニーの事業再編のため計算の仕方も変わった。データはソニーの有価証券報告書により作成したものである。
24）引用の内容は http://www.nikkei.co.jp/topic3/sansan/eimi076616.html 日本経済新聞による。
25）ソニーの成長は必ずしもこれまでどおり順調ではなかった。とりわけソニーの新製品の創出およびヒット商品による新市場の創出の傾向は90年代以降停滞している。
26）自動車産業の周辺技術は素材の利用による省エネルギー、低公害の自動車製造、生産技術や機械設計技術などを含んでいる。
27）今井・香西(1984)は研究開発型企業の特性の中で、「製品」となる技術のライフサイクルが極めて短く、研究開発投資には高いリスクを伴う場合が多いと指摘した。こうしたリスクの吸収については企業成長の過程の中で、技術を焦点にし市場の種類にも関連性をもっていると論じた。

第2章　企業成長の本質(ペンローズ理論の展開)

　第1章では、ホンダとソニーの成長を、それぞれの産業技術の観点から、内部組織における資源利用の観点から、そしてそれぞれの企業が直面した産業構造および市場環境の観点から検討した。それぞれの成長のパターンは違うとしても、企業成長の本質は同じである。そこで本章では、企業成長の本質を捉えるために、ペンローズの『会社成長の理論』を検討する(ペンローズ,1954,訳1962,1981)。

　ペンローズの企業成長の理論は、利潤最大化と限界費用の観点から生産規模の決定を導く、伝統的ミクロ経済学の企業理論の批判を意図するものでもある。そのためにペンローズはさまざまな概念を提示するのであるが、しかしその内容は必ずしも明確ではない。それは難解であり、そのためにペンローズの理論は必ずしも十分に理解されるものではなかった。この結果、ペンローズの理論の重要性自体が必ずしも正当には評価されてこなかった。しかし、ペンローズの企業成長の理論は、日本企業の成長プロセスを理解するために非常に有益なヒントを与えてくれる。そこでこの章では、何よりもペンローズの概念を明確にすることを試みる。そしてペンローズのさまざまな概念を再構成することによって、日本企業の成長プロセスを理解するための分析枠組みを構築することを目的とする。その上で、それらの概念に即して日本企業の成長プロセスを検討する。

第1節　企業成長の理論

　ペンローズの企業成長理論は、組織としての企業の成長の要因、成長の方向、成長の条件等を分析するために、「資源」と「用役」、「内的」と「外的」、「誘引」

と「障害」、「内的成長」と「外的成長」といった対比的な概念を提示する。しかしそれらは晦渋であり、容易な理解を拒むものである。そこでこの節では、伝統的な企業理論とペンローズの企業理論の違いを見た上で、ペンローズの企業成長理論の鍵となるさまざまな概念をより明確にすることを試みる。

(1) ペンローズの企業理論

　生産高や売上高の増大、雇用や設備の増大、そして利潤や株価の上昇などによって、企業は「成長した」と評価される。すなわち企業成長は、その企業に投入される物的資源の拡大、その企業から産出される物的サービスの拡大として理解される。ではこのような企業成長はどのようにして可能となるのか。
　伝統的なミクロ経済学の企業理論の観点からは、企業の成長は企業の最適規模の決定と同じとなる。すなわち市場と技術の条件を所与として、限界費用と利潤最大化の条件から、最適な生産規模が決定される。成長とはその最適規模の拡大のことであり、それは市場と技術の与件の変化に基づいている。要するに企業自体は「ブラック・ボックス」とされ、企業成長は「一種の『物理学の法則』に従った関数となる」(ホジソン,訳1997,p.13)。
　しかし、ペンローズの見るところ、企業成長にはそのような最適規模や「均衡生産量」というものは存在しない。「およそ成長とは、単に規模を大きくして同じ製品をより多く生産するという問題ではなく、技術革新、販売技術の変化、生産と経営組織の変化をも含んでいる」(ペンローズ,p.204)。要するに、規模の量的拡大ではなく、技術革新と組織革新が生み出す成長が、企業成長の本質となる。そこにあるのは、与件の変化に対する適応というより、「あるひとつの方向への累積的変化に至る内部的な発展過程」というものであり、この意味で企業成長にとって、規模そのものの決定に重大な意味があるわけではない。なぜなら「規模とは、成長の過程の副産物に過ぎず、企業には『最適規模』どころか、最有利規模というものさえない」からである(ペンローズ,p.4)。
　では、このような企業成長はどのような条件の下で可能となるのか。成長という累積的変化を生み出す要因は何であるのか。問題は、その「内部的な発展

過程」を明らかにすることにある。そのために、ペンローズは、まず「資源(resources)」と「用役(services)」の概念を区別する。そして企業成長は、単に資源投入の量的変化ではないということ、企業が獲得した「資源」を企業成長のための「用役」へ変換するプロセスのことであることを指摘する。この点にペンローズの企業成長理論の核心があるといってよい。そしてこのような企業を、ペンローズは、「企業者用役(entrepreneurial services)」、「経営者用役(managerial services)」、そして「生産者用役(productive services)」によって構成された「管理組織体」として考える(ペンローズ,p.42)。問題は、資源から用役をどのように引き出すのか、そして新たな用役をどのように作るのか、あるいは新たな資源をどのように獲得するのかにある。このことをもう少し詳しく見よう。

(2)資源と用役

上記のように、ペンローズの企業成長理論にとって最も重要な概念は、資源と用役にある。企業成長のためには確かに資源の獲得が不可欠である。工場や機械や原材料などの物的資源、そして企業者、経営者、生産者の人的資源が不可欠であることはいうまでもない。そして資源そのものは市場を通じて購入される。しかし資源の購入、あるいは獲得だけで企業成長が可能となるわけではない。いや、成長以前に、企業の活動そのものが可能となるわけではない。獲得された資源は、企業の中のさまざまな活動に貢献する「用役」に変換される必要がある。すなわち「まったく同じ資源が別の目的または別の用途に用いられる場合や、あるいは別のものと一緒に用いられる場合には、異なった用役、または用役の集合を提供する」のであり、この意味で「生産工程に「投入」されるのは決して資源そのものではなく、それらが提供できる「用役」のみである」(ペンローズ,p.33)。

要するに生産活動のためには、人的・物的資源がなければならない。しかしそれらの資源は、現実の活動の中で、特定の目的や特定の用途を実現するための機能として発現される必要がある。この意味で、資源は「潜在的用役の集合」

(bundle of potential services)というものであり、そして用役は、それらの「資源の使用方法の関数」として生み出されるということになる。

このような観点から、ペンローズは、「生産要素」(factor of production)という言葉を使用しないことをあえて明言する。それによっては、「資源」と「用役」の区別が曖昧とされるからであり、「潜在的用役の集合」としての資源から、現実の機能や活動に即して用役をどのように引き出し、組織化するのかが企業の本質的課題であるのに対して、「生産要素」の概念からはこの点が曖昧とされることを指摘する。

このことは今日の『組織の経済学』の中心的テーマでもある(ポミルグロム・ロバーツ,1992,訳1997)。先に指摘したように、ミクロ経済学の企業理論は生産関数や費用関数に還元されるのであるが、そこでは購入した生産要素がそのまま生産関数の上で、最適に計画された生産を実現することが前提とされている。しかし企業の現実の問題は、購入した資源から計画した生産をどのように実現するかにある。そのために企業は、自らの組織の内部に「調整とインセンティブ」のシステムを確立する必要がある。調整とインセンティブの失敗を、ライベンシュタイン(訳1992)は、組織の「X非効率」として概念化した。ゆえに、企業組織の課題は、調整のためにどのような組織、すなわち組織内部の情報の経路を作るのか、あるいはインセンティブのためにどのような報酬のシステムを作るのかにある。この結果、どのような「調整とインセンティブ」のシステムであるかによって、企業組織の違いが生まれることになる。第5章で検討するように、このような観点から日本企業の組織形態が分析される。

(3) 生産者用役・経営者用役・企業者用役

企業組織を構成するさまざまな用役として、現実の生産を遂行する用役、すなわち「生産者用役」が重要であることは言うまでもない。その「潜在的用役の集合」が人的資源となる。つまり、「未熟練労働者、熟練労働者、業務・財務・法律・技術・経営のスタッフ」(ペンローズ,p.32)等々の人的資源であり、企業はそれらを市場を通じて購入する。それは長期の契約の場合もあれば、短期の

契約の場合もある。そしてこのように獲得した人的資源をどのように仕事に配置し、仕事の遂行を動機付けるのかが、生産組織としての企業の「調整とインセンティブ」の組織化となる。

　このとき何よりも重要となるのは、人的資源がもたらす用役をどのように高めるのかにある。すなわち技能形成の問題であり、獲得した人的資源に対して投資を行い、そこから生まれる用役をより高度のレベルに引き上げることが図られる。あるいは別の用役への転換が図られる。それは「潜在的用役の集合」自体を広げることであると理解することができる。以下で見るように、ペンローズによる資源と用役の区別は、このように技能形成の重要性を明らかにする。

　しかし、資源がもたらす用役が、企業組織の内部ですべて利用されているとは限らない。これが「未使用用役(unused services)」あるいは「未使用能力(unused abilities)」の問題となる。すると、「未使用」あるいは「遊休化」している用役を利用するための圧力が生まれることになる。以下で見るように、これが企業の「内的成長」の圧力となる。

　いずれにせよ用役は利用される必要がある。そのためには利用の機会を発見する必要がある。このような機会のことをペンローズは、「生産的機会」(productive opportunity)と呼ぶ。すなわち企業活動そのものは、「『自己』の資源と会社外部から獲得した資源とを組織的に利用して、製品および用役の生産と販売とを利益を得て行うこと」である。しかしそのためには、活動の機会そのものがなければならない。すると、このような「生産的機会」を発見する、あるいは新たに生み出すことが、企業成長にとって最も重要な活動となる。これをペンローズは、「企業者用役」と「経営者用役」の機能とする。

　企業者用役としては、「会社の利益のために新しい理念を導入し受け入れること、とくに製品、会社の位置、技術上の重要な変化などに関連して会社の運営に貢献すること」、そして「新しい経営者を獲得すること、会社の管理組織を基本的に改革すること、資金を集めること、拡張計画を作り、そして拡張方法の選択を含めることなどに対する貢献」があげられる。他方、経営者用役としては、「企業者的着想と提案の執行および現在の運営の監督」が指摘される(ペ

ンローズ,p.43)。

　要するに企業者用役は、シュムペーター以来、「企業者精神」(entrepreneurship)として理解されてきたものに相当する(シュムペーター,1977)。すなわち「新結合の遂行」であり、新しい市場、新しい技術、新しい資源、新しい製品、新しい組織の創出である。しかしそのような機会は、市場の調査や技術の調査に基づき、「冷静な計算」に基づいて発見されるわけではない(ペンローズ,p.45)。そのような計算以前に、「計算をしようという決意」が必要となる。すなわち「機会を求めるという決意は、企業者的直感と想像力を要する企業者的決意であり、拡張機会の検討に対する「経済的」決定に先行すべきものである」(ペンローズ,p.46)。

　このような決意をペンローズは、「企業心(enterprise)」と表現する。それは、ケインズの言葉を用いると、「不活動よりも活動を欲する自生的衝動」としての「血気」(アニマル・スピリッツ)と表現できるものであり(ケインズ,1995)、そしてこのような決意や血気が、シュムペーターの「企業者精神」となる。いずれにせよ「企業心」のない会社には、成長の可能性はない。なぜなら生産的機会がなければ成長はないからであり、そして生産的機会は企業心に突き動かされて発見されるからである。

　株式会社制度の観点からは、「企業者用役」は「取締役」としての企業戦略や経営戦略の決定に、他方、「経営者用役」は「執行役」としての経営戦略の遂行、そしてそのための生産者用役の組織化に対応づけることができる。ただしペンローズが指摘するように、「同一の個人が会社に両方の用役を提供することがありうるし、おそらくそういう場合が多いであろう」。つまり、現実の株式会社にあっては、取締役と執行役が厳密に区別されるわけではなく、ＣＥＯすなわち最高経営責任者が、取締役会と執行役会の二つを支配することが指摘される。後に、コーポレート・ガバナンスに関して述べるように、日本企業においては、取締役会と執行役会は分離することなく、実質的に同一の組織であった。これに対して現在、執行役員制の導入という形で、取締役と執行役を分離し、すなわち企業者用役と経営者用役を分離することが図られている。し

かし、問題の本質は、このように分離した上で、取締役会は現実に企業者用役を提供できるのか、すなわち上記のような経営戦略の担い手になりうるのかということにある。

　これについては再度検討することにして、企業者用役と経営者用役の二つをともに提供する主体を、ペンローズは「経営陣」(management)と呼ぶ。そしてそのうち、経営的職能の部分を「経営の能力」(managerial capacity)、企業者的職能分を「経営の企業心」(managerial enterprise)と呼ぶ。その上で、経営の能力と企業心を兼ね備えた経営陣が、生産的機会を発見し、その実現に向けて生産者用役を組織化する、これがペンローズの企業組織の骨格となる。

（4）誘引と障害

　では「生産的機会」はどのように与えられるのか。生産的機会の状態が企業成長にとって促進要因となるとき、ペンローズはそれを「誘引」(inducements)と呼び、反対に阻害要因となるとき、それを「障害」(obstacles)と呼ぶ。つまり、生産的機会の発見と実現のために有利に作用する要因が、企業成長にとっての「誘引」となり、不利に作用する要因が「障害」となる。

　その上で、誘引と障害は「外的」と「内的」に区別される。すなわち「外的誘引」(external inducements)としては、「特定の製品需要の増加、より一層の生産規模の拡大を必要とする技術の変化、新たな発明と発見」、「その開発がとくに将来性に富むと思われるか、経営を補完する方向に向かって有望な分野を開くように思われるもの」、「市場での地位を改善したり、何らかの独占的有利性を達成できる特別の機会」、などがあげられる。さらに、「供給源を支配するための後方的統合、危険分散のための製品の多様化、新たな競争者の登場を阻止するため現有製品あるいは類似製品の拡張などによって、自分の身を守ることができるような変化」、といったことも外的誘引の中に含められる（ペンローズ,p.85）。

　他方、「外的障害」(external obstacles)としては、製品市場での「激しい競争、当該市場への進出あるいは拡張の困難、販売努力にともなう費用の増加によっ

て企業の低い利益に甘んじざるを得ない場合」などがあげられる。さらに、「知識や技術の使用に対する特許権やその他の制限がある場合」、「新分野に進出のための費用高、あるいは原料、労働者、専門技術者、または経営者の入手難」などが外的障害に含まれる。

　要するに、企業の外部環境としての市場と技術に関して、成長促進要因が「外的誘引」、阻害要因が「外的障害」として表現される。市場に関しては競争状態であり、製品に関しては販売可能性、資源に関しては入手可能性、そして技術に関しては技術進歩や技術革新の状態である。それぞれが企業成長にとって有利に作用するとき、それが外的誘引として表現され、反対に不利に作用するとき、外的障害として表現される。さらに技術に関しては、技術開発の可能性であると同時に、その利用可能性の如何が、成長のための外的な誘引となり、あるいは障害となるとみなされる。

　これに対して、企業内部の要因がある。すなわち、「特定方向への拡張に必要ないくつかの重要な専門的用役が会社内で十分に調達できないとき」、とりわけ「新しい計画の立案、実施および能率的運営のために必要な管理能力と技術的熟練とが、現在の社内の経験者から十分得られない場合」、企業成長は「内的障害(internal obstacles)」に直面するとみなされる。要するに、「生産的機会」を発見し、その実現を可能とする企業者用役と経営者用役と生産者用役の不足であり、反対にそれらの用役の存在が、企業成長にとって「内的誘引(internal inducements)」となる。

　しかし、内的誘引としてのさまざまな用役は、ただ単に存在するだけではない。それらの用役の「未使用部分」の存在が、実は成長のための内的誘引となる。すなわち「拡張への内的誘引は、主として生産的用役や資源や特別の知識で未使用部分があることから起こる」(ペンローズ、p.86)。つまり、「未使用部分」の存在のゆえに、その利用を求めて企業成長の圧力が生まれることになる。ゆえに、「会社内になぜいつも未使用の生産的用役が存在するのか」、そして「拡張の「外部的」機会に対してこのような未使用用役の存在がどのような意義をもつのか」、ということの解明がペンローズの企業成長理論の核心となる。

このように、企業成長は、ただ外的誘引に反応してもたらされるわけではない。あるいは外的障害のゆえにただ困難になるというわけでもない。外的誘引に対して、内部の資源と用役をもってそれをどのように実現するのかに、企業成長はかかっている。あるいは外的障害に直面するとき、それをどのように克服するのかに、企業成長はかかっている。反対に、たとえ外的障害がない場合でも、あるいは外的誘引が存在する場合でも、内的障害のために企業成長が妨げられる場合がある。あるいは外的障害や外的誘引と切り離されて、内的誘引すなわち企業内部の「未使用用役」の存在のゆえに、企業成長がもたらされる場合もある。このように、企業成長は外的誘引と外的障害、内的誘引と内的障害の観点から、そのさまざまな組み合わせやさまざまな状態の観点から捉えられることになる。このようにして企業成長を理解するための枠組みが、ペンローズの企業成長理論によって与えられる。

(5) 内的成長と外的成長

　最後に、ペンローズの「内的成長」(internal growth)と「外的成長」(external growth)の概念について指摘しよう。上記のように、外的誘引をいかに実現するのか、外的障害をいかに克服するのかに、企業成長はかかっている。そしてこのことは、企業内部の資源と用役の作用に依存する。とりわけ外的誘引は、それ自体が新たに発見されるものである。すでに存在している既知の誘引あるいは生産的機会に反応するのではなく、新たな機会をいち早く発見すること、これが成長のための誘引となる。これまで述べたように、これが「企業者用役」の働きであった。そして発見された機会に対して、生産者用役を組織し、企業成長を実際に実現するのが、「経営者用役」の働きとなる。そしてそれは最終的に、生産現場の「生産者用役」の働きにかかっている。この意味で、企業内部の資源とその用役の作用をもって成長を実現する、これが企業の「内的成長」となる。

　このとき、「潜在的用役の集合」としての物的・人的資源そのものは所与である。この過去から「継承された資源」(inherited resources)からどのように用

役を引き出すのか、これが内的成長の鍵となる。それは生産的機会に応じてある一定の用役を実現することだけではない。利用可能な用役の範囲と量を増大させることであり、資源の増大ではなく、実際に利用される用役の増大こそが、成長となる。

このとき、「用役利用の可能性は知識の変化とともに変化する」。すなわち、「資源の物的特性、その利用方法、あるいは資源を有利に利用できる製品についての知識が進歩するにしたがって、より多くの用役が利用できるようになったり、以前利用されなかった用役が利用できるようになったり、さらに利用されていた用役が利用されなくなったりする」(ペンローズ, p.99)。この意味で、資源自体が所与のものではなくなる。つまり、資源という「潜在的用役の集合」自体が変化するのであり、この意味で企業にとって資源と用役は「知識の関数」となり、時間とともに変化する。

このことは研究開発や技術開発を通じた新しい知識の獲得だけではない。そのような「客観的知識」だけではなく、「市場の知識、他の会社が開発しつつある技術に関する知識、および消費者の嗜好と態度に関する知識がことに重要である」(ペンローズ, p.103)。これらの知識によって、「未知の生産的機会」や「未利用の生産的用役」の存在が明らかになる。既存の資源に新しい知識が加えられるとき、これによって「潜在的用役の集合」の中の未利用部分が明らかとなる。ゆえに知識の獲得とともに、未利用用役の利用を求める圧力が生まれ、すなわち成長への圧力が生まれることになる。

このように、企業成長にとって知識の進歩が不可欠であることは間違いない。それは新製品や新技術の開発という意味での知識の進歩だけではない。むしろ既存の事業、既存の市場に関する知識によって、既存の資源や既存の用役に関して、その「未使用」の状態が発見される。前者が新しい知識によって「新しい用役」を生み出すことであるなら、後者は新しい知識によって「未使用用役」を発見することである。新しい用役も「未利用」であることは間違いなく、この意味で「未利用用役」の存在とその利用が、企業の内的成長のための「内的誘引」となる。最初に指摘したように、「ある一つの方向への累積的拡大に至

る内部的な発展過程」を理解することが、ペンローズにとっての企業成長理論であった。この意味で、「未使用用役」の不断の発見と不断の利用が、その内的成長の中心となる。

　このような「継承された資源」とその用役の利用による内的成長に対して、もう一つ、「外的成長」がある。それは端的に、他の企業が保有する資源の獲得に基づく。すなわち「企業買収」であり、これによって他の企業で実現されている成長が自らのものとなる。それはさまざまな種類の生産的用役の不足という「内的障害」を克服するための手段であるかもしれない。必要とする用役を時間をかけて生み出すという選択もある。そのためには技術開発や技能形成のための投資が必要となる。そのためには直接のコストだけではなく、時間というコストがかかる。さらに、資源そのものが不足あるいは欠落しているかもしれない。この場合には必要とする用役の形成は一層困難となる。いずれにせよ、必要とする用役そして資源を獲得する最も手っ取り早い方法として、企業買収がある。

　もちろん、企業買収を通じた外的成長は、企業成長のための内的障害の克服のためだけではない。成長機会という外的誘引が与えられた情況の下で、規模の経済を追求した企業買収もある。そのような買収の対象が存在するという意味で、それは企業成長にとって「外的誘引」とみなすこともできる。あるいは市場競争の激しさという外的障害に対して、その克服のための企業買収もある。いわゆる独占の形成であるが、この可能性もまた企業成長にとっての外的誘引となる。このような水平的統合だけではなく、多角化のための企業買収もある。それは本業を中心とした上で関連事業間のシナジー効果や範囲の経済を追求した企業買収の場合もあれば、むしろ事業間の関連性を否定し、事業のポートフォリオの観点からの、いわゆるコングロマリットとしての企業買収もある。あるいは取引コストの意味での外的障害を克服するための垂直的統合もある。いずれにせよこの結果、企業規模の拡大すなわち企業成長が実現される。

　内的障害であれ、外的障害であれ、当該の企業が直面する成長の制約を克服する手段として、成長を実現している企業の買収があることは間違いない。こ

れはある意味で最も有効な手段であるといえる。後述するように、このような企業買収の市場の不在が日本企業の条件であった。それは株式の相互持合と安定株主の組織化の結果だけではない。それは日本企業の経営者が、外的成長ではなく内的成長を選択したことの結果でもあった。そしてこの点に関して、日本企業は大きく方針を転換させつつある。これまでの内部成長重視から、外部成長の選択を前提とした上での、企業成長が追求されつつある。

　しかし次のことを指摘する必要がある。すなわち、水平的統合であれ、垂直的統合であれ、あるいはコングロマリット統合であれ、企業買収によって獲得した資源はそのままで企業成長を実現するわけではない。これまでに見たように、獲得した資源からどのように用役を引き出すのかという問題がある。それは企業買収を通じた外部成長にとってとりわけ重要となるかもしれない。なぜなら特定の目的や特定の用途に合わせて引き出された用役は、何らかの程度で特定企業に特殊化されているからであり、このような資源を獲得してその用役を実現するためには、「調整とインセンティブ」の組織化が必要となる。それは「継承された資源」よりも、「買収された資源」に関して、より困難となるかもしれない。しばしば企業買収の失敗として指摘されるように、買収の後の「調整とインセンティブ」の失敗が生まれるかもしれない。

　外的成長であれ、内的成長であれ、組織の問題が資源から用役を引き出す点にあるとすると、この困難を回避する方法として、資源と用役を一体化させるということもある。すなわち資源は、その獲得に当たって、その用役が完全に明示されていることが前提とされる。要するに「完備契約」(complete contract)に基づく資源の獲得であり、もしこのような方式が可能であればペンローズが提起する企業成長の理論そのものが不要となる。ペンローズ自身が指摘するように、それは資源と用役の問題を「生産要素」の概念に還元することであり、ここからは企業成長の問題自体が生まれない。

　もし「完備契約」の世界が可能であれば、それは完全競争・完全情報の世界を意味する。ここにあってはそもそも企業組織の存在自体がありえない、というのが「取引コストの経済学」からの教えである。もちろん「完備契約」に基

づく資源の獲得と用役の実現がなされる領域もある。しかしそれは企業成長のごく一部を形作るだけであり、成長のプロセスの大部分は、「不完備契約」(incomplete contract)に基づいた資源と用役の働きによることは明白である。

　以上のようにペンローズの企業成長の理論を示すことができる。これを分析の枠組みとして、企業成長のパターンを統一的に把握することが可能となる。

第2節　企業成長のパターン

(1) 外的誘引と内的誘引

　これまでに見たペンローズの企業成長の概念を分析枠組みとして、企業成長の具体的なパターンを検討することにしよう。その概念図は図2−1のようになる。企業は、外的誘引と外的障害、内的誘引と内的障害の組み合わせの下で、それぞれに応じた企業成長のパターンを選択する。

図2−1　企業成長のパターン

	外的誘引	外的障害
内的誘引	持続的成長	内的多角化
内的障害	外的多角化	事業転換

　そこでまず、外的誘引と内的誘引の組み合わせから考えよう。いうまでもなく、これは企業成長にとって最も有利な環境である。問題は、この成長が「持続可能」であるのかどうかにある。市場の拡大や技術の革新という外的誘引が与えられたとしても、そのままで持続的成長が与えられるわけではない。同じく、継承された資源とその未使用の用役という内的誘引が与えられたとしても、そのままで持続的成長が与えられるわけではない。あるいは外的誘引と内的誘引の条件が与えられたとしても、成長の規模とスピードは企業間で大きく異なる。

　さらに、上記の図式に即して言えば、外的誘引は外的障害に転化する。同じ

く内的誘引も内的障害に転化する。外的および内的条件は決して一定ではありえない。すると外的障害を克服する、あるいは内的障害を克服するのでなければ、持続的成長はありえない。この意味で、持続的成長のための条件は何かということが、企業成長の理論の課題となる。そのためにまず、外的誘引と内的誘引の条件が与えられたとして、その下での持続的成長の条件を検討しよう。その上で、以下では外的条件と内的条件の変化に応じて、持続的成長のための企業行動がどのように変化するのかを検討しよう。企業成長のための外的条件と内的条件の違いに応じて、それぞれにおける持続的成長のための課題が異なることになる。

　第一に、企業成長の外的誘引と内的誘引からなる世界を、今日の自動車産業に見ることができる。すなわち市場はグローバルに拡大し、各自動車企業は既存の技術に基づいて、自らの資源と用役を備えている。しかしこの下で激しい競争が繰り広げられる。すなわち製品開発、技術開発、生産性、品質、デザイン、そして価格をめぐる競争であり、このような競争が「能力構築競争」(藤本, 2004)と表現される。これは「生産者用役」をめぐる競争であり、既存の人的資源からより高度なレベルの生産者用役を抽出することが図られる。そのためには人的資本投資が必要となる。そしてそのためには従業員に対するインセンティブが必要となる。あるいは拡大すると同時に変動する市場に対応するためには、柔軟な職務編成が必要となる。すなわち柔軟なコーディネーションが必要となる。

　さらに世界規模で広がる市場のグローバルな競争の中で、「世界戦略」のための「経営者用役」が必要とされる。それは資材のグローバルな調達から海外生産のグローバルな展開まで、あるいは製造販売のグローバルなマーケティングから経営幹部のグローバルな登用まで、グローバルな視野での経営者用役を必要とする。そのためには同じく経営者育成のための特別のプログラムやそのための人的資本投資が必要となる。そしてさらに、世界規模での合併、統合に対して、最終的な意思決定のための「企業者用役」が必要とされる。1990年代の前半、GM・フォード・ベンツの各社は規模の経済を目指して世界的な合

併と統合を繰り広げた。この流れに同調することなく自社の「能力構築」を選択することはまさしく「企業者用役」の働きとなる。

このように、既存の資源と用役を利用した内的成長は、決してそのまま実現されるわけではない。たとえその成長が、既存市場の拡大という外的誘引の下にあるとしても、それは同時に厳しい市場競争の下にある。これに応じて内的誘引は決して所与のものとして与えられているわけではなく、生産者用役自体を不断に高度化する必要がある。もしこのことに失敗するなら、たとえ外的誘引が与えられていたとしても、持続的成長が達成されることはない。いや、市場競争に淘汰され、成長ではなく衰退に陥ることになる。

第二に、同じ自動車産業の場合においても、ホンダの内的成長の経路がある。すなわち60年代半ば以降の急成長する自動車市場に対して、ホンダの既存の資源と用役は二輪車市場に対応したものであった。つまり、ホンダにとってそれまでの内的成長の条件は、二輪車に関してのものであった。その上で急成長する四輪車市場という外的誘引に対して、ホンダは既存資源を基にして、新たな用役を生み出すことに成功した。

すでに論じたように、60年代のホンダは自動車生産のための内部資源と用役をもっていなかった。通産省の「特定産業振興臨時措置法案」の制定に間に合うために、ホンダは継承された二輪車の資源から自動車生産への用役の転換を通じて自動車市場への参入を図ろうとした。そのためにホンダはエンジンを切り札にした。エンジンを切り札にしたのは「他社がやらないこと」を選択したためであると同時に、ホンダがもっている資源の中で、自動車の用途への転換の可能性がもっとも高かったことによる。つまり、得意の二輪車エンジンの設計、開発で培った内部資源と用役を基にして、自動車の研究開発へ用途の転換を通じて、自社の自動車生産につなげようとした。

しかし、自動車市場の拡大という外的誘引に対して、ホンダは後発メーカーとして不利な条件から出発した。そこでホンダはアメリカ市場への進出を梃子にして、市場を差別化し、シェアの拡大を図ろうとした。このように、外的誘引の存在は企業成長の可能性を提供するとしても、決して企業成長の実現その

ものを保証するわけではない。同じように、内的障害の存在は必ずしも企業成長の実現を不可能とするわけでもない。問題は内的障害をいかに克服するのか、そしていかに内的誘引に転換するのかにある。そしてこのような転換を可能とする組織の構築ができるのかという点にある。

　ホンダの成長は国内の自動車の生産的機会に応じて、ただ単に既存の資源と用役を通じて成長を実現することではなかった。既存の二輪車資源の利用可能な用役の範囲と量を自動車生産にまで拡大させることによって、市場の成長という外的誘引と結び付けることに成功した。この意味で、企業の新たな用役を不断に創出することが持続的成長を維持するための最も重要な条件となる。

　第三に、自動車の場合、市場自体は既存市場の外的拡大というものである。これに対して外的誘引としての技術革新から新たな市場が生み出されるということがある。これに応じて既存の資源から新たな用役を生み出すことが必要となる。もしこのような用役の創出に失敗するなら、新たな市場の獲得はなく、先と同様、たとえ外的誘引が与えられていたとしても、持続的成長が達成されることはない。

　新たな市場に対して新たな用役の創出をもって成長する、このようなプロセスとしてソニーの内的成長がある。すなわち、より「先へ」、「次へ」の意識の下に、ソニーは不断の技術革新をもって新たな市場に対応するだけではなく、新たな市場を生み出す新たな用役の創出に成功した。この結果がラジオ、テレビ、ウォークマンなどの新商品の投入であり、これによって家電業界の不動の地位を確立した。たとえば、テレビの研究開発と生産において、当時の世界的メーカーであるRCA社の生産するカラーテレビはシャドウマスク方式であるのに対し、ソニーはクロマトロン方式を採用した。ソニーは既存の技術でなく、クロマトロンの技術に自社で開発した多くの関連技術を付け加えることによって、トリニトロンというカラーテレビへの応用に成功した。この結果、新技術の開発と応用の成功は新たなカラーテレビ市場を形成し、ソニー自体も6年間で10倍以上のテレビ生産の増加をもたらした。

　ソニーのように、新たな技術の開発による新たな用役の形成、そして新たな

市場の創出という成長のパターンに対して、アップル社は、新たな資源の購入を通じて新たな用役を形成し、これによって新たな成長を実現した。

　米アップルコンピュータ社はパソコン企業として成長してきた。しかしパソコンの基本オペレーティング・システム（ＯＳ）がマイクロソフト社のWindowsにほぼ独占され、アップルは衰退を余儀なくされた[1]。そこでアップル社はハードウエアとソフトウエアの結合による新たな事業に活路を見出した。新たな事業とはインターネットの普及によって、音楽のデジタル配信が可能となり、音楽の配信を受け入れる大容量記録のＭＰ３を組み込んだiPodの開発であった。このときアップル社の戦略は、ソニーのように、テレビに関する基礎技術を基に、企業内部の資源によって新たな技術を開発するのではなく、ＭＰ３を活用できる外部の研究者を雇い入れ、それと既存の資源を結合させ、新たな用役を生み出すことによって新製品、新市場の創出に成功した。

　第四に、外的誘引としての技術革新のスピードが著しく大きい場合、既存の資源と用役を利用した内的成長の選択では、持続的成長が困難となることがある。ゆえに、外部の資源の獲得、すなわち企業買収を通じた外的成長が選択される。すなわち、企業の目的が持続的成長である限り、たとえ外的誘引と内的誘引の条件が与えられているとしても、内的成長の経路が選択されるとは限らない。むしろ市場の拡大と技術の変化が顕著に大きいとき、企業買収を通じた外的成長の経路が選択される。

　このような企業成長のパターンとしてソフトバンクの外的成長がある。ソフトバンクは1981年に設立され、ＰＣのパッケージソフトの販売事業から始まった。その後出版、ベンチャーキャピタルなど様々な事業に参入し、90年代後半日本ヤフー㈱の設立を通じ、多角事業を展開している。その中で、日本債券信用銀行への資本参入、ヤフー！ＢＢの商用サービスの提供は、従来のソフトバンク事業から、金融とインターネット通信事業へと拡大することを図るものであった。インターネット市場において、ＮＴＴを抜いて、ブロードバンドの最大手となり（ネット調査で、加入数は477.6万人、2005年４月）、さらにＩＰ電話、固定電話の日本テレコムを買収し、新たな通信事業の大手企業を築いてき

ている。ソフトバンクの成長は、ソニーやアップルの成長形態と違って、企業の合併と買収による外的成長の選択に基づく。これは金融市場の急激な変化、およびインターネット市場の急激な拡大という企業成長の外的誘引に対して、既存の内部資源では対応できないことからの選択であった。この意味で持続的成長を実現するためには、市場と技術の変化という外的誘引に対応し、たとえ内的誘引が不足していたとしても、外的成長を一つの手段として利用できる。逆に言えば、旧来の内的成長に固持すれば、淘汰される可能性が高くなる。これはソフトバンクが買収した日本テレコムもその例である。

（2）外的障害と内的誘引

　それまで既存の市場と既存の技術の下で内的成長を達成していた企業が、外的障害、すなわち既存市場の縮小や停滞に見舞われる場合がある。その要因はさまざまである。ブラウン管テレビから液晶テレビへの転換に見られるように、技術革新の結果、市場自体が縮小するということがある。あるいは半導体産業に見られるように、かつてはアメリカ市場を奪い取ったのに対して、韓国企業に奪い取られるということもある。あるいは繊維や鉄鋼や造船業に見られるように、途上国とのコスト競争の面で市場が奪われることもある。いずれにせよそれまでの内的成長は外的障害に直面する。

　このとき、持続的成長の可能性は、外的障害の克服、すなわち新たな市場の発見と、既存の内的誘引の転換、すなわち既存の資源と用役の転換の可能性にかかっている。これによって既存の事業の多角化を図ることが持続的成長の条件となる。次章で検討するように、前者は企業戦略、経営戦略の課題であり、それは「企業者用役」にかかっている。そして後者は、既存の組織の変革を課題とし、それは「経営者用役」にかかっている。そして組織変革は、最終的に「生産者用役」の担い手としての従業員の行動にかかっている。

　一般化して言えば、たとえ内的成長が達成されていたとしても、その外的誘引が持続することはありえない。市場は変化し、あるいは成熟化し、既存の地位は失われる。ゆえに外的環境の変化に対応できるのでなければ、企業の持続

的成長はありえない。それは企業の戦略と組織の変革にかかっている。実はこのことが日本企業の成長のプロセスでもある。その成長は決して所与の市場環境と技術環境の下で生まれたわけではなく、市場と技術の変化の下で、既存の成長のパターンからの転換を成し遂げることによって生み出された。

　このような事例として、先に見たホンダの持続的成長がある。前述のように、ホンダは国内市場の成長に伴って、自動車事業に参入したのであるが、国際的な自動車企業として認知されたのはアメリカ市場への進出によってであった。国内の自動車市場が成長しているにもかかわらず、ホンダの内的資源とその用役は必ずしも国内市場に見合うものではなかった。つまりエンジンの研究開発および生産に特化し、運動系自動車の生産を中心としたホンダにとって、製品と消費者の細分化ができない国内成長市場は、必ずしも成長に貢献するものではなかった。

　この意味で、企業の内的誘引の観点から見れば、成長市場としての国内の自動車市場は外的誘引というよりも、外的障害というのがより妥当であった。ホンダにとっての外的誘引はアメリカ市場であったということができる。このように内的誘引の転換でなく、外的誘引として適切な市場を発見することは、次章での検討に譲るが、ポジショニング戦略論によるものである。その上でホンダは、アメリカ市場という外的誘引を利用するために、アメリカ自動車企業の合併や買収でなく、内的資源の利用に基づく内的成長を選択した。

　外的障害を克服するために新たな外的誘引を発見するという戦略に対して、内的誘引をさらに強化することによって外的障害を克服するという戦略がとられる場合もある。ここで想定するのは市場の縮小という外的障害であるが、これに対して、企業の買収や合併を通じた内的誘引の強化によって、持続的成長が追求される場合もある。

　たとえば、最近中国のLenovo GroupはＩＢＭのＰＣ事業を買収し、外的成長を選択している。アメリカ調査会社のGartner(2004.11.30)によれば、2000年以降世界中のＰＣ市場は穏やかに成長する一方、2006年からは縮小の方向に向かうことが予測され、ＰＣメーカーは市場縮小と価格低下の難局に直面す

ることが報告されている[2]。

2004年の時点、世界のPCシェアの中、IBMはDELLとHPに次ぐ3位となっていた。一方Lenovo Groupは8位を占め、中国市場においては最大手となっている。IBMのPC事業は中国市場に乗り出したにもかかわらず、連続赤字を出して、競争力を失っている。他方、Lenovo Groupは中国市場の成長とともに、価格競争において強い競争力をもっている。このようにIBMは赤字のPC事業の売却を通じ、法人向けのサーバや他の事業に特化し、より競争力が強い分野の成長を目指す戦略を立てている(Gartner報告書,2004.11.29)。

Lenovo Groupは市場縮小、価格競争、製品技術変化のサイクルの短縮といったPC市場に対し、既存の資源の用役に依存すれば、持続的成長が維持できないと考えている。よって、IBMのPC事業の買収を通じ、PCの元祖であったIBMの製品設計、部品調達、販売網などのブランド価値を生かし、自社の競争力に結び付けることによって、国際的なPC企業となる戦略を選択した。このように外的障害を克服するために、一方には既存の内的誘引に見合う新たな外的誘引の市場を発見する戦略があり、他方には合併や買収を通じて内的誘引をさらに強化する戦略がある。前者は内的成長のパターンをとるのに対して、後者は企業の合併買収を通じた外的成長のパターンをとる。このような違いはあるとしても、いずれも内的誘引の活用を通じて持続的成長を追求する点では変わりはない。

(3) 外的誘引と内的障害

市場と技術の条件としては成長のための生産的機会が存在するとしても、内的障害のために企業の持続的成長が妨げられる場合がある。企業者用役、経営者用役、生産者用役のネックである。生産者用役に関しては、その生産性の低下がある。それは既存の用役の技能の陳腐化のためかもしれない。IT分野で指摘されるように、アナログ型の技術からデジタル型の技術への転換に伴って、既存の技能形成の方式は生産者用役の形成にとって無効となるかもしれない。少なくとも外的誘引として与えられている市場と技術の条件に、既存の資源と

用役が有効性を失うということがある。

　経営者用役に関しては、外的誘引の下で持続的成長を達成しているとしても、その結果としての組織の拡大とともに、組織運営の失敗ということがある。組織の肥大化に伴うコーディネーションの失敗であり、これを変革するのが経営者用役の役割となる。ただしその用役自体が不足する、あるいは有効性を失うという事態に直面するとき、企業の内的成長は内的障害によって阻止される。

　そして最大の障害は、企業者用役の不足である。市場の拡大、技術の革新という外的誘引が与えられたとしても、それを企業戦略、経営戦略にまとめあげるのが企業者用役の役割である。しかしこの用役や能力が不足し、あるいは有効ではないとき、たとえ外的誘引が与えられたとしても企業成長は不可能となる。

　言うまでもなく、課題は内的障害の克服である。外的誘引に見合うだけの生産者用役、経営者用役、企業者用役をいかに生み出すのかであり、そのためにはそれぞれのレベルにおける能力形成が必要となる。第6章で見るように、生産者用役に関しては技能訓練の拡充が必要とされ、経営者用役に関してはいわゆる経営者養成プログラムの拡充が必要とされる。そのためには既存の技能訓練の制度や昇進の制度の変革が必要となるかもしれない。

　しかし、内的障害としてのそれぞれの用役の不足を克服することが困難であることは間違いない。すると、手っ取り早い方法は、他企業の資源とその用役を獲得することである。すなわち敵対的企業買収であるが、しかしこれが成功するのかどうかは怪しい。

　先に指摘したように、外的障害と内的誘引の下で持続的成長のために他企業を買収する場合には、それは自らが圧倒的優位に立った上での他企業の買収あるいは吸収であるとみなせる。このような例としてソニーによるＣＢＳの買収がある。つまり、ソニーは音楽・映画などのエンタテイメント産業において内部資源による用役が不十分のため、ＣＢＳの買収を通じて、外的成長による多角化を選択した（つい最近MGMを買収した）。

　このようにソニーの外的成長の選択は、既存のハード市場におけるソニーの

優位のもとで、ＡＶ家電製品と画像との間にハードとソフトにおける技術統合の規格を握るためであり、つまりはソニー全体の組織の中で事業間の資源シナジーを有利に活用するためでもある。この意味で90年代までソニーの外的成長は、決して家電・電気事業における内的障害によるものではなく、新たなエンタテイメント市場成長という外的誘引に適応するための内的障害の克服、という面をもっている。

これに対して自らは内的障害、すなわち人的能力や経営能力の不足に陥った上で、他企業を買収するとしても、買収企業の経営に失敗することが予想される。内的障害の克服のためには、むしろ自らが買収されるべきかもしれない。外的誘引として与えられている成長機会を現行の経営者用役や企業者用役では実現できないというのであれば、他企業によって買収され、その人的資源と用役によって経営されることがむしろ望ましいかもしれない。

このようなケースとして、日産がある。日産は1999年ルノーを筆頭株主として受け入れて、買収された。1990年代日産は持続的成長でなく、持続的衰退に入って、倒産の寸前までに追い込まれている。日産成長の停滞は生産性や品質などの生産者用役の内的障害によってもたらしたものでなく、経営者用役さらに企業者用役の内的障害によるものであった。生産者用役に見られる製品の生産性、品質および技能形成の制度による日産の生産能力はトヨタやホンダより決して低くはなかった(土屋・大鹿, 2000)。しかしグローバル事業展開の失敗やトヨタやホンダとの横並びの意識にとらわれた行動など、経営者用役の失敗の結果、国内シェアの低下とともに、持続的成長の維持は困難となった。

生産者用役に関しては、日産は国内市場でのトヨタ、三菱、ホンダに対抗するだけの競争力をもっていた。一方、自動車市場の成熟化に伴い、消費者嗜好の変化および細分化という外的誘引の変化に対応するのは、生産者用役でなく、経営者用役によるものであるが、しかし日産の事業展開はアメリカ市場と中国市場を除いて、ほぼ失敗に終わった。この意味でルノーによる日産の買収は、企業者用役と経営者用役における内的障害の克服に依存するものとなった。これについては次章で企業者用役における戦略の観点から再度検討する。

（４）外的障害と内的障害

　市場と技術の急激な変化や産業構造の急激な変化に伴い、既存の市場は大幅に縮小し、この結果、これまで成長してきた企業は外的障害に陥る場合がある。あるいは既存の技術は陳腐化し、内的障害に陥る場合もある。こうした状況において、企業は内的成長と外的成長の選択の余地がなくなり、事業の再編や転換か、あるいは廃業かの選択に迫られる。外的障害と内的障害に直面する企業にとっては、成長どころか生存の危機に直面することを意味している。この結果、既存の資源は無用化する。

　問題はなぜ企業がこのような状況に追い込まれるかということである。つまり産業構造変化によって、市場の縮小は同じ産業分野のすべての企業が直面している。しかしすべての企業が生存の危機に直面するわけではない。

　このような外的障害は企業者用役と経営者用役によるものといっても過言ではない。市場縮小の外的障害は所与のものとすれば、企業者用役によってこのような変化のトレンドを読み取ることができれば、資源を無用化するまでの内的障害は避けられる。たとえば日本の小売業において、多くの企業が倒産や事業転換に直面した1990年代、メンズショップからスタートしたファーストリテイリング社(ユニクロ)は、従来のメンズカジュアルの販売市場の縮小に対し、販売だけでなく、デザイン、製造などを抱えて、新たなカジュアル市場を創出し、これによって成長を実現した。

　このように市場の縮小という外的障害に対して、それを克服するのではなく、むしろ外的障害の結果、内的障害を生み出すことになるのは、企業者用役の不足やその能力の低下に一因がある。さらに、外的障害の結果が内的障害を生み出すことになるもう一つの要因は、経営者用役の低下である。つまり、外的障害を克服するためには競争力の構築あるいは再構築が不可欠になるのであるが、しかしそのための生産者用役の発見、利用、創出において、経営者用役が働かなくなっている。このような状況において、企業は内的成長と外的成長のいずれも不可能となり、あるいは合併や買収されるよりも、倒産の可能性が高

くなる。

　いかに外的障害と内的障害を避けるかは、生産者用役でなく、経営者用役、ことに企業者用役にかかっている。企業者用役は企業成長に関わる市場と技術の変化のトレンドを察知し、そのような変化が企業成長の内的障害にならないための行動を起こす役割を担っている。つまり外的障害をいち早く察知し、それに対応できる内的誘引の創出を図り、競争力のある事業に特化することが必要とされる。あるいは早期に内的障害を取り除くために事業転換を図り、有望な事業への選択と集中を進めることが必要とされる。しかし企業者用役の不足やその能力の低下によって、外的障害と内的障害の克服は不可能となるなら、その結果は企業の淘汰ということになる。この意味で企業の存続は経営者用役と企業者用役にかかっている。それは企業家の「企業心」と経営者の「経営の能力」に関わる問題でもある。そこで次章では、企業戦略論の枠組みに依存し、戦略の観点から企業の持続的成長のための条件を検討する。

注

1) Gartner 報告書(2005.4.19)によれば、2005年第1四半期にアメリカ市場でのベンダー別出荷シェアはアップルが最下位に落ちている。
2) この予測は http://japan.cnet.com/news/biz/story/0,2000050156,20077043-2,00.htmによる。

第3章　戦略と企業成長

　第2章ではペンローズの理論に基づいて、資源利用の観点から資源と用役、「内的」と「外的」における誘引と障害、さらに内的成長と外的成長などの諸概念を検討した。これらの概念にしたがえば、企業成長の本質は、資源からの用役の利用を組織化し、さらに資源における未使用用役を発見し、あるいは創出することにあるということになる。その上で、持続的成長のためには、「内的」および「外的」における誘引の利用と障害の克服が必要となる。それが企業者用役と経営者用役の役割となる。

　前述のように、資源からの用役の利用と発見は、企業者による生産的機会の発見、あるいは創出に依存する。すなわち、生産的機会は、一方では市場と技術変化によって与えられた外的誘引であると同時に、他方では内的誘引として新たに生み出されたものでもある。それはまた短期的なものでもあるし、中・長期的なものでもある。

　企業はこのような生産的機会を持続的成長につなげるために、短期的な成長の目標と行動を画定するだけではなく、中・長期的な成長の目標および成長の方法を策定しなければならない。すなわち、企業はどのように内的誘引または外的誘引を利用するか、あるいはどのように内的障害または外的障害を克服するかに基づいて、中・長期的な目標を立て、そのために資源と用役の利用を組織化する。このような中・長期的な成長目標、およびその目標実現の方法は、戦略として捉えられる。

　戦略(strategy)という言葉は、軍事用語として、中国古代の孫武の『孫子の兵法』に見ることができる。軍事用語としての戦略は、1960年代初期からアメリカ経営学者によって企業に転用され始めた[1]。その転用の目的は、企業を軍隊とみなし、戦場と化した市場での競争に勝ち残るための考え方や、考え方の実現の方法を求めるためである。要するに戦場において、いかに相手に脅威

を与えるか、あるいはいかに相手の脅威を削除するかによって、自身の勝利を収める軍事作戦の考え方と方法は、企業間の競争に応用可能というのが、企業戦略論の基本的考えとなる。

　本章では、これまで論じたペンローズの企業成長の理論を踏まえて、市場と技術の環境の変化に適応し、あるいは市場と技術の環境を変化させて、生産的機会を発見し、創出する企業戦略の策定を中心に検討する。ここでは具体的に内的・外的の誘引と障害におけるそれぞれのパターンにおいて生産的機会を発見し、それを持続的な企業成長に転換する方法論はポジショニング戦略論と資源戦略論に依拠して検討する。

　そこで第1節では、ポジショニング戦略論と資源戦略論の枠組みとそれぞれの理論の特徴を考察する。第2節では競争の観点から、ポジショニング戦略論と資源戦略論の枠組みの下で、生産的機会の発見と持続的成長の実現におけるホンダの戦略の策定と行動の意義を論じる。つまりホンダのアメリカ市場への進出の戦略行動のポジショニング戦略論における含意、および他の企業と異なる資源蓄積を可能とした資源戦略論における意味合いを考察する。

　第3節では市場競争を焦点とする戦略論から戦略の本質を検討する。つまり企業戦略の策定と実施において、戦略の独自性および戦略の多様性の含意を論じる。最後にそれぞれの企業家が戦略と組織への認識を通じて異なる戦略アプローチを選択した理由を論述する。

第1節　戦略のアプローチ

　第2章で論じたように、生産的機会の発見から生産的機会を実現するプロセスは、内的成長あるいは外的成長のいずれであったとしても、資源における用役の利用、また資源における未使用用役の発見と創出とに大きく依存し、これらは企業者の選択によるものである。このような選択は、前章で論じた4つの成長パターンから見ればわかるように、内的誘因と外的誘因および内的障害と

外的障害に基づいている。そこで、本書ではこれらの成長パターンにおいて、いかに競争力に結び付けて企業成長を実現するか、それぞれの戦略アプローチで応用し、検討する。

(1) 戦略と戦略アプローチ

　企業成長を図ることはすべての企業が避けては通れない命題である。企業は存続のために成長しなければならない。企業は一時的な成長でなく、市場競争のもとで持続的な成長を求める。企業は持続的成長を実現するために、資源の用役の利用、また資源の未使用用役の発見、創出によって、内的成長とともに、市場から資源を購入する外的成長の選択肢をもっている。

　企業内部での資源、また外部から購入する資源が限られているので、企業はすべての事業に資源を投入するわけではない。したがって、いかに資源を効率的に利用するか、あるいはどの分野に資源を重点的に配分するかが、それぞれの企業成長に関わる最も重要な戦略課題となる。言い換えれば、戦略は企業の生産的機会の発見から生産的機会の実現に至るまでの資源配分のプロセスのことでもある。

　このように企業成長に関する長期的目標と目的の決定、行動指針の採用、そして目的を達成するために必要な資源配分を行うことを、チャンドラーは企業戦略と呼ぶ(チャンドラー・ジュニア,訳1967,p.29)。要するに「企業がどうなりたいか、またいかにして辿りつくか」(青島・加藤,2003,p.17)という企業戦略の道筋を示す方法が資源配分によって表現される。第3節で論じるが、このような企業戦略は企業家の独自な戦略的思考に基づくものである。

　さらに、戦略的思考に基づき、企業の競争力の構築のための資源配分の方法には、ポジショニング・アプローチと資源アプローチがある。青島・加藤は企業の「内」と「外」の要因とプロセスを結合する観点から、ポジショニング・アプローチおよび資源アプローチのほかに、ゲーム・アプローチと学習アプローチを提起している(青島・加藤,2003,p.26)。ここで企業の「内」の要因は企業の内部の経営資源を指し、「外」の要因は企業がおかれる外部の経営環境のこと

を指す。一方、「内」のプロセスは内部の経営資源をいかに構築するのか、そして「外」のプロセスは外部の経営環境をいかに形成するのかに関わる。このように「内」と「外」の要因とプロセスの結合が企業の競争力に結び付くことによって、企業業績には大きな差異が生じることになる。

（2）ポジショニング・アプローチ

第1章で指摘したホンダの成長からわかるように、ホンダが正式に自動車企業として認められたのはアメリカ市場に進出してからである。なぜ日本国内市場でなくアメリカ市場を選択したかはホンダの独自の戦略に関わっており、いわばホンダの企業家の独自性に依存している。このように市場ポジション、つまり有利な企業の経営環境の選択を通じて事業の競争に勝ち残る戦略のアプローチは、経営学の競争戦略理論ではポジショニング・アプローチと呼ばれ、また、ポジショニング戦略論ともいわれる。

ポジショニング戦略論は、企業がおかれている競争要因から身を守るのに適当なポジション、あるいは自社有利になるように競争要因を左右できるようなポジションを市場や業界内部（関連産業の市場）に見出すという理論である（ポーター,1999,訳2002,pp.33-35）。ポーターはこうした競争要因を、①産業内の同業者間での競争の激しさ、②新規参入の脅威、③代替的製品・サービスの脅威、④供給業者の交渉力、⑤買い手の交渉力、などと指摘している（ポーター,訳1999,p.36）。このような5つの競争要因はペンローズの論じた外的誘引と外的障害を具体化したものであるので、ポジショニング戦略論は外的誘引と外的障害を重視する戦略論ともいえる。

戦略策定の本質は企業間の競争への対応である（ポーター,訳2002,p.33）。ポジションを確立する目的は競争要因から事業の競争力を最大限に生かすことにある。たとえば、シャープは液晶産業の構造からそれぞれの競争要因を予測し、液晶パネルの市場ポジションへの確立を通じて企業成長に成功した。つまりポジショニング戦略論は各事業の市場ポジションの位置づけを通じて競争力に結び付けるための戦略論である。

このような市場ポジションの発見と確立においては、企業を守るために外的障害を回避することと、競争要因を強化するために外的誘引を発見することの二つの方法がある。前者の外的障害を避けるポジションに自社を置くことは、競争要因から自己の短所を防衛することを目的とする。この結果として、競争力を維持することも可能となる。これに対して、外的誘引の発見によって企業を有利なポジションに置く方法は、企業の競争上の短所を抑えることではなく、より積極的に内的誘引を活かすことを目的とする。これによって他社と異なる行動が可能となり、競争力の構築が可能となる。

企業はこうした方法を通じて、市場のポジションを自らの競争力に結び付け、より利益を生み出す行動を選択する。ただし、企業の市場ポジションの発見自体は、企業内部において資源とその用役の利用が可能であることを暗黙のうちに前提としている。この意味でポジショニング・アプローチは内的誘引の存在を前提とした上で、いかに外的障害を避けるか、またはいかに外的誘引を発見するかという戦略論であるといえる。

このことは、ポジショニング・アプローチでは内的誘引は与件として与えられ、内的誘引をいかに形成するかについては明示的に扱われないことを意味している。そこで内的誘引の形成に焦点を当てる戦略論が登場する。これが資源アプローチ戦略論と呼ばれることになる。

(3)資源アプローチ

ポジショニング・アプローチは1980年代初期にポーター(訳1982)よって提起された。それは内部資源や内的誘引を与件とした上で、外的誘引や外的障害に焦点を当てた戦略論であったといえる。これに対して80年代以降、「独自能力」と「コア・コンピタンス」に焦点を当てた戦略論が提起されてきた。つまり内部資源の蓄積と内的誘引の形成に焦点を当てる戦略論であり、これが資源アプローチと呼ばれることになる(青島・加藤, 2003)。

資源戦略論の観点によれば、企業競争力を高めるために他社と異なる資源を利用できるのは、まさに企業内部での資源蓄積によるものである。つまりこう

した資源蓄積によって内的誘引を形成し、この結果競争要因に影響を与えることになる。このような観点によって、企業競争力や企業収益性の格差の原因は、産業レベルの市場要因から、産業内のグループレベルに移り、最終的には企業内部へその関心が移行することになった(青島・加藤、2003,p.88)。

このように資源の蓄積による他社と異なる資源の形成という資源戦略論は、資源の未使用用役の利用や新たな用役の発見と創出というペンローズの観点の延長線上にあるといえる。つまり企業の独自資源の蓄積は、既存の資源用役の利用だけでなく、資源の未使用用役の発見と創出を通じて、持続的成長を可能とする。そしてこのような独自資源の蓄積が競争優位の源泉となり、競合相手の「真似が困難」、「真似するコストが大きい」、あるいは「真似すれば自社の経営資源との矛盾を招く」などの特徴によって、その企業に固有の価値を生み出すことになる。

資源戦略論による企業競争力は、ただ単に市場から資源を購入し投入することだけではなく、資源の蓄積によって企業の独自資源を生み出すことに基づく。これに対してペンローズの企業成長論は、資源戦略論の意味での資源の蓄積だけではなく、企業買収を通じた外部資源の獲得を含むものであった。その上でペンローズの観点から資源アプローチを捉えると、それは外的誘引の下でいかに内的障害を克服するか、またはいかに内的誘引を形成するかという戦略理論であるといえる。つまり、ポジショニング・アプローチにおいては内的誘引が与件とされるのに対して、資源アプローチにおいては外的誘引が与件とされると考えることができる。

別の観点から言えば、資源戦略論は、まず資源を蓄積することによって用役の発見と創出を図り、これによって競争力の形成と企業成長を図るアプローチであるとみなせる。これに対してポジショニング戦略論は、まず自己に有利な市場ポジションの発見を図り、これによって自らの内部資源の利用を通じて競争力の形成と企業成長の実現を図る戦略論であるとみなせる。

するとこのような観点からは、ポジショニング戦略論と資源戦略論は二者択一の戦略論であるとみなされるかもしれない。しかし戦略を策定する際に、企

業は必ずしも外的誘引と外的障害、内的誘引と内的障害のパターンを一つだけのものに限定するわけではない。むしろ実際には、外的誘引と外的障害、内的誘引と内的障害のさまざまな組み合わせに直面している。これに応じてポジショニング・アプローチと資源アプローチが同時にあるいは補完的に用いられることになる。

後述するように、ホンダは異なった状況においてポジショニング戦略軸と資源戦略論を補完的に活用して競争力に結び付け、成長に成功した。つまり、かつてのバイクの生産と技術における資源の蓄積に依存し、他社と異なる資源の利用によって成長軌道にのることができたホンダは、同時にアメリカ市場というポジションへの進出から真の自動車企業として認識された。この意味で二つの戦略論は、トレードオフという関係ではなく、補完的な関係にあるとみなすことができる。

第2節　戦略アプローチと競争力

(1) ポジションと競争力

第1章で論じたように、60年代前半、自動車市場に新規参入したホンダは、自動車企業でなく、バイク企業として認知されていた。ホンダの自動車市場への参入は、創業者本田宗一郎の長年の宿願であり、同時に政府の自動車市場への新規参入の規制に間に合うための駆け込み行動でもあった。つまり、ホンダはその時期に他の自動車企業との競争に勝ち残る力をもっていたわけでなく、自動車市場への進出の実力にも欠けていた。

戦後、日本国内の大手企業にはトヨタと日産などがあった。そのほかに三菱自動車、マツダやダイハツ、鈴木などの新規企業も存在していた。60年代の高度成長期には、自動車市場は小型トラックと平行してマイカー・ブームが起こり始め、成長期に向かっていた。しかし自動車企業としてのホンダには生産規模、量産能力、車種の数量、部品メーカーとの関係など、自動車生産に関わ

るすべての分野において先発企業との間に大きなギャップが存在していた[2]。

先に述べたように、ホンダはバイク企業として蓄積した資源を自動車企業のものに転換しようとしたのであるが、しかしそれだけではトヨタや日産など大手先発企業との市場競争に太刀打ちできなかった。そこでホンダは自らが競争できる市場をアメリカに見出し、アメリカ市場での成功こそが自動車企業、ひいては国際自動車企業として認知されることになると認識した。

このようなホンダのポジショニング戦略は二つの理由に基づいていた。一つは外的障害を避けるためであり、もう一つは他の企業と異なる行動によって外的誘引を発見するためであった。つまり、70年代以降、国内の自動車市場において、ホンダはトヨタと日産だけでなく、三菱やマツダや鈴木などとの競合企業に直面していた。ホンダのアメリカ市場への進出の選択はそれらの企業との競争を避けるためであり、決して日本市場を軽視したものではなかった。当時、国内市場では激しい競争が展開されていたために、ホンダは国内市場だけでは、既存の生産組織と技術を競争力に結び付けるのは困難だと判断していた。

さらに、自動車産業は他の産業と異なって、約2万点の部品、多くのユニット半製品によって組み立てられるといわれる。自動車産業は規模の経済性を有するので、量産規模が大きくなればなるほど、平均費用は低下する傾向にある。したがって、後発企業は出発当初から厳しい環境の中に置かれていることを意味する。高度成長期が終わった後でも日本の国内市場はなおも成長市場として位置づけられていたにもかかわらず、先発のトヨタと日産、またその他の中堅企業間の存在は、ホンダがそれだけ厳しい競争環境に置かれていたことを意味する。

と同時に、成長市場は製品を細分化できない特徴をもっている。つまり消費者の選択は世代・家族構成など消費者をめぐる家族環境によって、一台目の自動車を選び、この際には価格と車体が特に重視される傾向がある。したがって、ホンダのように限定された車種、また制約された量産規模では、市場環境は外的誘引というよりは、外的障害として存在していたというほうが当たっている。

以上のような理由から、ホンダはトヨタと日産に国内市場では勝負にならないことを意識し、国際的な知名度の高い企業にならなければ企業の存立は不可能だと意識した。価格と技術で競争優位に立てるポジションを見つけなければならない。この意味でホンダは単に短期間の事業競争に勝ち残るだけでなく、より大きな自動車企業になる戦略目標を設定し、これを実現するために、国内市場を避け、価格と技術で優位性が発揮できる新たなポジションを見出そうとした。それがアメリカ市場であった。

　このように国内市場に関しては、ホンダは他企業との競争に劣るという意味での外的障害を避けることを選択した。と同時にホンダは限られた資源の用役を競争力に結び付けるために、新たなポジションを見出そうとした。それはホンダにとっては「独自性のある価値の市場ポジション」であり、「戦略的ポジション」といえる。このような独自性および価値のあるポジションとして、ホンダはアメリカ市場を選択した。

　ホンダがアメリカの自動車市場を戦略的ポジションに位置づけたことの理由としては、当時のアメリカ市場の成熟度は高かったということがある。つまり、成熟市場は製品および消費者が細分化されているという特徴をもっているため、ホンダはアメリカ市場ではこれまで蓄積した資源を最大限に活かすことができると考えていた。そこで、ホンダは製品および消費者のターゲットを若者に絞って、アメリカで自動車生産を始めたのである。

　さらにアメリカ市場は大型車中心であったために自動車の排気量が高く、エネルギー消耗も高い特徴をもっていた。石油危機以降、省エネルギーと公害防止の環境基準の厳格化というマスキー法の誕生によって、アメリカ自動車市場の性格は大きく変化した。そこでホンダは得意のエンジン技術を活かし、省エネルギーと環境基準に見合うエンジンを開発し、成功した。このように政府の規制および市場製品の性格の変化は、既存の企業にとっては外的障害となるのであるが、新規参入のホンダにとっては大きな外的誘引になったといえる[3]。これに加えてドイツＶＷ社を中心に海外輸入車の品質の低下という外的誘引の条件もあった。以上のことからホンダは成長市場の日本でなく、成熟したアメ

リカ市場への進出によって、自動車事業の価格競争力と技術競争力を構築することに成功した。

　自己に有利な市場ポジションを見つけ出し、それを自らの競争力に結び付ける行動が、ポジショニング戦略論の目的となる。結果から見ればホンダの自動車企業としての成長は、このような戦略的ポジションの選択が生み出したと解釈できる。戦略目標を達成するために、正面からの競争を行うのではなく、回り道と思われる側面からの行動によって最後的に競争企業を上回るパフォーマンスを達成することはまさしくポジショニング・アプローチの見本となる。しかしそのためには適切なポジショニングの選択によって外的誘引を利用する、あるいは外的障害を回避するだけでは不十分である。このような戦略的ポジショニングを競争力の構築に結び付ける必要がある。そのためには資源の蓄積とその戦略的活用が必要となる。つまり持続的成長のためには、外的誘引に見合った内的誘引の確率がなければならない。これが資源戦略論からのアプローチとなる。

（2）資源アプローチと競争力

　ポジショニング戦略論は、他社と異なる行動を通じて独自の価値あるポジションを作り出し、それを企業競争力に結び付けることを主張する。他社と異なる行動は他社との差別化を図る行動であり、製品・サービス、ニーズ、アクセスなど3つの分野への特化を通じ、戦略的ポジションを確立することを意味する（ポーター,訳2002,pp.82-87）。しかしこのような行動に必要な資源をいかに形成するかについては、ポジショニング戦略は必ずしも回答していない。この課題を提起したのが資源戦略論である。

　当時、日本の自動車市場とホンダの競争力との関係は、まさに第2章で論じた外的誘引と内的障害のパターンにあった。ホンダの内的障害は技術の陳腐化、運営における効率性の低下などの内的障害によるものでなく、自動車市場という外的誘引に対して、それまでのバイク企業で確立した内的誘引が対応しないという点にあった。この意味での内的障害を克服するために、ホンダは海外か

らの資金調達や先端的な金型の購入などで対応したが、それでも自動車生産に必要な技術開発や工程管理などの生産者資源の用役が不足していた。要するに短期間ではとてもこれらの用役を補充することはできない状態にあった。したがって、駆け込みで自動車生産への参入を宣言した反面、実際の自動車生産はかなり遅れたというのが実情であった。

　そこでホンダは、これまでの他社とは異なる資源の蓄積に基づき、スポーツカー系エンジン技術に特化し、他の企業と異なる独自性のある行動を取り始めていた。ホンダは日本市場において、トヨタや日産と異なった技術分野の資源蓄積を通じて、技術競争に立ち向かった。しかし、それは新規参入のホンダが資源用役の不足と企業家精神の高さとの間に存在する大きな矛盾でもあった。

　企業の競争力において価格競争と技術競争は表裏一体の関係にある。自動車市場の価格競争力は、生産規模の拡大によって費用低下をもたらすという規模の経済性に大きく依存している。また組織内部でのマネジメントを含めた技術力の構築、つまり「能力構築競争」を通じてもまた、価格競争力は変化する。しかし、ホンダは国内市場において、このような価格競争力と技術競争力を備えていなかった。

　60年代後半から正式に自動車生産を始めたホンダは新規参入企業として、「シビック」など限られた車種に頼っていた。一方、トヨタや日産はトラック生産の波及効果を活かし、自動車全体の量産規模とフルラインと呼ばれる乗用車の多様な車種構成によって価格競争力をもっていた。したがって、ホンダにとっては価格競争において優位に立つ可能性はほぼなかったといえる。

　そこでホンダは、先に見たように、日本市場ではなく、アメリカ市場への進出を戦略的ポジションとしたのであるが、それは同時にこれまでバイクのエンジン技術を「切り札」にして、自動車用のエンジンの開発を通じて、運動系の自動車生産に特化する行動に基づいてのことであった。こうした運動系の自動車生産に特化することができたのは、これまでのバイク資源を蓄積してきたためであった。しかし、量産規模による規模の経済性および国内成長市場における消費者の特徴において、ホンダの異色の資源の蓄積は、当時の市場環境の下

では必ずしも競争にプラス要因にならない。つまり国内市場の成長という外的誘引があるにもかかわらず、ホンダの資源蓄積としての内的誘引との相性がよくないという意味で、ホンダにとって国内市場は外的障害として作用したと言うことができる。

　第2章で論じた内的誘引と外的障害のパターンからは、新たな企業成長は、既存の内的資源を転換するか、新たな市場の発見によって外的障害を克服することが必要となる。ホンダは既存の内的誘引の転換でなく、内的誘引に特化し、内的誘引が活用できる外的誘引、つまり新たなアメリカ市場を発見することによって成長を実現させた。もちろんバイク企業として蓄積した資源を自動車企業としての資源に転換するという意味では、内的誘引の転換が追求された。しかしそれはバイク企業として蓄積した資源に基づいてのことであり、それを運動系のエンジンに集中させることによって、既存の内的資源の一層の特化の方向を選択したとみなすことができる。

　同じく内的誘引と外的障害のパターンにおいて、既存の内的誘引の特化によって外的障害を解消する事例として、シャープがある。つまりシャープは、液晶技術とテレビ市場の変化という、既存のテレビ事業にとっては外的障害に直面し、これに対して電卓事業から培った液晶技術への一層の特化を通じて成長を実現した。これによって新たな液晶パネル市場の創出という、外的誘引の確立に成功した。ここにあるのは内的誘引と外的誘引のパターンであるが、しかしそれははじめから与えられていたわけではない。つまり内的誘引を確立することによって、新たな市場と新たな技術のトレンドを創出し、この結果として持続的成長の経路がもたらされることになる。

　これに対してホンダの場合は、当時の運動系自動車という製品の特化によっては国内市場と技術のトレンドに影響を与えることはありえないため、内的誘引が利用できるポジションをアメリカ市場に求めた。そして自動車生産を始めてからまもなくホンダはＦ１レースに参加し、スポーツカー系自動車生産のイメージを市場に送信した。つまりホンダは他の企業と違って、得意のバイクのエンジン技術を生かして、運動系自動車の分野に資源を集約させ、競争戦略を

展開していった。

　このようにモーターバイクで蓄積した生産資源から新たな自動車の研究開発資源の用役を創出し、内的誘引を巧みに新規事業へと結び付けたホンダは、高品質や省エネルギーなどの技術を深化させ、また、モーターバイクの海外生産と販売の経験とネットを活用して、四輪車企業としてアメリカでの市場ポジションを獲得し、成長軌道の確立に成功した。この結果、今日のホンダは日本、アメリカ、アジアおよびヨーロッパの市場からそれぞれ三分の一ずつの生産量と利益を獲得している。

　ホンダの成長からわかるように、内的誘引に相性の悪い外的誘引のもとでは企業成長が困難になる。そのためにホンダはアメリカ市場を選択し、外的障害を克服しようとした。このようにポジショニング戦略論は外的誘引と外的障害を重視するとしても、そのことは競争力の形成における資源用役の発見・利用・創出の重要性を否定するわけではない。むしろホンダの事例から分かることは、既存の資源を基盤として内的誘引を確立することの重要性である。このことがなければいかに戦略的にポジションを選択しても、それは企業成長につながることはない。ただし、次に見るように、資源の蓄積を既存の組織内部に求めるのか、それとも市場からの調達によるかという、内的誘引の確立自体に大きな選択肢の違いが存在する。

　同様に、資源戦略論は他社と異なる資源の蓄積によって競争力を構築することを重視するとしても、それは外的誘引の相性に依存する。つまり資源戦略論の観点からは、他企業と異なる資源利用が企業競争力に結び付くものであるとしても、そのような資源利用が外的誘引にマッチしなければ、企業競争力の実現にはならない。

　90年代以降、多くの日本企業の成長の低下は企業競争力の沈下に伴って始まった。つまり、内的と外的、および誘引と障害の観点から見れば、市場と技術の急速な変化の結果、内的誘引と外的障害のパターンに陥った企業は、資源戦略論だけでは企業競争力の構築は困難となる。同じく新たな市場と新たな技術の登場の結果、外的誘引と内的障害のパターンに陥った企業は、ポジション

戦略論だけでは競争力の構築が困難となる。いずれにおいても問題は外的誘引と内的誘引との「相性」にかかわっている。

以上のことから次のようにまとめることができる。つまり内的誘引と外的障害のパターンでは、外的障害を克服するという観点からポジショニング戦略が重要となる。他方、内的障害と外的誘引のパターンでは、内的障害を克服するという観点から資源戦略が重要となる。そして内的障害と外的障害のパターンでは、事業転換を図るという観点から二つの戦略論がともに必要となる。このように戦略の策定はポジショニング戦略軸と資源戦略論を二者択一的とするのではなく、二つの戦略論を補完的な関係として理解することを必要とする。そこで次には、それぞれの戦略の特徴を企業者機能に結び付けて検討することにしよう。

第3節　戦略の特徴

(1) 戦略の独自性

冒頭にも論じたように、企業戦略の概念は軍事用語から転用されたものである。その真意はいうまでもなく、企業家は軍隊の司令官のように企業戦略を決める最も重要な役割を担うということである。P.F.ドラッカーは企業戦略は「企業家的戦略」そのものであると定義している（ドラッカー，訳1985,1993）。

このような企業家的戦略は、ペンローズの企業者用役の概念と重なっている。ペンローズの企業者用役は、中・長期的な視点からの企業成長のための新しい理念の導入、市場と技術上の重要な変化に対応するため、中期的な観点からの会社の運営、そのための新しい経営者の獲得、管理組織の改革、資金の獲得、拡張計画の作成、そして拡張方法の選択などの内容を包括している。つまり、企業者用役とは生産的機会を実現するために、中・長期的な戦略の策定および実施に限ることなく、企業全体の成長理念とその方向、社会への貢献など企業ビジョンを独自的に決定する役割を包括的に示した概念である。

ペンローズの企業者用役は企業家的戦略の概念だけでなく、企業成長に関わる企業ビジョンの策定などを含みより広義的な概念でもある。このような企業の長期ビジョンおよび長期戦略の策定と実施に関する企業者用役は、企業者の「企業心」に依存し、それぞれの「企業者自分の欲望について壮大な夢をもっていた人物の活躍」(ペンローズ,訳1962,p232)の決意あるいは戦略的な思考にかかわっている。企業者の決意は企業者の信念と価値観に基づいて、独自的に判断する行動でもある[4]。

　企業者の独自性を反映した企業家的戦略は、具体的に内的誘引と内的障害、外的誘引と外的障害への対応に見られる。たとえば、一部の公的独占企業を除いて、現実に多くの企業は複数の競争相手が存在した寡占市場において競争をしている[5]。自動車産業や電気・電機産業・ＩＴ産業をみると、複数の企業が存在し、競争が行われている。

　複数企業が存在する競争市場において、企業は市場の変化への適応、組織内部における研究開発能力、製品の差別化能力、資金調達、部品供給、オペレーションの効率性など様々な内的誘引と内的障害に直面している。さらに企業は外部での市場競争の度合い、市場と技術の変化のトレンドなどの外的誘引と外的障害にも直面している。この意味で企業家的戦略は、内的誘引と外的誘引の発見から内的障害と外的障害の克服まで、企業者による独自の戦略的思考にかかわっている。

　さらに現代の企業組織はその多くが事業部制によって構成されている。事業部制は独立採算で事業を運営する仕組みである。したがって、企業家的戦略は事業部ごとに、それぞれの事業部を「ミニ企業」として位置づけ、それぞれの事業戦略を追求すると同時に、それらの統合を図ることが必要となる。それはまた企業者の戦略的思考にかかっている。

（2）多様な独自性

　企業家的戦略がそれぞれに異なるのは当たり前のようである。実際、製品や技術の競争において先頭に立つ企業が一方にあれば、他方には同じ分野におい

て類似的なキャッチアップ戦略を立てる企業もある。市場競争に勝ち残り、持続的な企業成長を実現するために、企業家は事業戦略を企業全体の成長につなげるように位置づける。そのために企業者は成長可能な事業を選別し、市場での「戦い」に勝ち残る事業を選択し、それらを統合した企業戦略を策定する。このとき、多くの事業を統合する企業家的戦略は、事業戦略と異なり、事業間のシナジーを重視する。これに対して事業戦略は、個々の事業の競争力の強化に焦点を絞って市場ポジションの改善や、企業内部資源の蓄積などを課題とする。以下では複企業家的戦略の概念を事業戦略を念頭において検討する。

　企業戦略の独自性はとりわけ市場や技術の変動の時期に重大となる。つまり市場の変動が激しくまたは技術の変化が大きな時期は、企業にとって中・長期的に絶好の生産的機会の登場となる。それは企業成長のための絶好の外的誘引を意味している。

　このとき、より多くの市場シェアおよびシェアと連動する利益をより早く獲得しようとする企業は、他社より早く新技術を採用し新製品を市場に投入するという戦略を策定し、実施することが必要となる。このような戦略の策定と実施は、すでに市場の先頭に立っている企業にとっては他企業との差をより大きく開く好機となり、逆に後発企業は先頭企業に追いつき、その市場シェアを奪う好機となる。

　市場と技術の変化を意識し、より早く成長可能な新製品と新技術を開発し、早期に資源を関連事業に投入する企業戦略は、トレンドを読み取る能力および資源投入のタイミングを図る企業家の独自の判断に依存する。そこには内的成長かあるいは外的成長かの選択も含まれる。それは第1章で紹介したホンダとソニーの成長形態から見れば明らかである。

　この意味での戦略の独自性は、現在の時点での個別事業による成長機会の発見だけでなく、持続的成長のために新たな事業を発見するためにも不可欠となる。このように市場と技術の変化を自社の成長機会として捉え、迅速に新製品と新技術を投入することによって自社の成長を実現し、競争企業の成長機会を奪い取る戦略は、攻撃的戦略として捉えることができる。

①攻撃的戦略

　企業家的戦略は攻撃性と守備性に基づいて、具体的に「1)総力をもって攻撃すること、2)手薄なところを攻撃すること、3)生態学的地位を確保すること、4)製品や市場の性格をかえること」、などの組み合わせによって構成される（ドラッカー,訳1985,p.354)。このような観点から、近年のシャープは、市場と技術の変化を自社の絶好の生産的機会とし、攻撃的戦略によって企業成長を実現した事例とすることができる。

　もう少し詳しく見ると、1990年代からインターネットの普及に伴って、パソコン市場が大きく成長した。利便性の高い液晶パネルがデスクトップやノートパソコンに活用されたことによって、液晶パネル市場が急激に拡大した。

　このような背景の下、70年代から電算機の専門企業として成長してきたシャープは、液晶の応用技術において30年以上の長い歴史をもっていた。シャープはパソコン市場の成長を外的誘引としてこれまで蓄積した電算機の生産・開発に使用する液晶技術を液晶パネルに転用し、液晶パネルの需要増に適応しながら液晶パネル事業を企業のメイン事業と位置づけ、研究開発・生産に特化してきた。このように液晶パネル事業に特化し、つまり資源蓄積をベースとした内的誘引の創出を通じて他のパソコン生産、開発企業の手薄なところに攻撃的戦略を展開したことによってシャープは大きく成長することになった。

　シャープはこうした事業を「ナンバーワンよりオンリーワン」の「チャレンジ戦略」と位置づけた[6]。これまでのシャープは日本の家電企業としては決して大手企業ではなかった。シャープは液晶パネル生産をきっかけに、パソコン市場を参入し、さらに液晶パネル技術をテレビを中心とする他の分野に転用することを通じて、急激に成長した。とりわけ薄型テレビの普及が進むにしたがって、市場シェアの拡大という目標をも実現することができた。

　シャープは薄型テレビ企業として成功しただけでなく、薄型テレビのリーダー役をも担っている。これによって大手テレビメーカーのソニーと松下などのシェアを奪っている。パソコン市場の液晶パネル、およびテレビなど従来の非得意の分野に特化することによって、シャープは企業全体を持続的成長の軌

道に乗せることに成功した。

　このようにシャープはパソコン市場の成長トレンドを正確に読み取り、液晶事業の研究開発・生産に総力を挙げて特化することによって、液晶パネル市場における「ナンバーワン」企業となり、企業全体の成長に成功した。かつてのソニーのように、シャープは液晶パネルの波及効果(事業シナジー)を通じて従来までのテレビ市場と技術の性格を根元的に変え、新たなテレビ市場の創造と形成に大きな役割を果たしたのである。

　このようにシャープの企業戦略は、ドラッカーがいう攻撃的戦略の見本として理解することができる。この成功によってシャープは、世界の液晶パネル市場と技術において先頭に立つ企業となっている[7]。言うまでもなく、このような攻撃的戦略は、液晶市場と液晶技術の変化を生産的機会として捉え、組織内部の資源を総動員することによって可能となった。組織内部の既存の資源からの用役の利用に始まり、そこからさらに技術と製品開発を通じて新たな資源用役を生み出すというプロセスは、ペンローズによる企業成長の本質であり、攻撃的戦略の見本であると同時に、資源アプローチの格好の見本であるといえる。

　と同時にシャープは、外部の成長分野に乗り出し、その市場ポジションを獲得するだけではなく、液晶パネルと薄型テレビの市場自体を新たに作り出した。この意味でシャープの攻撃的戦略は、内的誘引のもとでの企業競争力の確立だけではなく、新たな外的誘引の創出という意味でポジショニング戦略論の観点にも合致している。

②守備的戦略

　同じく市場と技術が大きく変化する時期に、上記のような攻撃的戦略とは対照的に、一部の企業は他の企業の失敗からシェアと利益を奪い取る、あるいは自社の事業の新規参入による失敗を回避するために新製品の市場投入や新市場への参入のタイミングを意図的に遅らせるという、守備的戦略を取ることもある。このような守備的戦略をドラッカーは、自らの「生態学的地位を確保する」ための戦略に分類する(ドラッカー, 訳1985, p.354)。

守備的戦略の趣旨は、攻撃によるシェアを奪うことによる成長でなく、自社の失敗を回避することによって既存事業の成長を維持することにある。守備的戦略の企業は、攻撃的な戦略による失敗が今後の企業成長に大きな内的障害になることを恐れて、慎重な態度をとるのであろう。このような企業戦略は、現段階での成長機会の発見だけではなく、持続的成長のための資源の未使用用役の発見と利用に関しても慎重な態度をとることになる。つまりこれらの企業は、より慎重な視点で時間をずらして、そして市場と技術の変化のトレンドを見極めながら、自らの組織内部の未使用用役の利用を判断するという戦略をとっている。これは明らかに内的誘引と内的障害を重視する資源アプローチの観点である。この意味で、守備的戦略および攻撃的な戦略は『孫子の兵法』で記されたとおり、「天と地の諸条件」つまり環境と組織内部での事情を踏まえて、企業戦略の独自性を与えることになる。

　トヨタ自動車の場合を例に挙げると、アメリカ自動車市場への進出がホンダや日産などの自動車企業より遅れていた。このようなトヨタ自動車の海外市場への進出はアメリカ自動車市場だけでなく、近年急速に成長した中国の自動車市場でも他社より遅れをとっている。

　トヨタが海外市場への進出を遅らせた理由について、意図的に他社の失敗からシェアを奪うという守備的戦略によるものかどうかは判断できない。しかし、結果から見れば、トヨタ自動車は先に海外市場に進出した企業の成功および成功の経験を学んで、後発的に有利な立場を利用した戦略をとったと考えることができる。つまりトヨタは後発の攻撃的な戦略をより有効にするために、進出のタイミングを遅らせるという慎重な守備的戦略を選択した。

　このような慎重さは単に国内自動車市場のシェアを優先し、海外市場での失敗を回避するための戦略だけでなく、市場と技術の変化のトレンドを読み取ることができるかどうかという戦略にも反映される[8]。つまりあるタイミングでどのような戦略をとるかは、市場と技術の変化に対する企業家の独自な認識に依存する。この点でトヨタの戦略の守備的性格は、貿易摩擦の回避策としての政治的要因によるアメリカ市場への進出や、グローバル経済の進展に伴う中国

市場への進出、そして近年の環境とエネルギー問題への対応においても観察される。

最後の点に関してトヨタの戦略は、アメリカ市場へガソリンエンジンと電動モーターを併用するハイブリッド車を投入することであった。まずアメリカ市場を選び、かつハイブリッドという既存の技術の応用という意味で、守備的戦略の性格を維持するものであるとみなせる。これによってトヨタはアメリカ市場での高成長と高収益(2005年3月決算によれば、全社の営業利益の7割は北米市場から得た。『朝日新聞』2005年5月11日朝刊)を獲得し、持続的成長の経路を確立した。この結果、トヨタはハイブリッド車を武器にして、次第に攻撃的戦略の方向に転換しつつあると考えることもできる。

このように企業者は、内的と外的の誘引と障害を的確に認識し、攻撃的あるいは守備的戦略を選択し、その上で事業の開設と同時に、撤退の戦略を能動的に決定する能力を必要とする。つまり企業戦略は、失敗した事業からの撤退だけでなく、事業の将来性を判断し、その実現のための競争力が自社にあるのかどうかを判断し、その上で事業の撤退か継続かの決定を行うことを必要とする。たとえば近年のＩＢＭのパソコン事業の撤退や、富士通の液晶事業の再編はこのような企業戦略の結果であると理解することができる。

このような企業戦略の独自性は、それぞれの企業における企業家個人の気質にも大きく依存している。つまり異なる企業家気質は企業戦略の策定に大きな影響を与える。そこで次節では企業者気質と企業戦略の関係について検討する。

第4節　企業者気質と戦略

企業競争力は企業家的戦略に起因し、適切な資源配分によるものである。一方、資源を既存企業内部で戦略的に蓄積するか、または市場から調達するかはそれぞれの企業家の考え方に依存する。この結果、企業成長の経路にも大きな違いが生まれることになる。

（1）企業者気質と資源・組織

　企業家的戦略は、ペンローズの言葉を借りれば、「企業者個人の壮大な夢とその人物の活躍」(ペンローズ,訳1962,p.232)という意味での「企業者的着想」に反映されている[9]。このような「企業者的着想」は三つの「企業者気質」によって、異なる戦略の策定、戦略アプローチの選択、および企業組織の形成に重要な役割を果たす。

　「企業者気質」としてペンローズは、①「あまねく広がる産業'帝国'を建設しようとする」企業者、②「財力拡張の一手段として法人という手段を利用しようという欲望に主として刺激されている」企業者、③「一層有利に資源を利用する道についての冷静な計算をする」企業者、の三つのタイプを提示する(ペンローズ,訳1962,p.232)。その上でペンローズは、①は「現存の会社を手広く吸収し、特定の市場の独占的地位の確定による独占利潤を得ようとする」のに対して、②は「広範囲な直接投資によって、独占利潤を獲得する」ことを目的とするのを区別している(ペンローズ,1962,p.236)。つまり、こうした企業者は、より早く独占を達成するために、「資源や組織はむしろ独占利潤を占有するための手段に過ぎない」と思っている。いずれにせよ企業成長は「帝国建設」として捉えられ、資源はそのための道具であり、資源さえあれば企業成長が実現できるといった企業者気質が支配することになる。

　しかし、①と②の企業者気質は、最終的に生産者用役と管理組織体に依存する。つまり「非金融的な産業帝国建設型」の企業者は、帝国を築いている最初の段階では資源と組織を道具として利用しているのであるが、道具とした資源と組織を自己の産業帝国の中に取り組んだ後、利益を生み出すためには管理組織体の下での資源の用役を利用する必要がある。同じく「金融的帝国建設者」も、自らの法人組織を売り出すことによって利得の獲得を図るとしても、そのためには利潤を上げる生産者用役と管理組織に依存することになる。

　これに対して、③のような企業者、つまり市場と技術の環境条件の下で資源利用の方法を冷静に計算する企業者気質は、資源アプローチとポジショニング・

アプローチの双方から、自らの企業組織の競争力の構築を図る企業者であるといえる。このような企業者気質のカテゴリーに従えば、戦後の日本企業、特に製造業企業における企業家気質は概ね③のタイプに属することがわかる。その理由として、財務的利益のために法人を利用する金融的帝国建設者は戦後改革によって解体され、また非金融的帝国建設者は独占禁止法によって制約されたということを挙げることも可能である[10]。

（2）戦略と組織に関する命題

経営戦略理論において、戦略と組織の関係についての二つの有名な命題がある。一つは戦略が組織を決めるという命題であり、もう一つは組織が戦略を決めるという命題である。このような戦略と組織に関する二つの命題に関して、クレイナー（訳2000）は次のように論じている。すなわちチャンドラーは、「戦略が組織よりも先行するので、考えられる中で最良の戦略を開発すれば、企業が戦略を達成するためにもっとも相応しい組織構造を決めることが出来る」と論じた。これに対して一部の学者は戦略と組織構造の複雑さを強調し、命題の前提に疑問をもっている。たとえばトーム・ピーダーズは、「チャンドラーは完全に誤った解釈をした。どの市場を選ぶかを決定するのは長期的に組織構造だからである」と批判した（クレイナー,訳2000,p.161）。

ゲイリー・ハメルは「チャンドラーの戦略と組織の命題の核心は新たな挑戦が新たな組織構造を生むということだ。規模の拡大と複雑性への挑戦にコミュニケーションの進歩と経営統制技術が結び付き、事業部制度などの分権制が生み出された」とチャンドラーの命題の真意を説明している[11]（クレイナー,訳2002,p.162）。つまり、戦略が組織を決める命題は、生産者資源だけでなく、組織自体を資源として考えている。戦略は資源を組織内でマネジメントすることを通じて、あるいはより効率的にマネジメントするために組織構造そのものを変化させることを通じて実現される。この意味で資源と組織は戦略の道具であるといえる。

これに対して、組織が戦略を決める命題の観点からは、「戦略は組織の中に

埋もれて、組織の中に開花するような一種の結果である」(クレイナー,訳2002,p.166)ことが指摘される。つまり戦略は、組織構造に適応した結果として、あるいは組織という資源が利用された結果として実現されるということになる。

このような二つの命題に対して、企業戦略研究者は、組織が戦略を決める命題に賛同を示すようである。たとえば伊丹(1984)は、戦略における人間的配慮の観点から、戦略策定の際に環境適合、資源適応、組織適応の重要性を提起して次のように論じた。「どんな戦略の内容にすべきかを決める段階で、すでにその戦略が組織内の人間へ与える影響や彼らからの反応を考えるべきだと思う。つまり組織適合をも考えて戦略の内容を決める必要である」ということである(伊丹,1984,p.261)。

(3)戦略と組織についての命題

前述のように、戦略が組織を決める命題においては、戦略が優先的に策定されて、組織が従属的に利用されるという関係に置かれる。この命題は外的誘引の発見に焦点を合わせたものと考えることができる。つまりこの命題においては、組織内部における資源とともに組織構造そのものが資源として考えられている。その上で外的誘引の実現のためには、内部資源による内的成長と外部資源による外的成長が選択されることになる。組織とその資源自体は戦略実現のための道具である以上、いずれの選択であってもかまわない。

これに対して、組織が戦略を決める命題においては、組織が先にあり、組織が機能した結果が戦略になるという関係が想定されている。同じくこの命題は、内部誘引の発見に焦点を合わせたものと考えることができる。つまり戦略を形成するための前提として、いかに効率的な組織構造を形成するのか、そして組織内部の資源利用からいかに内的誘引を形成するのかに関心が置かれる。この意味で当該命題においては内的成長しか考えられないことになる。

これまで論じたように、戦略論にはポジショニング戦略論と資源戦略論がある。ポジショニング戦略論は自己にとって有利な市場ポジションの確立、ある

いは不利な市場ポジションの回避を重視する一方、資源戦略論は他社と異なる独自の価値ある資源を生み出すことを重視する。

すると、ポジショニング戦略論の観点からは、戦略が組織を決める命題における戦略は、外的誘引の発見、あるいは外的障害の回避とみなせる。つまり戦略が組織を決める命題は、外的誘引の発見や外的障害の回避の戦略を確定した後、組織という内的誘引の利用を図ろうとする。このとき、内的誘引が発見できる場合には、既存の組織構造および資源に依存する内的成長が選択され、内的誘引が発見できない場合には、つまり内的障害におかれる場合には、外部組織の合併や統合を通じた外的成長が選択されることになる。

これに対して資源戦略論の観点からは、戦略が組織を決める命題における戦略は、内的誘引の発見とみなせる。つまり資源戦略論の意味での戦略は、既存の組織構造や資源の利用、あるいは組織構造の変化や新たな組織の利用を通じて、いかに内的誘引を形成するのかを焦点とする。そのような戦略が組織を決めるという意味で、この命題の下では、内的誘引のもとでの内的成長の選択肢しか残らないことになる。

他方、ポジショニング戦略論の観点からは、組織が戦略を決める命題における戦略は、組織自体を戦略的選択とすることから導かれるものとなる。その戦略は、既存の組織を維持したままの内的成長の戦略と同時に、他企業の買収や統合を通じた外的成長の戦略を含むものとなる。これに応じて二つの組織形態からの戦略も、当然異なることになる。前者の組織からは内的誘引の形成が企業戦略の鍵となるのに対して、後者の組織からは外部資源とその用役の獲得が鍵となる。

これに対して資源戦略論の観点からは、組織が戦略を決める命題における戦略は、組織の競争力の決定要因の観点から導かれる。つまり資源の内部蓄積を前提とする以上、その戦略は内部誘引をいかに高めるのかが鍵となる。既存の組織を離れては戦略の実現はない以上、内的誘引を高める組織をいかに形成するのかが鍵となる。

このように二つの命題は、内的誘引と外的誘引のいずれを優先させるのかの

違いでもある。内的誘引から出発する限り、組織が戦略を決める命題となり、それは内部成長の選択につながることになる。これに対して外的誘引から出発する限り、戦略が組織を決める命題となり、それは内部成長だけではなく、外部成長の選択もまた含むものとなる。

　市場と技術の急速な変化の結果、従来の内的誘引は無用とされ、新たな内的障害へと転換する場合がある。このとき、組織が戦略を決める命題にしたがう限り、新たな内的誘引の形成が組織の戦略となる。これに失敗することは競争力の喪失を意味している。この結果、組織そのものが崩壊することになりかねない。これに対して戦略が組織を決める命題の観点からは、組織の競争力のためには内部資源による内的成長だけではなく、外部資源の利用による外的成長の選択もまた可能となる。

　いずれにせよ、企業競争力と企業成長は、内的と外的の誘引と障害のそれぞれのパターンにおいて、いかにいい相性が発見できるかどうかに依存している。戦略が組織を決める命題、および組織が戦略を決める命題のいずれにおいても、鍵となるのは内的誘引と外的誘引との相性である。それを発見するために、内的誘引と外的障害のパターンにおいてはポジショニング戦略論が採用され、この結果、戦略が組織を決めるという命題が成立する。これに対して、内的障害と外的誘引のパターンにおいては資源戦略論が採用され、この結果、組織が戦略を決めるという命題が成立することになる。このようにそれぞれは二者択一的な関係にあるのではなく、企業成長の過程におけるパターンの違いに基づいてのことであり、このように理解することによって企業成長のための戦略が導かれることになる。

　以上、内的と外的、誘引と障害の観点から、それぞれのパターンにおける戦略を、ポジショニング戦略論と資源戦略論として検討してきた。次章では企業者用役と経営者用役の形成に関する制度条件を検討することにしよう。

注

1)『孫子の兵法』は戦略を論じた際、より包括的に戦略の概念を提示している。つまり戦略の策定において「道」、「天」、「地」、「将」、「法」を軸にして、戦略の執行において「主と道」、「将と能力」、「天と地の諸条件」、「法と規律」、「兵・衆の強弱」、「戦闘技術の長短」、「賞罰」などの7事項があげられる。しかし、現実に経営学に転用した戦略は『孫子の兵法』に照らせば、ごく一部しか使っていないとわかる。さらに一部の戦術を戦略として解釈するものも少なくない。われわれ自体は『孫子の兵法』に基づいて、企業の戦略の枠組みを構築していないため、本書では既存の企業戦略論に依存するしかない。

2) 現在ホンダは基幹事業である乗用車以外に他の事業をももっている。しかし、便宜上本書ではホンダを自動車企業として考える。

3) 日本国内市場においても公害防止のため排気基準の厳格化による政府規制に後発企業としてのホンダも迅速に対応し、最初に基準に満たすエンジンを開発し、自動車に装着していた。

4) 戦略の概念は経営書籍に多くの定義が存在している。それは事業の範囲に焦点をおく企業戦略と、機能に焦点をおく企業戦略に区別される(佐藤、1988)。

5) 現実に戦場のように明確な1つの戦い相手、つまり競争企業が1社しかないという市場はごく稀である。

6) この内容は以下http://japan.cnet.com/news/tech/story/0,2000047674,20061303,00.htmによる。

7) 2001年にシャープの全世界における液晶テレビシェアは約80.5％を占めていたが、2004年(9月-12月の出荷数)は約21.2％強しか占めていない(『週刊ダイヤモンド』2005.4.16号)。

8) トヨタ自動車の海外市場への進出が慎重な戦略によるものかどうかは、トヨタ自動車の内部資料を確認しない限り判断できない。しかし攻撃的でなく、慎重的な戦略行動はトヨタの海外市場への進出の事実を分析することで、判断できる。したがって、ここではトヨタ自動車の海外進出の慎重的な戦略という仮説を提起し、その真意については今後の研究で明らかにしたい。

9) 歴史から見れば、企業成長に対して、「多くの大企業の初期歴史では自分の欲望について壮大な夢をもっていた人物の活躍」が強調されたが、「職人タイプで多分に活発性に欠けた企業者の控えめでずっとまじめな貢献のほうが、おそらくはもっと重大である」とペンローズが論じた（ペンローズ,訳1962,p.232）。

10) 日本においては戦前に金融と産業帝国建設型の企業は多く存在していたが、戦後改革によって解体された。戦後一時再結集したことがあるが、帝国型の企業にはならなかった。ただし西武鉄道のように新興産業帝国として発展した例外もあった。

11) 戦略と組織との関係における論争の詳細はクレイナー（訳2002,pp.161-168）を参照されたい。

第4章　企業者・経営者と制度

　これまでペンローズ理論に基づき、企業成長の本質は資源の用役の使用、資源の未使用用役の発見と創出という内的誘引の創出と利用とによって、組織革新にあると論じてきた。また、第3章では持続的成長を実現するために、企業者用役が戦略の策定の役割およびその戦略アプローチを検討した。とりわけ企業戦略はいかに内的と外的における誘引の発見と障害の克服を通じ、事業の競争力に結び付くかによって持続的成長を達成するというポジショニング・アプローチと資源アプローチを論じた。

　企業者用役は戦略の観点から見れば、生産的機会の発見に重要な役割を果たす一方、戦略の執行者としての経営者用役は、生産的機会の実現までの生産者用役を組織化する役割を担っている。いかに生産者用役を利用、発見、創出するかという経営者用役の制度課題を本章以降で検討するが、ここでは企業者用役および経営者用役の役割が果たす制度条件を明白にしていく。これは企業者用役と経営者用役によって構築された「経営陣」がいかなる制度の下で企業成長へ貢献するかという問題意識からである。

　本章では、制度の観点から戦略の執行役としての経営者用役の形成を検討する。まず企業組織の中で企業者用役と経営者用役を形成する制度条件と機能を検討する。次節では制度の観点から日本企業のガバナンス構造および企業者用役と経営者用役の形成特徴を明らかにする。そして最後に日本のコーポレート・ガバナンス制度の機能を見てみる。

第1節　経営者と企業制度

　企業組織に関してはさまざまの視点から捉えられているが、得られる企業像

は実に多様である。たとえば、ミクロ経済学では企業組織をモノの技術的転換体というブラック・ボックスの中に閉じ込めている。エージェンシー理論によれば企業は市場に任すには複雑でリスキーな取引をうまく処理する契約の連結体である。このような異なった観点で捉えた企業像は組織機能と組織形態を通じて効率性に帰着させることができる。

　このように企業組織の関心課題は制度構造の下で資源を構成し、組織化し、人的資源を中心とする制度の効率性に集約されている。企業の組織形態も利益の追求から出発し人間をめぐる制度構造の設計を通じて制度を機能させて効率性を実現するために構築されている。この意味でそれぞれの企業成長は組織制度の設計および制度機能の効率性の違いに依拠することになる。

　こうした組織制度の設計において最も重要なのは企業者用役と経営者用役を生み出す制度である。言い換えれば、効率的な組織制度は企業者用役における戦略の策定、経営者用役による戦略の執行を保障して、持続的な企業成長をもたらす条件を模索することである。このような企業者および経営者の用役の形成は株式会社制度によってはじめて可能となる。

（1）株式会社制度の本質

　現代の企業組織は株主、債権者、経営者、中間管理者、技術者、一般労働者、消費者、部品供給者など多様なステークホルダーによって支えられている[1]。ただし、企業組織の行動主体は株主、経営管理者、一般労働者などに限られている。

　近代企業組織の原型は19世紀後半にアメリカ鉄道会社から形成されてきた（チャンドラー,1977,訳1979）。チャンドラーによればアメリカの鉄道会社は専門職としての経営者と金融資本を代表する所有者とが分離することによって、株主から経営者への権力の移転を促し、それを制度化し、結果として大きな組織的成長がもたらされた[2]。このような制度の下では、実際に企業組織を運営し、資源配分の権利および意思決定を行使するのは経営者であった。企業は「経営者企業」と称された[3]。

チャンドラーが論じた経営者は現在の企業における「経営陣」、つまり企業者と経営者を統合した複数の経済主体である。以下の論述では、企業者と経営者、経営陣の概念の混乱を招かないためにチャンドラーのいう経営者の概念を採用しないでペンローズの概念にしたがって考察する。この経営者の概念には最高経営責任者を始め複数の経営幹部が含まれており、また「経営陣」の概念には企業者と経営者をさすことに注意していただきたい。

　19世紀後半におけるアメリカ企業の経営者は、企業内部からの選抜や金融機関からの派遣、株主の意志などさまざまの形で企業の規模の拡大に伴って技術的条件を満たすための専門職として誕生した。20世紀に入ってからはっきりした傾向となった経営と所有の分離によって、専門職としての経営者が株主の代理人（agent）となり、企業組織は株主対経営人という構図となった。この株主が経営者に要求したことは、株価の上昇と配当であった。つまり企業の利益の拡大と企業利益への配分を適切に実行しうる企業組織制度をつくることであった。このような企業組織制度は経営者と株主との関係だけでなく、従業員の利益も反映できる企業システムでもある[4]。

　企業組織の運営に関する意思決定は経営者に委ねられる一方、企業の所有者である株主の権限は、株主を代表した取締役に経営の権限を委託するというものであった。株主が取締役会を設置し取締役の任免によって企業資産と企業利益の配分を最大化することに関心が払われたのである[5]。制度上こうした所有と経営の分離によって構成された株式会社制度は、株主の有限責任および私的財産権の保護を通じて企業の属性を明白にすることであった。

　所有問題は企業の利益配分の権利、つまり法の定めや契約によって他人に割り当てられている以外の資産運用法についての決定権を誰が握っているかという点に帰着する。通俗的の言葉では企業は誰のものであるかという問いかけに対して企業資産の保有主体を明らかにしたものということができる。

　株主主権の見方によれば、経営者が株主の代理人として経営の任に当たり、経営者は企業の資産と利益の最大化を図り、その成果を株価の上昇と配当とによって株主の利益を最大化することにある。企業の資産の配分権は取締役会の

管理に委託され、その利益は株主に帰属するのである。所有関係における株主のもう一つの権利は企業の利益への請求権である。つまり企業の生産活動によって生み出されたすべての純利益を受け取る権利は株主に属するのである。逆に企業が破産あるいは会社更正を申請する場合には、株主は最後に残余権を受け取ることになり、出資額に応じた責任を負うこととなる。

利益請求権と資産の配分権という二つの経済的な権利は基本的に所有関係の下で、私的財産権を保護する目的で法的に授けられたものであって、資本主義制度における資本の原理として確立された制度であるといえる。つまり株主の利益は企業資産の配分と企業利益の請求とによって制度的に保護されているのである。

現代の株式会社制度において、所有と経営の分離の結果は株主が様々な企業所有権をもつことを促す一方、それぞれの企業経営権を経営者が握るという形態になっている。すなわち、「投資家が最善と考えるものを「選択」できるような競争を促す資本市場に頼りながら、法律は企業経営者に彼らの資本とガバナンス構造を決定することにおいて大きな自由度を与えるということ」、なのである(モンクス・ミノウ,訳1999,p.90)。

したがって、企業にとって所有問題は資産主体を明示すると同時に、いかに資産主体の利益を保護するかという経営者への制御問題も存する。つまり株主は企業資産と企業利益の処分において経営者の恣意性を制御するために、所有関係の法的権限に基づいて自己利益を保護することに大きな関心を払うこととなり、このことは株主が統治機構である取締役会を強化する理由でもある。企業の資産配分および企業利益に関する処分権利は、経営と所有の分離によって「経営者企業」の基となっているので、実際には経営者に事実上帰属することとなったのである。

(2)コーポレート・ガバナンス制度

株主は自己の利益を保護するために、経営者への制御に対する新たな制度、つまりコーポレート・ガバナンス制度を要請し、構築した。このコーポレート・

ガバナンス制度とは企業組織を運営する責任者の組織の成長行動による企業価値の変化および経営者の資産配分を決定する行動に対し、株主の制度的な規律付けを行うという方式である。

①発言アプローチと退出アプローチ

この制度では、株主は発言(voice)アプローチと退出(exit)アプローチをもって、経営者を制御するのである。発言(voice)アプローチは直接経営者を制御するのでなく、取締役会への制御を通じて間接的に経営者へ制御が果たされ、取締役会は株主から授けられた権限の下で企業成長の戦略策定とビジョン、さらには経営者を選抜できる権限を通じて企業者用役の責任を担うことになる。退出(exit)アプローチは株主が株式の売却によって株式市場を経由し経営者を制御することである。

発言アプローチと退出アプローチは、当初、政治的な意思表明手段と経済的な選択手段として衰退した組織を回復させるためのメカニズムとして応用され、ハーシュマンによって提示された概念である(ハーシュマン,1970,訳1975)[6]。ハーシュマンは、「発言」は、企業内部から「企業や組織の怠慢に対して警告を発する機能」、いわゆる「非市場力」としたものであり、「退出」は「義務怠慢な経営者に収益低下を背負わすこと」、つまり市場の競争を利用する「市場力」としたものである、と指摘している(ハーシュマン,訳1975,pp.24-38)。

このような発言アプローチと退出のアプローチは、コーポレート・ガバナンス制度において株主に対する経営者の歪んだ行動を回復させるメカニズムとして捉えられる(伊丹，2000)。つまりこうしたアプローチは、企業経営の業績に依存する利潤の分配に対して経営者が株主の利益を損なわないように株主が働きかける手段として用いられている。

たとえば、一部の経営者は、フリーハンドを握るため企業価値を高める行動を怠り、または企業利益を私物化し、株主の利益を侵害する行動をとるケースがある。この場合に株主は発言アプローチと退出アプローチを選択することで、取締役会または株式市場を通じて経営者に規律を正す行動をとらせるのであ

る。

　株主の経営者に対する発言アプローチは取締役会を経由し、民主主義の原理と同じく株式の数によって議決権の有効性が発揮されるという効力を有するものである。株主は企業利益の分配において出資者利益を守るために集まった議決権によって株主総会での発言、あるいは株主の代理人である取締役の選任を通じて経営者を制御するのである。

　株主は一定の議決権付の株式をもっているならば、帳簿を閲覧する権利をもつことができる。それにより、経営者の資産運営への疑問点や不祥事の発覚などが発見できる機会をもつことが可能となる。さらに株主は委任状を取り付ければ、株主総会を通して取締役会の改善への提言や取締役の改選などによって、経営者に対し資産価値を高めるよう、ひいては株主の経済的な利益を損なわないよう発言することもできるのである。

　このような株主による発言アプローチは経営者による株主の利益を損なわない行動を回復させるための機能として、株主の「影響力」と「交渉力」に依存している。つまり株主はどこまで委任状を取り付けることが可能なのか、また取締役会との交渉によりどこまで経営者に影響を与えることができるのかということである。言い換えれば、発言アプローチは株主の「影響力」と「交渉力」が弱い場合、その機能も限定されることになる。

　株主は経営者を制御するために発言アプローチのほかに、退出アプローチという選択肢も有している。退出アプローチとは株主が自己の保有する株式を市場で売却する行動のことをいう。つまり、株主の経営者に対する評価のシグナルは、株式の売却による株価の低下を通じた直接的な株式市場からの意思表明とされるのである。株主の退出アプローチの選択は株式市場を通じて株価の低迷によって企業買収の可能性が高くなるので、経営者への牽制としての資本市場からの制御ともいわれる[7]。

　発言アプローチの機能は、株主の「影響力」と「交渉力」の制約を受けると同様に、退出アプローチは株式の集中度にも影響されることになる。たとえば、株式の集中度が低い水準にある場合、株価に影響を与えるために必要な他の株

主達から同様の行動が起こされることが難しくなるので、退出アプローチによる経営者への制御も果たされなくなる。

②二つのアプローチの機能と制約条件

　コーポレート・ガバナンス制度は経営者への制御の正当性が得られるものであり、具体的にいかなる制約条件にも依拠している。こうした制約条件は株式所有の集中度、株主の性質、株式のもつ投票権の強さなど、つまり企業の所有構造として挙げられる(広田・池尾，1996)。言い換えれば、コーポレート・ガバナンスにおける発言アプローチと退出アプローチの機能は株主による株式の所有目的、所有期間、所有数量などに影響されることになる[8]。

　株主には長期利益を目的とする長期的に株式を所有する株主と、経営に無関心で株価の変動によって利ざやを目的とする短期利益の獲得のために短期的に株式を保有する株主が存在する。前者は、自社のポートフォリオの観点から、一定期間、上場会社の株式を保有し、配当や株価の上昇によってキャピタル・ゲインを獲得する株主である。これに対し、後者は株式市場の株価の変動に敏感に反応し、銘柄の選択を通じ、短期的な株式の売買により利ざやを目的とした株式を保有する株主である。このような株主の内訳をみると、機関投資家や金融機関から法人企業、また一般の個人投資家まで幅広く及んでいる。

　したがって、株式市場において日常的に行われる株式の売却は行動上退出アプローチとして捉えられるが、実際には必ずしもすべて株主の企業経営者への不満としての退出を意味するわけではない。すなわち、株式所有の目的によって、長期的な株価の変動は株主が株式市場の力を通じて企業経営者への不満に意思表明した結果となっている一方、短期的な株価の低下は株主の株式市場による組織の回復メカニズムの機能として捉えるのは不適切であるといえるのである。

　このように、株価の上昇および高配当に関わる企業の資産価値の増加や利益改善の余地があるにもかかわらず、経営者の怠慢に対する発言も有効ではなくなり、経営者への不信感の表れとして、株主は組織の回復のために退出アプロー

チを選択したのである。言い換えれば、それ以上の利益の獲得が期待できるならば、または他のよりよい投資先が発見できないならば、株主は組織の回復のための発言アプローチを選択するのだろう。

株式市場は、一方で一部の株主は退出の意思を表明するとともに、他方で一部の株主は株式を買い集め、最高経営責任者の解雇すら可能とする強力な発言アプローチを行使するという機能をもっている。つまり、株主が退出アプローチを選択したことによる株価の低下は、他の株主に株式を買い集めること(敵対的買収等を含む)によって経営者への発言アプローチを行使する権利を移転することを意味する。これによって、いわゆる「市場力」、つまり市場への株式の売却によって経営者への制御という退出アプローチが機能しはじめることになる[9]。

前述したように、経営者への制御において発言アプローチと退出アプローチは所有構造に大きく依存している。言い換えれば、異なった所有構造のもとでそれぞれに発言アプローチと退出アプローチが選択されることによって、それぞれのアプローチの機能も変わることになる。この点を明らかにすることによって、外部の株式市場の制御と組織内部の制御の本質、ひいてはコーポレート・ガバナンス機能が制約条件に大きくかかるのである。

③経営者行動の影響

このようなアプローチの機能に関わる条件制約は経営者の行動に関連している。以上から「非市場力」による発言アプローチは株主の「影響力」と「交渉力」に、「市場力」による退出アプローチは「株式の分散」によって制約されている。このようなアプローチの機能に関わる条件制約が経営者の行動に関連しているのである。

株式会社制度は所有と経営の分離をもたらし、経営者企業を形成し、企業の最高経営責任者への力の移行を促すものである。この株主と経営者の構図における「所有の分散」という所有構造の変化によって所有者である株主は無力となってしまった(ロー, 訳1996)。その代表としてはアメリカ企業である。

アメリカ企業は所有構造における株式の分散の特徴が大きいといわれる。製品市場の競争に対応する大規模な組織経営の専門家を自負する経営者は、強力な中央集権体制を構成し、投資行動に関わる資産配分と利益の配分においてはできる限り株主からの干渉による影響を弱体化することによって株主との関係を形成してきたと、ローは指摘した(ロー，訳1996)。株主は株式の分散のため、経営者の歪んだ行動に対し、利益を確保する発言アプローチが効かないため、しばしば発言アプローチでなく退出アプローチを選択している。

一方、前述したように、こうした一部の株主の退出は株価の低迷をもたらし、また他の株主による敵対的買収が容易となるので、経営者の権限が縮小され、また解雇すら可能となって、制御が有効に機能している。

これに対し、経営者は権限や地位が剥奪されないように、株主に対して自己防衛措置をとるようになるのである。たとえば、従来の株主による株式所有の方式を集団所有に転じることで、株主の発言効果を低下させる行動などが挙げられ、代表的なものとしては企業のキャッシュフローを有効に活用することによって自社株を購入する、いわゆる「金庫株」によって経営者自身の発言力を強めることである。また敵対的買収者に対しては、経営者はグリーン・メールやポイズン・ピルなどの行動により、テイクオーバーを断念させる行動をしばしばとっている。

他方、日本では戦後改革によって株式の民主化といわれる財閥解体が実施され、この措置によって財閥に集中していた株式は社会的に広く分散された(正村，1985)。しかし、1960年代に入ってから資本自由化が差し迫った課題となり、海外企業による日本企業の買収を阻止するために、株式の相互持合を通じて株式の再集中という変化が起こった(岡崎，1993)。

アメリカ企業の所有構造と比べると、日本企業の株式集中度が高いので、発言アプローチは機能しやすいといえる[10]。しかし、法人企業の株式相互持合の特徴をもっていることによって株主は発言しにくく、また退出しにくくなるという事態が発生していた。

以下で検討するが、現実的には日本の企業経営者同士は、暗黙の了解のうち

に株主の権利を行使することなく経営を行っていた。この意味では株式相互持合は企業の安定株主を確保することによって、市場からの乗っ取りのリスクを解消するとともに企業経営者としての株主が発言と退出の権利を放棄していたことを意味していた。経営者の交代も発言アプローチと退出アプローチによるものでなく、また敵対的な買収によるものでもなく、経営業績の低下によるものである（青木・パトリック，訳1996,p.144）。

これによって、各国企業の株主の制御はアプローチの同質性が認められるにもかかわらず、実際コーポレート・ガバナンス制度においてはそれぞれの国の株式の所有構造によって大きな違いが見受けられる。

④経営者へのインセンティブ

コーポレート・ガバナンス制度においては、経営者の制御手段における株主の権利を反映すると同時に、経営者にはこうした権利を行使するための対価を払う必要がある。つまり資産配分や利益請求に対する発言アプローチと退出アプローチをより効果的に機能させるためには、経営者を一方的に制御するだけではなく、経営者により一層収益の拡大や株主への利益返還を促すような動機付けが必要である。このようにコーポレート・ガバナンス制度は企業組織の資産と利益の配分に対する制御とともに、資産と利益の増加に結び付くインセンティブ制度を包括的に設計する必要がある。言い換えれば、経営者の歪んだ行動を回復するメカニズムは、経営者に資産価値の創造と利益の増加のインセンティブ制度にも大きく依存するといえる。

このような動機付けは、たとえば本給以外にはボーナス、パフォーマンスと連動するストックオプション、制限付株式賞与、ファンドム・ストック制度、株式評価権などがある（ミルグロム・ロバーツ，訳1997,p.475）。報酬による経営者能力への評価は、たとえば市場によって評価される株価が上昇すれば企業の全体価値も増大することをもたらすというプロセスを通じて行われる。株主に委託された取締役会はこのようにして経営者能力を評価し、経営者に株価連動型の契約報酬を与える議決を提出するのである。

しかし、資産所有者である株主と資産利用者である経営者の間には情報の非対称性の存在と契約の不完備によって、企業の資産維持やパフォーマンスの策定が困難な状況をもたらすこともある。取締役会は株主の代理人として存在しており、したがって取締役と経営者が同じ人物である場合にはこの制度の機能の有効性は望めない[11]。この意味で取締役が最高経営責任者という経営陣をモニタリングするためにはどうしても取締役と経営者との分離が必要である。その後、補完的措置として社外取締役制度、監査役制度の設置を制度化することによって、コーポレート・ガバナンス制度が機能し始めることになる。

一般的に、経営者の社会的地位や金銭的報酬は会社の企業価値が高まるのに伴って高くなっていく傾向が認められる。しかし、企業の経営者は金銭的な報酬よりも企業が社会から得られる評判や名誉、そして社会地位など無形の欲求を満たすインセンティブが気になっている。したがって、取締役会が経営者に与える金銭的な報酬は、短期的には経営者能力によって企業利益を生み出すのに有効に働く一方、中・長期的には短期的な報酬より長期間の経営権限および地位を占有する意識が経営者により強く、そしてより魅力的となってくる。

このように経営者への制御メカニズムおよびインセンティブ・メカニズムを内包したコーポレート・ガバナンス制度は、各国の歴史・文化などを反映して国によって異なった仕組みとなっている。日本のコーポレート・ガバナンス制度は、株主に加えてステークホルダーを重視する従業員主権メカニズムを有することで機能していることはこのことを如実に表している（伊丹，2000）。

第2節　日本のコーポレート・ガバナンス制度の特徴

日本のコーポレート・ガバナンス制度は、株主から取締役会を経由した経営者への制御関係でなく、メインバンクをベースとする株式の相互持合と安定株主とによって特徴づけられていた。株主でもあるメインバンクは、融資という

特殊な立場を利用し、債務者と株主の肩書をもって経営者への制御を行っていた。このような仕組みのもとでは、年一回の株主総会は他の零細株主にとっては経営者への質疑、取締役会の改選などの株主の権利を行使する発言の機会というより株式総会は形骸化し、しばしば総会屋が仕切り、このために資本市場における株主の発言する機会を得ることは事実上不可能であった[12]。

（1）株式の相互持合制度

　前述したように、発言アプローチと退出アプローチによる株主の経営者への制御は所有構造と経営者行動に依存している。株式の相互持合は、企業法人が一方の法人企業のAが株主として相手企業Bに対して発言と退出の権利を行使できると同時に、他方では相手の法人企業Bも自分の企業Aの株主として同じ権利を行使できることを意味している。換言すれば、このような仕組みの下では法人企業のAは法人企業Bに発言と退出を選択したくなければ、法人企業Bにも同じように発言と退出されたくないのである。つまり法人企業の株主は互いに発言と退出の権利を放棄することをしていた。

　日本企業の株式相互持合が形成されてきた理由は、1960年代から実施された資本自由化の流れの中で海外の企業買収への対抗措置であった(正村，1985)[13]。戦後日本の経済改革の一環であった財閥解体によって株式の分散化が進んだが、企業の株式持合制度は財閥と異なった意味での企業資本関係の再集結でもあった。このような株式相互持合は企業間の安定株主関係の確立をもたらし、株式市場からの圧力を軽減することができただけでなく、株主の意見より従業員の意思を尊重するというステークホルダー型のコーポレート・ガバナンス制度の形成をも意味しているのである。このような仕組みのもとでは零細株主だけでなく大株主でさえも企業の利益への請求権が遮断されていたのである。

　株主の発言アプローチと退出アプローチの放棄に伴って、取締役と経営者の選任、解任とモニタリングはすべて企業の最高経営責任者に任せられることになっていた。つまり経営者の任免、経営者の行動をモニタリングするコーポレート・ガバナンス制度は企業組織内部では取締役が経営者をチェックするメカ

ニズムを欠き、経営者のみの自律性を保証するメカニズムとして機能していたのである。この意味で日本企業は最も「経営者企業」であるといえる。これを可能としたのは、いうまでもなく、企業の経営と所有とが分離こそしていたが、実際的には株式会社制度の仕組みの下で株式相互持合と安定株主との所有構造によるからである。

　商法に基づく株主総会において、株主は取締役の任免及び監査役の選任を通じ、間接的に経営者をモニタリングしている。この仕組みによれば、株主は経営者の背任行為あるいは株主の利益に反する行動を行った場合に、取締役会を経由して経営者を解任する権利を有する発言を意味している。仮に取締役会が株主の意に沿わない場合には株主は一定の議決権を集めれば取締役の解任を通じて自分の意思を貫く発言もできるのである。したがって、株式会社制度に基づくコーポレート・ガバナンス制度は株主、取締役会、経営者の間のそれぞれの権力関係を明白に規定しているのである。

　しかし、日本では企業の株式相互持合によって、経営者や取締役会の選任、解任の権利はすべて最高権力者の意図に依存することとなり、また実施もされた。そして代表取締役が最高経営責任者である社長を兼任することになる[14]。このように日本のコーポレート・ガバナンス制度は、企業間の株式相互持合によって取締役および経営者などによって構成された「経営陣」の任免すべてが、企業最高権力者である会長か、あるいは社長かに委譲されていたので、株主から経営者に対する発言アプローチは事実上働かない仕組みであった。それに加え、株式の集中度が高いにもかかわらず、株式の相互持合制度の存在により退出アプローチも機能しなくなったのである。

　こうした所有構造によって形成されたコーポレート・ガバナンス制度では、経営者は企業の利益配分の権限を自由に行使できた。さらに企業の最高経営責任者が代表取締役によって兼任されていただけでなく、他の取締役を任命する権限をも有していたので、株主、資本市場から参入する株主だけでなく、特に法人企業の株主の意見を無視するのが可能となり、事実上そうなっていた。

（2）メインバンクの役割[15]

　日本の企業経営者は株式相互持合によって株主がもつ二つの権利行使を放棄していたのにもかかわらず、メインバンクからのモニタリングを受けていた。それは、メインバンクは株主と債権者との二重の権限をもっていたためである。つまり、伊丹（2000）が指摘したように、メインバンクはコア資本・企業の出資者であるとともに、成長資本・企業の運転資金の提供を通じて企業の資金調達を全面的にバックアップする機能をもっており、メインバンクはこの機能を通して経営陣をモニタリングする役割も果たしていたのである。

　70年代までの多くの日本企業は資金の調達を株式市場および債券市場に依存するよりも資金調達はメインバンクに依存する傾向が強かった[16]。また、企業の株式および債券を発行する場合においても、メインバンクの要請によってメインバンクの子会社である証券会社に委託することも多かった。メインバンクは企業の資金繰り、収支状況など詳しい経営情報を把握できるので、株式・債券発行および資金の貸付に付随するリスクを軽減することもできたのである。

　メインバンクは、株式の発行によって手数料を獲得できただけではなく、短期資金の貸出によって一般の証券会社よりも有利な立場、すなわち債権者と株主という二重の地位にたつことができたのである。金融機関の企業の株式所有が独占禁止法によって5％以内に制限されていたにもかかわらず、このような二重の地位を有効に活用することによってメインバンクは他の株主よりモニタリングのコストを効率性の観点からみて、より合理的に低下させることができたのである（青木・パトリック編，訳1996）[17]。

　メインバンクは企業の設備投資の相談をも受けているので、企業の経営状況を十分に把握している。したがって、メインバンクは債権者の立場で、経営者の投資計画と資金運営をチェックできるとともに、株主として経営者の株主利益を損なう行動を制御する立場にもたっている。このようにメインバンクは企業への強い「影響力」と「交渉力」をもつことによって、発言アプローチによ

る経営者への制御が可能となったのである。
　一方、債権者と株主の二重の地位にあるメインバンクは、債権を回収するとともに企業が発行した新株の割り当て(額面)と株式(時価ではなく、額面の一定の比率)の配当をも受け取り、他の株主と同じようにこれ以上の利益の請求権をも行使しないことを選択する。メインバンクは日本経済の高度成長に伴って、このような安定的な配当を受け取るのと同時に、法人企業の株主同士にとっては利益が成長すればするほどより多くの内部留保を確保するメリットもできたのである。
　日本企業は設備投資などの資金をメインバンクから調達するので、計画の実行の可否は銀行の信用調査能力に大きく依存している。この意味で企業の投資計画が一旦承認され、実行する段階で何らかの問題が表面化した際には、メインバンクが投資事業に責任を担うことになる(青木・パトリック編、訳1996)。当然、計画の実行の過程で企業は常にメインバンクから資金運用のチェックを受けている。一方、メインバンクは債権者の立場から長期にわたってコミットメントをすれば、コミットメントの程度に応じて企業に対して大きなリスクを負うことになる。たとえばその企業は他の銀行から借金をすれば、メインバンクの存在で融資しやすくなり、また経営不況に陥った場合にメインバンクをはじめ、他の銀行の債権放棄を要請する責任をとることになる。
　この意味で株式の相互持合の所有構造のもとでの株主は制御問題において債権者であり、また株主でもあるメインバンクに依存している。株主と債権者として二重の権限を有するメインバンクは事実上株主にかわり企業への制御の役割をも果たしていた。こうしたメインバンクから企業経営への制御は、「事前、中間、事後の三段階」で行われている(青木・パトリック編，訳1996)。しかし「メインバンクはことに最後の貸し手、つまり事後モニタリングを中心とした役割を果たしており、具体的には起債を除いて、財務状況が悪化しない場合は事前、中間のモニタリングをするより、事後モニタリングを救済として、企業にコミットメントをする」と、青木は論じている(青木・パトリック編，訳1996)。
　このように「メインバンクは事前と中間のモニタリングによる経営者の企業

経営への口出しをしないかわりに、いざというときに事業再生、倒産、経営者の解任など事後の強力な発言力をもっている」と、シェアードが論じた(青木・パトリック編,訳1996)。このような企業の経営状況の変化に対するメインバンクの制御は「状況依存型ガバナンス構造」[18](青木・パトリック編,訳1996,p.147)の下で機能しており、また制度上日本企業の経営陣に経営規律を守らせるための発言アプローチでもある。

メインバンクは企業に対する最後の救済役の責任を負っているので、取締役でもある経営者の任免に対する発言権を有している。当然に正常の財務状況において債権者と株主とを兼任しているメインバンクはモニタリングおよび選任の権利を経営陣に委託する形式となっている。企業の財務状況が極度に悪化した際には、経営者を罷免することもできる。

(3)日本企業経営陣の選任

日本では企業の取締役が経営者によって兼任されているので、制度上取締役会と経営者組織が、同一人物によって構成されている。多くの場合、経営者や取締役の選任においてメインバンクを敬遠する最高経営責任者としての社長は財務状況を悪化させないように努力し、自分の意思を貫く行動に従うことをとる。こうした経営者の選任に関する社長の発言力は、同族企業や世襲企業、創業者オーナー企業や一般従業員からの内部昇進の企業においていずれも同じである。

たとえば、日本企業の経営陣の選任について最も権利をもっているのは誰かという調査がある(ゼミナール,1990,p.170)。この調査によると、「次の社長は誰が決めるか?」という質問に答えた759社の中で、69.6％の社長は「自分が決める」と答えた。「取締役会が決める」と答えたのは7.8％であり、「株主と銀行など債権者が決める」と答えたのはそれぞれわずか3.7％、1.1％であった。「親会社による」と答えたのは11.9％を占めていた。一方、4.4％の社長人事を決めたのは会長・ＯＢによることがわかった。

こうした調査は、日本のコーポレート・ガバナンス制度上の取締役会が企業

経営者への任命に発言力をもっていないことを裏付けている。さらにほとんどの取締役も企業経営の一部門の長を担っているフルタイムの常勤者であり、監査役への任命も社長の意思によって行われている。したがって、「株主はサイレント化されていると同時に、株主総会も形骸化」することも可能となっている(伊丹, 2002)。

株式相互持合および安定株主の構造の下で、社長を中心とする日本企業の経営者、取締役の選任は株主の意見とは無関係であった。このように株式市場からの圧力が遮断されたとともに、退出アプローチをもつ株主が無力になった事実は少なくとも20世紀末まで続いてきていた[19]。

この日本のコーポレート・ガバナンス制度が実際にはどのような主体が経営陣を制御するかについて以下で検討する。

第3節　日本のコーポレート・ガバナンス制度の機能

これまで論じたように、所有と経営の分離は1920年代アメリカで注目されたのである。一方、現在、「日本は先進国の中でも大企業における所有と経営の分離が最も進んだ国となっている」(小宮, 1989, p.63)。日本のコーポレート・ガバナンス制度のもとで、戦略策定を中心とする企業者用役および組織の効率性を維持するための制度デザインの経営者用役は、多くの場合同一人物として組織内部に基づいて育成され、企業成長を実現するために戦略、事業、技術などさまざまの分野において、決定的な役割を果たしている。

(1) 従業員主権の制御の真実

株式会社の本来のあり方からすれば、コーポレート・ガバナンス制度は株主利益の保護のために、経営者を規律付ける仕組みである。企業に資本を投下した株主の関心は多くの企業利益を創出することによってより多くの配当をもらうか、あるいは株価の上昇に向けられている。この意味で、経営者は企業利益

の配分および企業資産の処分において株主の利益を損なわなくても常に株主からの制御を受けるべきである。

しかし、日本企業の株式相互持合および安定株主によるコーポレート・ガバナンスは、制度上経営者に対する株主の発言および退出という制御が遮断されている一方、経営者は競争市場への対応とメインバンクからの資金調達ができれば、事実上「独裁者」として存在することができたのである。このことは企業成長を実現することが経営者にとっていかに重要かを示唆しており、したがって製品市場での競争を経由し、企業成長による利益の上昇は、企業の将来の収益への評価としての株価にも連動し、経営者への圧力となっている。

このように企業は製品市場における他の企業との競争に勝ち抜けなければ、利益が低下し、その結果持続的な企業成長を維持できなくなるのである。したがって、製品市場の競争は「経営陣」への規律付けのメカニズムとして作用したことを意味する[20](堀内・花崎, 2000)。

ここで、実際の製品市場の競争からの制御は従業員主権による経営陣への制御という「人本主義」という日本企業組織のもう一つの特徴と表裏一体の関係にあるともいえる(伊丹, 2000)。つまり、企業は長期的に成長を実現するために製品市場の競争に勝ち抜きによって従業員を主体とした「人本主義」の組織構造が成り立つことになる。

「人本主義」という日本企業の特徴は、企業組織内部での人的資源の養成および人的資源から用役を創出するための柔軟な組織編成と組織行動によって、持続的な成長を目指すことでもある。つまり企業の特徴は株主の間接的な制御と異なって、企業成長を通じて企業の生産活動に参加した従業員雇用保障とする経営者への制御という従業員主権論である。従業員主権型の日本企業は組織編成と組織利益の配分において「ヒトの結合体としてのメインに置きながらもカネの原理をサブに使うことである」にある(伊丹, 2002, p.130)。この意味で、株主利益を中心とする株主主権型と異なって日本企業は従業員主権のメカニズムとして機能している[21]。

企業の最高経営責任者である社長を選抜するデータによればわかるように、

現在の取締役や社長などの経営陣がほとんど前社長あるいは会長の意思に基づいて選任された。一方代表取締役、社長などの「経営陣」はほぼ内部従業員から昇進してきたことは重要である。つまり従業員から取締役までの内部昇進は「取締役会の従業員化」(伊丹，2002，p.135)と呼ばれる。したがって、内部昇進は経営者の従業員の性格を強めるので、長期雇用慣行を維持するという考え方のもとに、歴代の経営者が暗黙の了解として守ってきたといえる。結果的には長期雇用の保障は制度として機能していたというよりは、一種の慣行として維持されてきたのである。

このような雇用慣行は持続的な企業成長を実現しなければ維持できない。このことは、競争市場において企業成長と雇用保障とは表裏一体の関係となっており、経営者への規律付けはオーソドックスな株式会社のような明白な権限としてではなく、戦後形成された日本における社会文化環境に相応しい暗黙の慣習として定着したものである。つまり経営者が従業員の大量解雇によって受ける道義的責任や、また、会社が受ける社会的なダメージは長期的な株価下落よりもはるかに重いものである[22]。

第6章で検討するが、経営者は直接に従業員解雇という数量調整を極力避けて、自然減、残業やボーナスなどの削減を通じて雇用調整を行っている。企業の業績が悪化した場合に、倒産の危機に直面した場合においてのみ、従業員の解雇が認められる。したがって、ある種の従業員の仕事を守らなければならないという緊張こそが経営者の最も大きな規律付けとなっているのである。

このような慣行の下でも、経営者は従業員の仕事を保障するためにきっちりとした管理会計制度の確立や従業員の技能形成などさまざまな仕組みを工夫し、持続的な成長を実現するために最大限の努力を払い、必要とされる長期投資の制度を創立して経営者用役を提供しているのである。同様に、経営者は株主からの発言アプローチと退出アプローチが事実上遮断されているので、経営者は組織内部の生産者用役の利用、発見、創出は、持続的な成長を通じて組織規模の拡大の追求という形をとることになる。

この意味で、製品市場での競争に敗退し、組織維持および拡大が不可能となっ

た場合には、企業は市場から退場せざるをえず、このような危険的な状況が訪れることを極力避けねばならない動機付けが経営者への制御機能として働いているのである。また、日本企業は欧米企業と異なって、企業成長による組織規模の拡大は従業員に対する金銭的報酬と充実した定年退職金などの経済的利益を与え、また定年退職という名誉を付与するというインセンティブが制度として整備されているのである。

(2) 製品市場からの制御

　日本のコーポレート・ガバナンスは所有関係による株主から経営者への制御でなく、製品市場の競争を通じ内部昇進や長期雇用の慣行の確保によって経営者への規律付けが機能している。このような制御は製品市場の競争によって企業成長のもとで実現するわけである。つまりこれまで論じてきたように、日本のコーポレート・ガバナンスは製品市場の競争を勝ち抜けるために長期的成長戦略を優先するものであった。その結果として、従業員の雇用保障にもつながっている。

　企業成長は資本および労働(人的資本)の投入を通じて実現する。経営者は持続的成長を実現するために、持続的に資本と労働を効率的に提供する内部制度の構築を通じて競争力の形成のために用役の利用、発見と創出に重要な役割を果たすのである。とりわけ人的資本の投入は同質性の資本(マネー)の投入と異なって人的資本の可変性を利用し、生産者用役の発見と創出によって企業成長に貢献するのである。この論点は第6章において技能形成の観点から改めて論じるが、以下では製品市場の競争を参入し、経営者がいかにして企業成長の収益構造を構築するかを検討することにする。

①企業の拡大均衡

　1960年代の高度成長期から企業は外的誘引としての成長市場においてより多くの製品シェアを獲得するために大規模な設備投資を行ってきた。経営者にとって市場競争に生き残るためにいかにしてシェア拡大という至上命題を実現

するかが重要なテーマであった。1970年代から90年代にかけて、製造業だけでなく、非製造業企業においても経営者は売上高の成長を第一の課題として挙げ、設備投資を通じて製品シェアの上昇を追求してきたといえる。このような試みは、効率的な組織をデザインすることおよび従業員の技能形成を図ることと同時進行の形で実施されたのである。

製品シェアと利益に関する均衡は拡大均衡または縮小均衡の二つの方法によって達成できる。拡大均衡には内的成長と外的成長を含み、技術革新に必要な設備投資の増加による生産規模の拡大かまたは従業員規模を増加させて生産規模を拡大させるという選択肢がある。縮小均衡は資本ストックの調整を中心に、生産規模や人員規模などのリストラやダウンサイジングなどを通じて組織の再構成を行い、費用削減を通じて収益の増加を実現して企業を存続させることである。このような方法は不況や産業構造が変化する時期によくとられる企業行動である。日本の経営者は雇用維持の観点から、市場と技術などが不安定の状況におかれても成長と均衡を維持する課題に迫られる。

第一次石油危機以降に、重厚長大型産業において実施された減量経営のケースを除いて、電機・自動車産業を代表とする加工組立型産業では、企業の経営陣はこれまでの拡大均衡を選択している。国内で好景気の場合に経営者は設備投資を拡大し、製品シェアの拡大と利益の獲得を両立させた一方、いざというときには資本ストック調整を行って対応し、リストラなどの縮小均衡を極力避けていた。経営者は生産規模の縮小でなく、設備稼働率の低下による国内市場での製品シェアの維持と利益の減少、または海外市場への輸出の拡大によって均衡を実現する方途を選択した。ただし、80年代には日米間に深刻な貿易摩擦を引き起こすこととなった[23]。このような国内市場における経営者の拡大均衡を指向する行動は非製造業でもしばしば見られた。

以上のような現象は**図表４－１**をみれば、確認できる。**図表４－１**は景気変動に伴って、製造業企業の生産能力と稼働率の変化を表すものである。この図表によれば、80年代および90年代には３回の不況に対応し、生産能力は一貫して上昇していた一方、稼働率は不況と連動した傾向が強いと観察できる。

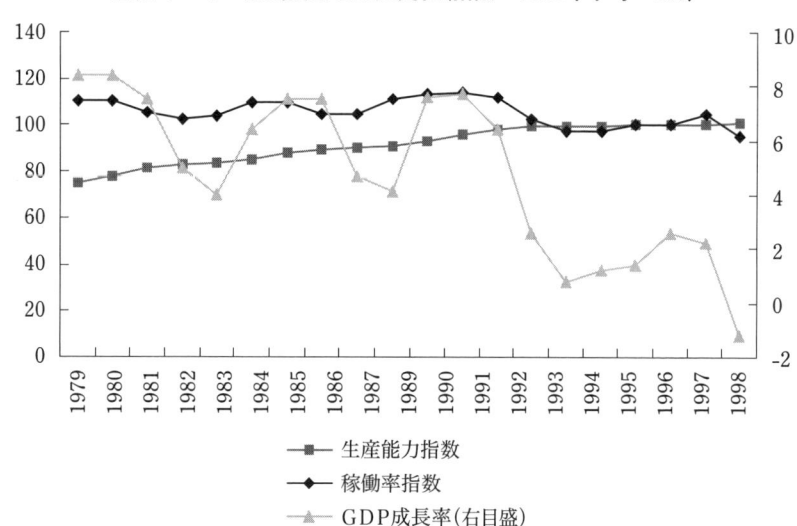

図表4－1　景気変動と生産変化(指数：1995年平均＝100)

年度	製造業 生産能力指数	1995=100 稼働率指数	名目GDP
1979	75.1	110.3	8.4
1980	77.9	110.4	8.4
1981	81.3	105.4	7.5
1982	83.1	102.2	5.0
1983	84.0	103.6	4.0
1984	85.4	109.6	6.4
1985	87.9	109.8	7.5
1986	89.7	104.8	7.5
1987	90.2	104.9	4.7
1988	91.1	110.9	4.1
1989	93.1	113.1	7.6
1990	95.8	114.3	7.7
1991	98.5	111.9	6.4
1992	99.6	102.7	2.6
1993	99.7	97.7	0.8
1994	99.8	97.3	1.2
1995	100.0	100.0	1.4
1996	100.1	100.1	2.6
1997	100.1	104.3	2.2
1998	100.9	95.6	-1.2

資料出所：ＧＤＰは2005年度経済財政白書による
　　　　　生産能力指数および稼働率指数は東洋経済年鑑による

経営者は長期的な成長を念頭においで多くの場合に先任者が設定した成長戦略を忠実に実行するために、不況が長期化しないという予想の下で、製品シェアの維持と減益との均衡構造を維持するために、外需に依存していた。経営者は早期景気回復を期待して既存の設備規模を調整するのではなく、製品シェアの成長に備えて短期的には外需に依存し利益の確保を通じて長期的な利益を獲得するという組織構図を維持する能力が要求され、またこのような対応が評価された。このような雇用維持の至上命題のもとでの成長構図は組織規模の維持に貢献することとなる。

　他方、経営者はこれまで製品市場における成長、つまり製品シェアの拡大による企業基盤を築いてきたために、組織の内部資源に依存し長期収益を獲得する技術改良、開発による低価格、高性能の製品を商品化することに、いわゆる内的成長に特化してきた。経営者は株主からの圧力が遮断されていたので、好景気、不景気にかかわらず短期的な収益性を示す資本収益率、あるいは設備投資効率に関心を払うことはまれであった。

　この意味で経営者は製品市場シェアを獲得するために、設備投資と同時に内部生産者資源からの用役の利用に依存して生産供給能力の拡大に専念することが可能となっていた。経営者は短期的な利益でなく、長期的な利益(低くても)を従業員利益を中心とする企業組織全体の利益に見なして企業組織の保全に専念した。

　1970年代から80年代にかけて、一定の利益率の下での規模と設備投資の増加を通じ、製品シェア拡大による成長と収益の均衡構造を維持する日本企業の経営行動と対照的に、米・英の企業の経営行動が批判されていた。つまり株主から配当と株価による圧力という株主主権型資本主義によって米・英企業は日本企業のように長期投資ができない近視眼的な経営を行った結果、衰退の経路に入っていたからである。

②**企業金融の構造**

　企業成長は拡大均衡によって実現されていたが、こうした均衡を維持するた

めの成長資金の調達は設備投資の企業金融の構造に大きく依存している。一般的に企業金融の形態(投資のための資金調達ルート)は利益による内部留保とともに直接金融あるいは間接金融という三つのルートによって行われる。前述したように外的誘引と内的障害によって、ほとんどの日本企業は60年代以降、完全に金融が自由化される80年代半ばまで、メインバンク制度に依存した間接金融を中心に資金を調達し、それに加えて内部留保によって投資を行っていた。

日本企業が間接金融に依存した理由は、制度的に直接金融市場の未整備だけでなく、より重要なのが日本の間接金融方式は企業が銀行からの借り替えに対応するために直接金融と同じように安定した資金調達方式であった。平尾は「日本金融制度の特徴は、間接金融をベースして、直接金融制度が間接金融制度の上に乗っかって機能する」と指摘している[24]。すなわち、企業の資金調達のルートはメインバンクの強い意向に依存しながら、銀行からの資金を借り入れるか、または資本市場から調達するかが決められていたのである。しかし、過度に間接金融方式に依存すると「外部資金の依存度が高い借金体制が投資の損益の分

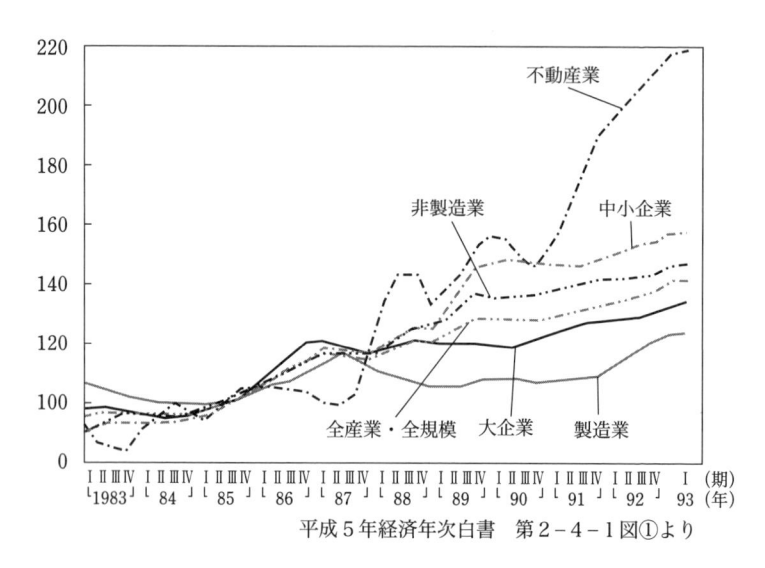

図表4-2 有利子負債対売上高の推移

平成5年経済年次白書 第2-4-1図①より

岐点を押し上げ、高い操業度とコストぎりぎりの製品シェアの成長を強制する」（米倉,1999,p.195）という反面の問題点を指摘できる。

　株式相互持合の企業統治制度における経営者は株主利益を軽視できるというメリットを享受する一方、債権者の銀行から借金による金利負担が重くなるという企業の金融構造的なデメリットにも直面していたのである。銀行からの借金を中心とする企業金融の構造を維持するために、企業の経営者は製品シェアの拡大の必要性に絶えず迫られていた。たとえば、**図表４－２**を見ればわかるように、80年代以降90年代まですべての企業の有利子負債対売上高は一貫して上昇している。すなわち企業の金融構造のもとで、売上高の変化に伴って有利子負債が企業にとって大きな負担になることが裏づけられている。

③研究開発への投入

　企業成長は生産者用役の創出による競争力の上昇に依存するとともに、製品技術開発に大量の資金と人材を投入しないと実現できない。80年代の市場変化に伴って多くの企業は大量の研究開発資金と人材を注ぎ込んだ。

　日本における研究開発の人数は、第一次石油危機後の1975年までは10年前の三倍に増加して、14万3634人になっていた。こうした研究者はその後の5年間では（1979年まで）7％の微増となり、更に1983年まででは25％増加し、1989年では50万人になっていた。応用研究開発を中心とする研究開発の支出費用は（GNPに占める割合）1972年の2％から1979年の2.1％、1985年の2.8％、1989年の2.9％と増加してきた（Westney,訳1996,p.184）。

　日本の企業はオリジナル商品と独自の技術による開発ではなく、模倣技術による改良や製品の性能と品質の改善が主流となり、このような方法でシェアを拡大してきた企業成長が批判されたことがある。つまり企業は基礎研究への関心に乏しく他企業の研究開発を模倣し、結果的に'ただ乗り'であった行動が批判されたのである。こうした批判はＧＤＰに占める基礎研究の割合が少なかったという特徴からも行われていた。しかしＧＤＰが成長するにつれて基礎研究への支出の絶対値および研究者数が増加していたことを考慮すると、必ず

しも'ただ乗り'といえないであろう。企業の特許の出願件数も顕著に増加している[25]。

　戦後日本の企業成長は、国家のキャッチアップ戦略と同じように、欧米企業へ追いつくために、応用・開発技術の得意分野に特化し、製品シェア拡大による利益の獲得に成功したといえる。言い換えれば、90年代初期までは完成の域に達していた製品技術・生産技術が企業の成長戦略の実現をバックアップしていた。製品技術の改良・開発また技術改良と開発を支える生産工程技術の組織構造と整合性を持ちつつ、80年代までは日本経済の良好なパフォーマンスをもたらしたのであるが、90年代以降になると企業の製品技術・生産技術は成長の実現をバックアップしきれなくなってきた。

　以上のように、日本のコーポレート・ガバナンス制度は発言アプローチと退出アプローチに関する株主の圧力を軽減できた一方、製品市場の競争によって従業員主権型が機能していた。1990年代以降、かつてのような右肩上がりの企業成長ではなく長期的に停滞経路に陥っている。問題はなぜ日本のコーポレート・ガバナンス制度の下で、高い企業パフォーマンスをもたらしたかということである。逆に言えば、90年代以降日本企業パフォーマンスの低下はコーポレート・ガバナンス制度の観点からみてどのようなつながりがあるのか、これからいかなるコーポレート・ガバナンス制度が必要かという課題に日本企業は直面し始めたといえる。

　このような課題を解明する前にこれまで生産者用役の発見と創出において経営者用役はいかなる制度創出を通じて企業成長に貢献したかを次章で検討する。

注

1）株主は一般的に企業の経営管理に対する興味より、投入した株価に対する利益率への関心が大きいと理解される。しかし家族経営などにおいては、必ずしもそうではない。したがって、株主を同一視することはできない。また経営者は

自分の権限や地位、または報酬に関する関心が強いと思われる。
2) 最初に企業の経営と所有の分離を認識したのは、アメリカコロンビア大学のバーリー=ミーンズである(モンクス・ミノウ,訳1999,p.96)。
3) 「経営者企業」形成のプロセスおよびその理由はチャンドラー(訳1979)を参照されたい。
4) こうした企業システムには企業内部組織、企業間取引関係、企業と政府との関係、企業資金調達の銀行との関係を含んでいる(鶴田, 1999)。
5) 株主の権利について、次の5つがあげられる。つまり1．株式を売却する権利、2．委任投票する権利、3．企業の役員または経営陣が義務を遂行することを怠った場合損害賠償訴訟を提起する権利、4．会社から特定の情報を入手する権利、5．会社の清算(または破産法のもとでの会社更生申請)後債権者およびその他の権利要求者への支払いが完了した時点で発生する残余請求権である(モンクス・ミノウ,訳1999,p.98)。
6) 翻訳者は最初に「告発」と訳し、実際により中性的な言葉「発言」で表現すれば、妥当だと指摘した(ハーシュマン,訳1975,p.23)。
7) 退出アプローチは発言アプローチと比べ面倒な交渉のプロセスを省くことができるので、費用もかからず、また容易に行うことができるとハーシュマン(1975)は指摘した。一方、株式市場の発達により、株主の「市場力」を通じた回復への期待を放棄し、退出アプローチの選択が多用される。
8) 株式所有の集中度、株主の性質、株式のもつ投票権の強さなどは所有者構造の問題として取り上げられて、アメリカでは多くの実証研究がある(広田・池尾,1996,p57)。
9) この意味で組織の回復メカニズムは「発言アプローチは退出アプローチの代用としてではなく、その補足として機能」(ハーシュマン,訳1975,p.40)することによって有効になる。
10) 日本企業とアメリカ企業の所有構造の詳細はロー(訳1996)、伊藤(1996)を参照されたい。
11) 外部の大株主の株式保有割合が多い企業ほど、株式価値に連動した報酬契約部分

はあまり使われていない。また経営者への報酬契約のガバナンス効果は経営者の株式割合と逆の相関関係をもっていることが実証されている(小佐野, 2001)。

12) 情報の非対称性によって、多くの場合株主は企業経営の実態がわからない状態にある。これによって経営陣の不祥事に対し、一部の株主は非正当な手段で内部情報を入手し、経営陣を脅かして、不当な利益を獲得する。これがいわゆる総会屋問題である。

13) 正村(1985)は戦後日本財閥解体による経済の民主主義は後の日本企業の制度形成に大きな役割を果たしたと論じた。

14) こうした取締役会の責任者と最高経営責任者の分離はコーポレート・ガバナンスの改革としてアメリカで提起されたが、実際にはアメリカ企業において8割は最高経営責任者が取締役会長を兼任しており、残りの2割は独立した取締役会長の役職自体が実質的に存在していないという結果となっている(ロー,訳1996,p.286)。

15) 戦後日本経済の発展にメインバンクが企業設備投資資金や運転資金、さらに救済資金において、さまざまな役割を果たしている。こうしたメインバンクのメカニズム、形成の歴史背景などの詳細は青木・パトリック編(訳1996)を参照されたい。

16) 負債の役割の詳細は広田・池尾(1996,pp60-63)を参照されたい。

17) メインバンクのモニタリング段階論とコスト論について青木・パトリック編(訳1996)を参照されたい。

18) このような「状況依存型」は経営状況の変化の依存を意味する。

19) 日本企業のコーポレート・ガバナンスの構造および国際比較の観点からの研究は深尾(1997)を参照されたい。

20) 堀内・花崎(2000)は、日本企業はメインバンクによる制御より、激しい製品市場の競争から制御を受けていると論じている。

21) 組織内部での従業員から経営者への制御は経営者の選出およびチェックのメカニズムにおいて制度的に用意されていないので、実際に機能していないといえる(伊丹,2002,p.143)。つまり「株主と従業員の未分離」、「株主の分散」、「サイ

レント化」、「取締役会の内部化」のもとでの制度上の欠陥は今日従業員主権型の日本コーポレート・ガバナンスの大きな問題ともなっている。
22) 山一證券倒産の時、社長が記者会見で号泣したシーンは日本しか見られないものではないかと思っている。倒産の要因を別として、社長自身が会社倒産を社員雇用への背信行為として捉えるのは衝撃的である。
23) 国内不景気のたびに海外への輸出を拡大する手法は70年代以降今日まで使われている。こうした数字も毎年の経営白書から読み取れる。
24) 多くの教科書では、日本金融制度は直接金融と間接金融の制度の存在が企業融資に影響を与えたという解釈が多いようである。つまり企業の融資は銀行かあるいは債権・株式市場という制度が存在したかどうかにかかわっている。しかし、平尾は、実際に、日本企業の融資は直接金融、間接金融という制度が存在したかどうかということではなく、メインバンクという間接金融制度に乗っかっている直接金融制度のもとで、メインバンクの意向に依存するしかできなかったと主張している。それは証券会社の歴史からはいかに銀行に付属し、成長してきたかによって解釈できる。この解釈によれば、企業の融資行動は市場での資金需給関係の変化によって、銀行離れという通説と違う観点を提供している。すなわち、企業の融資行動は常にメインバンクの意向を強く受け、限られた選択肢しかもっていない。なおこの見解は平尾の講義を受けて筆者が個人的に解釈したものである。
25) 日本企業の特許出願許可率は(1983年-1987年)0.168となっている。同期間におけるアメリカ、西ドイツ、イギリスの企業はそれぞれ0.594、0.586、0.872になっている(Westney,訳1996,p.189)。許可率はそんなに高くなかった。

第5章　経営者用役と企業成長

　異なった企業家気質による企業戦略は企業組織と資源への異なった認識をもたらしている。一方資源と組織への見方が異なったとしても、企業成長および利益の獲得という企業の目的は変わらない。つまり、戦略が異なったにもかかわらず、生産者資源の用役の利用、資源未使用の用役の発見と創出のための「調整とインセンティブ」の制度構築の課題はすべての企業に共通である。さらに付言すれば、株主主権型「資本主義」企業にしても、従業員主権型「人本主義」企業にしても、異なるアプローチによって制御を受けている経営者は、企業成長の課題を変えるわけではない。

　第4章では企業者用役と経営者用役の形成に関する制度条件を論じた。本章では経営者用役を企業競争力に結び付けるために企業成長の実現の必要条件である内的誘引の形成について検討する。つまり経営者用役は生産者用役の発見、利用、形成における効率的な組織制度を構築する役割を有しており、この論点を検討する。また次章では経営者用役はいかに生産者用役の発見、利用、形成をするかについて技能形成の観点から雇用制度などを論じる。

　現実に企業組織制度のデザインは、経営者用役に限ることなく企業者用役における戦略策定の一環としたものでもある。本章でこれまでの概念に基づいて企業者用役は戦略策定を中心としたものであり、経営者用役は戦略の執行役として組織構築および生産者用役の形成などに重要な役割を果たすことを分析する。

　第1節では企業組織の制度構築の特徴を検討する。つまり経営者用役はどのように組織内部の情報の収集、伝達のシステムを企業組織内部で制度化し、効率性を実現するかという役割について論じる。第2節では経営者用役は効率的な組織の構築に向けて、企業組織形態を変化させる歴史について検討する。

第1節　企業組織の課題[1]

　企業成長は企業組織の中で、生産者資源でなく生産者用役の利用によって実現したわけである。一方、生産者資源だけでなく、生産設備や金銭的資本の投入も不可欠となっている。たとえば、現代組織論の創始者であるバーナードは、協働の観点から企業組織は二人以上またはそれ以上の個人の行為が共同的である場合、すなわち体系的に調整される場合には、組織を構成すると指定した（バーナード,訳1968,p.114）。他方、資金ベースの観点から企業組織は株主、債権者などが資金を提供する資金集合体にみなしている（伊丹,2001）。

　こうした定義にしたがえば、経営者は戦略執行役としてどのように効率的な組織内部を構築するか、またどこまで資源を利用し組織の効率性を実現するかという役割を果たすことに関わる。つまり前者は資源を制度化する課題であり、後者は組織形態および組織規模に関わる課題である。

（1）組織効率性の課題

　企業組織は相互により多くの財やサービスが提供できるようにするために生産活動を分業化し、さらにそれぞれの生産活動に必要な生産者資源を組織化する制度構造である。経済学的組織理論には、「最も基本的な分析単位はある人から他の個人への財・サービスの移転する取引(transaction)であり、分析の重要の焦点は取引を行う個人の行動であり、企業組織の役割は個々人の行動をコーディネートし、計画に即した行動を動機付けることである」（ミルグロム・ロバーツ,訳1997,p.53）、と指摘された。

　財・サービスの取引は人々の交渉、つまり取引交渉、履行、強制などを通じて実現する。すなわち取引の実現は、状況を監視しながら取引交渉から契約までの調整費用、および取引実行の過程の中で人々に契約を守らせるための動機付け費用が必要である。このような調整費用と動機付け費用の合計は取引費用と呼ぶ。

　取引の構造、あるいは取引場所が市場および組織にもある。企業組織は人々

の取引を実現する仕組みとして、「調整とインセンティブ制度」を通じて取引費用をもっとも節約するとデザインされる。すなわち企業組織内部での取引費用は市場での取引より小さいといえる。逆に、組織での取引費用は市場より高くなれば、市場での取引を選択するであろう。

一方、異なった「調整とインセンティブ制度」の組織形態は、取引費用の変化をもたらしている。次節での組織形態の変化をみればわかるように、財・サービスなどの資源の取引によって利益を獲得するのは組織の拡大および組織形態の変化を通じて実現する。企業組織は事業規模の拡大による「規模の経済性」およびある製品が異なる分野にそれぞれに使用される部品を共通化すること、つまり「範囲の経済性」を享受できる。しかし、企業組織は無限に拡大するわけではない。組織の拡大につれて組織ロスが発生することによって取引費用を増やし、組織の効率性が損なわれるからである。

効率性に関して経済学ではパレート効率性という概念がしばしば使われる。パレート効率性は資源配分の際に、ある人の経済状況を改善しようとするならば、他の誰かの経済状況を悪化せざるを得ないような状況というパレート最適あるいはパレート効率的配分とも言われる。

以下では、効率性は企業組織にとって何を意味するかを検討する。

(2)組織効率性の含意

パレート効率性の概念は資源配分に応用できる一方、企業組織の分析には厳しい要求を伴うという指摘がある。たとえば、ミルグロム・ロバーズは次のように指摘した。「ある組織が非効率的であるというためには、あらゆる考えられる状況において最も効率のよい別の組織が存在しなければならない。したがってもっと効率のよい組織が他になければ、効率性テストに簡単にパスすることになるので、効率性という概念は弱いものになってしまう」(ミルグロム・ロバーツ,訳1997,p.26)。このように現実に同一産業においても異なる組織形態が存在しているので、パレート効率性の概念による組織の効率性への説明はかなり弱くなっている。

この意味で、組織の効率性への関心はそれぞれの組織内部の中で価値の創出における利害関係者の効率的な組織行動の取り決めに向けられている[2]。一方、こうした組織行動は効率的な組織をもたらすかどうか、またはどのような組織形態が効率的なのかどうかについては、組織をデザインする経営者だけしか判断できない。組織間の効率性の比較は「企業組織において、どの側面で成功するか、またどのような状況のもとで効率的なのかという事実証拠に基づいて」行われる(ミルグロム・ロバーツ,訳1997,p.53)。つまり異なる組織形態でなく、組織活動を参加する人々の合意という効率性原理に依存しながら組織間の効率性は比較される[3]。このような効率性組織のデザインは経営能力にも反映されている。

　企業組織の効率性の概念はライベンシュタインが指摘しているとおり、「企業内での調整のあり方や経営者・労働者のインセンティブの問題などさまざまな要因によって企業内に生じる効率性(X-effciency)の度合い」である(青木・奥野,2000,p.44)。このような組織内部での効率性の度合いの比較は、組織デザイン時点で設定目標を参照して行われる。

　組織のデザインはこれまで論じたように、企業家戦略の独自性と多様性の延長線上の問題である。このような組織のデザインは「契約の束」としての組織において円滑に組織活動をするための制度設計であり、経営者用役の役割に依存している。

　たとえば、フォードの企業組織はH.フォードのもとで、技術的な「規模の経済性」の達成のために後方への垂直統合によって組織規模を拡大し、組織の効率性をもたらしたことがわかる。一方、こうした企業組織は市場の変化に対応しきれなくなり、組織ロスが発生し組織の効率性を損なってしまったことになる。それによって新たな事業部制の組織形態がGMのS.スローンなどによって形成された。このように経営者用役は、戦略の実現に向けて組織を巧みに機能させるために組織構造をいかにデザインするかという役割が求められているのである[4]。

　このような組織のデザインは歴史的に長いスパンから見れば、静態的でなく

市場および技術の変化に対応し、動態的に変化したものである。

（3）企業組織の構造

　企業組織には、ヒト、モノ、マネー、情報などを結合する中枢部の経営部門、また経営部門が決めた方針を執行する技術開発、市場調査、販売および生産部門などを含んでいる。こうした部門を構成また機能させるために、最初に職能に基づく単一組織として出現してきた。その上で、技術革新に伴って実現した「規模の経済性」と「範囲の経済性」を追求するという観点から事業規模と範囲の拡大による複合の階層組織が出現してきた[5]。このように組織効率性の実現のために形成された多様の階層組織は産業発展史にも示されている。

　企業組織構造は単一の階層組織にしても複合の階層組織にしても、権限構造を通じ、情報を効率的に伝達するために形成されたわけである。つまり企業組織は市場の価格メカニズムでなく、権限に基づいた命令のメカニズム、たとえば株主から取締役会への発言（一定の議決権の株式を集めれば、株主総会で命令（発言）を下すことができる）、また取締役から経営者への命令、さらに経営者から中間管理者に、中間管理者から一般従業員への命令によって機能することになる。

　このような命令のメカニズムは意思決定メカニズムともいえ、単一の階層組織から複合の階層組織までに及ぶ。つまり組織規模と組織形態が異なっているにもかかわらず、ヒト、モノ、マネー、情報などの資源配分おける意思決定のメカニズムはすべての企業組織に共通したものである。

　企業組織の生成は利潤の動機の下での要素費用を最小化する制度と相関し、投資の形成によるものである。このような利潤動機の実現は、意思決定を機能させるためにあるいは意思決定のメカニズムを機能させるために意思決定を制度化する必要がある。たとえば、企業の生成と解散までの意思決定は企業組織の出資者である株主の了承がなければできない。企業の出資者としての株主の権限は株主と経営陣との関係をも決定し、法的形式で株式会社制度によって保護され制度化されている。ゲルムはこのような企業組織を「内的な権力配分体

系とともに外的な法的規制体系」として捉えている(万仲,2001,p.3)。

　前述した通り、従業員主権型の日本の「人本主義」企業と株主主権型の欧米「資本主義」企業における株主は、経営陣への任命および組織利益の配分への意思決定における権限が大きく異なっている。しかし、企業組織内部では経営者と従業員との間における意思決定の権限は日本企業と欧米企業とでは大きな違いがない。つまり株主から授けられる企業組織内での資源配分の権限は取締役会より経営者がもっている。

　経営者の意思決定の権限は様々な資源を購入、また配分することに見られる。たとえば、生産者資源を購入するまたは生産者資源をそれぞれの職場に配置することなどである。同様にそれは生産者に賃金および他の福祉などを与える経営者の権限でもある。このように企業組織内部で株主から経営者、また経営者から労働者の間の権限配分を制度化することによって企業組織は機能し始める。

　権限による意思決定は企業組織の効率性の実現に向けての必要条件である。しかし、企業組織の効率性は意思決定の権限配分の必要条件としても、権限運用に関する諸制度のデザインという十分条件こそが不可欠となっている。要するに企業組織の効率性は、外的に会社法などの法的体系のもとでの組織内部での権限の配分、運用などの諸制度のデザインによって実現されるものである。このような権限による包括的な制度デザインは情報システムの構築を通じて組織の効率性を左右するものである。

（4）効率性組織のデザイン

　効率性を実現するために、企業組織は「調整とインセンティブ」の問題に直面している[6]。調整は「各人の意思決定の調和を図り望ましい資源配分を達成するためにどのように情報を共有しあるいは分有して利用するかどうか」ということである(青木・奥野,1996,p.41)。その目的は組織の効率性を実現することである。

　情報収集と情報伝達が調整にとって不可欠である。一方こうした情報収集と

情報伝達、さらに情報のもとで意思決定まで時間などの費用がかかる。取引費用は調整費用とインセンティブ費用の合計である。組織内部での調整は資源配分において、情報システムの異なっていることによって異なる効果が上げられる。ここでの資源配分は広い意味で「一定資源をさまざまな用途に配分する」ものとして理解する。言い換えれば、資源配分によってどのような調整が有効か、またどんな場合に有効かは「環境の要因」に対応し、情報システムのデザインに依存する[7]。

①企業組織内部の調整（coordination）

　これまで論じた日本企業の経営陣は欧米企業と同じように、いかに従業員行動の調整を通じ組織の効率性をもたらすかという課題を抱えている。このような従業員行動の調整は情報システムに基づいて「水平的調整」と「垂直的調整」など異なるタイプによって、企業理論でのチーム理論的なアプローチで解釈されている（青木・奥野,1996,p.48）。

　戦後、日本企業の成長は重厚長大型の鉄鋼、造船、化学産業から70年代以降の軽薄短小型の電機・電気機械、自動車など産業構造の変化に依存してきた。第一次石油危機をきっかけに、市場と技術の変化に伴って企業は競争に対応するために多品種少量生産の生産システムを確立した。たとえば、自動車企業に見られるように、商品の立案・研究開発から、商品として市場に出して消費者に届くまでのプロセスの中で綿密に調整が行われている。このような調整は情報収集と情報交換を通じて従業員間の行動を調整し、組織の効率性に大きな役割を果たしてきた。

　日本の自動車企業は品質管理および研究開発において情報を共有することによって変化に迅速に対応できるシステムを構築している。たとえば、品質管理に関しては従業員が問題を発見した際に、生産ラインを止めて生産ラインの前段階の問題解決までラインを動かさないというトヨタのように徹底した問題究明の体制がある。さらに関係者はなぜ問題が起きたかの原因を究明するために「五つのＷＨＹ」を通じてしつこく問題の根源まで遡って問題解決に組織全体

で取り組んでいるケースもある(大野,1978)。このように問題発見から問題解決までの情報は、一部の事業内部だけでなく部品メーカーを含めてすべての関連事業部門で共有されている。関係者はより広い範囲で問題を提起し、また問題の解決の調整を行っている。このような品質情報をプールすることによって、あらゆる部門との「水平的調整」を通じて本当の意味でのTQCを実行し商品品質の改善をもたらし組織の効率性に貢献しているのである。

同様に自動車開発においてトヨタはフルモデルチェンジの際に製品立案から主要部品メーカーに早期に部品開発に参入させ、あるいは部品開発を依頼し部品開発時間を短縮させ(開発コストの節約)、より早く新商品を市場に送り出すことに成功している(浅沼,1997)。もちろんこうした部品メーカーは長期取引関係をもっている承認図部品企業を中心としたものである。このような組織内部での調整は情報共有のシステムのもとで効率的になる。つまり事業部門間での情報共有のシステムの構築は、迅速に市場の変化および組織内部の変化に対応できる企業組織の調整に不可欠となっている。

自動車企業のように組織内部の事業部門あるいは部品メーカーとの補完性が強いので、情報共有という「情報同化システム」(assimilated information system)は水平的な調整に効率的である(青木・奥野,1996,p.92)。

このような情報同化システムは経営陣の意思決定に基づいて形成されている。企業の経営陣は情報システムの構築によって、組織階層の中にそれぞれの意思決定のルールを定める役割を果たすことによって確実に組織の機能が働くことが可能となる。

情報同化システムは古典的ヒエラルキーの情報システムから進化してきたものである。次節での検討から明らかなように、組織形態の変化が情報システムの進化のプロセスにもみられる。青木・奥野(1996)によれば、情報システムの進化は情報自体に依存する企業組織内部での「補完性」にかかわっている。言い換えれば、情報同化システムは最も進んでいるものであり、古典ヒエラルキーあるいは分権的ヒエラルキーの情報システムは遅れたということでなく、「補完性」に反映する調整の頻度によって効率的かどうかが判断されることである[8]。

たとえば、現在、高度の自動化が進んでいる石油、化学、鉄鋼産業の企業組織には集権的中央指令型調整、つまり垂直的調整がみられる。このような企業組織内部では工程技術的結合が強いので事業間での水平的調整は必ずしも強くはない。この場合に、集権的中央指令型調整に対応する古典的ヒエラルキーの情報システムが効率的であることがわかる[9]。

　このような情報システムによる組織形態の変化への調整、つまり企業組織内部でのデザイン属性の問題を解決するための集権的中央指令型の調整は、1960年代以降に制御工学の応用によってより精密化されている。情報収集および伝達を含む企業戦略の執行役の経営者用役は工学原理による制御システムをデザインする能力として位置づけられている[10]。

　制御システムとは設定された目標に対して、結果からフィードバックされた情報に基づいて、さまざまな攪乱要因を感知し排除することによって内部の均衡を保つ企業組織の構造であるといえる。制御システムは市場や技術など外部からの不確実性、またシステム内部の不規則の行動をマニュアル通りに稼動させる機能をもっている。このような高速な情報収集・情報伝達による情報の経路は高度のソフト開発およびパソコンのシミュレーションのもとでより精密となって調整費用の低下をもたらしている。

　たとえば、供給先から何らかの要因で供給製品の数量と品質が変化された場合に、また組織内部の生産現場によるトラブルが発生した場合に、制御システムはこうした不安定要素の情報を組織中枢に迅速にフィードバックし、設定したプログラムに基づいて攪乱を取り除く情報をそれぞれの事業部門に送り出して、自動的に行動を修正する制度である。このように常時に市場と技術の変化に備えて、外部と内部の不安定要素という情報をシステム内に取り入れて、フィードバックすることによって安定性が守られる垂直的調整は、外乱を排除する能力として整備されたのである。

　これまで日本の自動車産業・家電電機産業・機械産業における企業組織の効率性は水平的調整制度の構築、つまり企業組織内部で補完性の強い「情報同化システム」に依存したことがわかる。企業の経営陣は情報システムの構築によっ

て組織階層の中でそれぞれの意思決定のルールを定める役割を果たすことによって確実に組織の調整機能が働くことに経営陣としての役割を果たしている。

②企業のインセンティブ(incentive)制度

調整制度は不確実性、複雑性、少数性などの「環境の要因」を補完するために情報システムの有効性を通じて経営陣の意思決定によってデザインされている。一方、組織の効率性は調整制度だけでなく、組織のインセンティブ制度のデザインが欠けると実現できない。

組織のインセンティブの問題は「人間の要因」を企業の組織内部に取り込んで、調整過程の中で組織効率性を実現するためにそれぞれ個人の役割を十分に果たすために保証をデザインすることである。つまり人間の「限定的合理性」に対応する人間の「機会主義」的行動を抑制することによって組織内での調整をうまく機能させることである(ミルグロム・ロバーツ,訳1997)。

このような「人間の要因」の中で限定的合理性は人間の予知範囲の限界および認識の限界によって取引が想定状況の下での完備契約は不可能となっている。したがって、不完備契約のもとで人間の機会主義行動、たとえばモラル・ハザードおよび逆選択などは取引の効率性を損なうことになる。

ミルグロム・ロバーツ(訳1997,p.140)によれば、限定的合理性に対する契約上の対応は三つの契約形態がある。一つ目はスポット市場契約(spot market contracts)である。こうした契約は事後的に不確実性が入り込む余地がほとんどないので、たとえば、比較的単純なような一回だけの取引の場合のみ有効である。二つ目は関係的契約(relational contracts)である。それは詳細の行動内容を合意せず、目標や目的など関係の枠組みに関する合意のみをするものである。こうした合意には不確実性のもとで事後処理のメカニズムを明白にする。三つ目は暗黙の契約(implicit contracts)である。それは不完備契約に対する補完的な機能として、当事者の共有する期待に基づいてシグナリング、スクリーニング、自己選択に依存するのである。

「契約当事者が、投資がサンクになった後で不利な条件を押し付けられる、

あるいは他者の行動による投資価値の下落を恐れるというビジネス問題」(ミルグロム・ロバーツ,訳1997,p.146)は、契約後の機会主義によるホールド・アップ問題という。特殊的資産所有者は契約した後には取引相手より弱い立場に立っているので、取引相手の値引きなど事後的機会主義行動に応じなければ資産価値を失って減価償却や利益までが得られないことが起こりうる。事後的機会主義の行動にはモラル・ハザードとしてよく見られる。

　企業成長は生産者用役の発見・創出および金銭的資本の投資行動に大きく依存している。この中で資産特殊性の高い分野への投資は機会主義行動によって実現しない可能性が高い。資産特殊性が高いというのは限られた分野でしか資産価値がないということである。たとえば、自動車生産用の金型は資産特殊性の高いものである。金型のような高価な投資に対して投資側は非常に高いリスクを負っているので、慎重な対応が迫られている。つまり取引相手がなんらかの理由によって契約を履行できないという状況が発生した場合に、投資側が投資した資産を他の取引相手に転用したとしても、取引相手が代わったことによって失われた投資価値が大きいために大きな損失を被ることになるのである。

　このような機会主義行動に対して一方的投資することではなく、双方が投資したり、あるいは企業組織内部の投資など様々なインセンティブ制度が作られている。たとえば、トヨタ自動車では金型を開発する場合に、部品メーカーに代わって投資資金を提供する代償として部品メーカーに利潤マージンを低く設定するように要求する(浅沼, 1997)。

　一方、情報の非対称性のもとで契約する前情報を隠したり、あるいは自分に有利な条件を契約に書き込んだ人(企業)は、契約した後に相手がより高いコストをかけるという事前機会主義行動もある。したがって、契約した相手は次の契約者により高い条件を提示することになり、契約相手の条件が高くなるにつれて契約をやめるという逆選択の問題が発生する。

　取引の成立に向けてこれらの事後的機会主義行動あるいは事前的機会主義行動を防ぐために、取引相手の信用調査、契約後のモニター、担保、保証金、評

判など様々なインセンティブ制度としてのルールを要求する。たとえば、雇用関係において従業員の雇用から技能形成までの投資行動は、報酬や昇進、ボーナスなどの金銭的な報酬および非金銭的な報酬としての雇用保障などのインセンティブ制度の設計がなければ組織効率性への貢献に期待することができない。

こうした制度に対応して関連する費用も発生する。後で検討する組織形態の変化を見ればわかるように、取引を組織内で解決することによって組織規模の拡大の要因にもなって組織コストの拡大にもつながっている。

この意味でインセンティブ制度あるいは一定のルールの設計は機会主義行動を省くための費用が節約できるとした経営者用役でもある。このような「インセンティブ効率的」、つまりインセンティブの制約を考慮した場合に、効率的となるメカニズムを働かせることによって、組織の効率性に大きく貢献することになる（ミルグロム・ロバーツ，訳1997）。

以上では、企業組織の権限構造に基づいて資源の利用による「調整とインセンティブの制度」の構築において、組織効率性の課題に向けて経営者用役を検討した。以下では経営者が効率的な組織の実現に向けてどのような組織形態および組織規模を選択すべきかという観点から求められる用役について検討する。

第2節　企業の組織形態と効率性

企業組織の歴史の中で二つの組織モデルが有名である。一つは「マシン・モデル」、もう一つは「ヒューマン・リレーションズ・モデル」である（幸田,1984,p.14）。「マシン・モデル」は前述したような限定的合理性と機会主義という「人間の要因」を科学管理思想によって排除し、組織を'機械'と見なしている。この'機械'に配置されている人間は仕事のために存在する装置である。その装置は専門性と能力を要求する。装置としての人間は意欲と創意よ

り限られた情報（命令）のもとで仕事に専念することを要求する。
　一方、人間の創意と意欲を引き出し人間のコミュニケーションを重視する「ヒューマン・リレーションズ・モデル」はよりよい人間関係を焦点としてそれぞれに情報の分散と交流を通じて人間の能動的な能力を高めるための効率的な組織モデルである。このような二つの組織モデルは経営者用役によって組織形態の変化のプロセスに反映される。

（1）単一型組織（U型）

　現在、各国の企業組織にはさまざまの組織形態が見られる。事業部制組織はもっとも普遍的なものとして知られている。事業部制の組織形態は19世紀末アメリカに製鉄、精肉、タバコ、石油などの産業において単一事業を中心に、単一製品、多数の職能、つまり職能別組織という単一型（U型）の企業組織形態から変化してきたものであった（チャンドラー，訳1979）。
　アメリカで誕生したU型組織形態は、当初、技術上の理由つまり「規模の経済性」を実現するために、企業内部で未使用資源を利用し新規事業の拡張に活用されていた。経営陣は、進行している事業が技術条件に相応しい事業規模のもとで、より高いパフォーマンスの実現を目指して内部資源の資源を動員し、いわゆる内的成長を追求し始めていた[11]。言い換えれば、こうした内的成長は、20世紀初期に多くのアメリカ企業が「規模の経済性」を達成できなかったために求められていた（チャンドラー，訳1979）。
　技術上の理由によってU型組織形態は限りなく企業規模の拡大を求めるために、市場における寡占と独占の問題にまでに発展してきた。つまり企業が成長すればするほどU型企業組織は「規模の経済性」という技術上の要因を超えて市場競争における寡占的あるいは独占的なポジションを獲得するという目的に転換した。このような変化は19世紀末アメリカで製鉄・精肉などの産業を中心とした企業などから観察できる。したがって、私的独占を制止する反トラスト法（シャーマン法）がこの時期に制定されている。
　20世紀に入るとフォード自動車が職能別のU型組織形態型の代表格となっ

た。フォード自動車は単一の生産組織のもとで、生産の後工程の取引を内部化し、垂直的統合を通じて単一車種（Ｔ型モデル）、単一色の自動車の生産に絞ってより単価が低い自動車を生産する組織形態を作り上げて自動車産業において寡占の地位を獲得した。

　Ｕ型組織形態は、規模の経済性という技術上の問題を解決できた。一方、「Ｕ型企業が放射状に拡張してゆけば、累積的なコントロール・ロス効果を生じ、それが内部効率に悪影響をもつこと、およびやがては戦略的意思決定過程の性格を変質させるに至り、その結果、利潤以外の目的に力を入れることが容易になることである」（ウィリアムソン,訳1980,p.225）。

　つまり、Ｕ型企業の拡張型が放射状にしても垂直的統合にしても、階層レベルを追加する必要を生み出すことによって、情報の伝達や移動による差損が生じることになる。事実上企業組織の増大に伴って経営者と事業部長の役割との混同によって、経営者が組織の末端までコントロールすることができないための組織ロスの発生を招いてしまった（ウィリアムソン，訳1980）。このことは「情報の偏在と結び付いた機会主義も関係し、つまり限定された合理性の帰結である」と、ウィリアムソンは論じた（ウィリアムソン,訳1980,p.226）。Ｕ型組織形態における情報システムは前述したような古典的ヒエラルキーそのものである。

　水平的統合によるＵ型大規模組織上のロスを解決する新たな組織は、1920年代初期にアメリカのデュポン、ＧＭなどの事業部制としてつくられた。このような事業部制の企業組織は、事業の関連性を持ち今日まで多くの企業にも採用されている。たとえば、アメリカでは94.4％（1980年）、イギリスでは90％（1970年前後）の企業は事業部制の組織形態を採用している（加護野・野中・榊原,1983,p.37、小田切,1992,p.152）。

（２）事業部制組織

　「Ｕ型組織より大企業の多数事業部組織は限定的合理性を節約し、また機会主義を緩和することに役立った」（ウィリアムソン,訳1980,p.231）。それは組織構造において事業部制組織の上層部にある財務と法律に関する機能と事業部の運

用機能の分割、つまり経営陣による戦略の策定・執行および事業部へのアドバイスに関わる全社役割と個別事業部における具体的な業務の執行と責任への区別として観察できる[12]。

　技術上の要因を超えて、企業組織規模の拡大に伴って、職能別U型の組織ロスを緩和することは全体の事業規模を縮小し、職能別をさらに分割化する事業部制組織の創設によって、可能となっている。

　それぞれの事業部自体は「ミニ企業」の役割をもっている。事業部制組織は経営者と事業部長との役割分担を明白に区別して古典的ヒエラルキーの情報システムとしてではなく、分権的ヒエラルキーの情報システムのもとで機能する。したがって、技術上の「規模の経済性」だけでなく、機能上の組織ロスを最小限に抑えることができる。この意味で、企業成長において戦略の策定と執行および具体的事業の管理に関するそれぞれの機能の分離は、情報システムの定着に依存していた。このことによって組織ロスを緩和し、最適な事業部制組織が実現できたのである。

　一方、事業部制組織は「ミニ企業」の機能をもっているので事業部間情報のアクセスが制限されている。それぞれの事業部長は事業部全体の運営に責任をもっている。事業部制の上層経営陣は事業部長の業績を評価し、各事業部門を協調させたりして、全社の戦略を立案する業務を行うという機能によって組織全体を運営する。

　このような事業部制の組織形態は、新市場に進出する場合に、既存のU型組織形態のもとで改善し始めていた。U型組織形態の成長と同じように、1930年代にアメリカから形成された事業部制組織は、株式や社債に依存するのではなく、内部資金の蓄積によって拡張していた（チャンドラー,訳1979,p.810）。このように事業部制組織の内的成長は既存の設備や管理能力をより有効に活用するために企業の長期的健全性を保持することを目的として、モノ、マネー、情報および人的資源の効果的な蓄積によって展開されていた。事業部制の組織形態を中心としたアメリカやイギリスと異なって、1980年時点の日本では事業部制の組織形態を採用した企業は59.8％しか占めていない（加護野・野中・榊原・

奥村,1983,p.37)。さらに一般的に事業部は「ミニ企業」として機能しているのに対して、日本における事業部制は事業部業績の評価基準が緩く、たとえば、事業部門の責任者の「業績と報酬」との関係が弱く、このため事業職能を表示する「自己充足性」の低下などの特徴をもっていた(加護野・野中・榊原・奥村,1983)。

　事業部制組織はメイン事業から始まって、水平的統合および垂直的統合によって技術上の「規模の経済性」と「範囲の経済性」が実現できるようになった。企業は成長を実現するために、新規事業を通じて資源の未使用用役の発見による内的成長から始め、他の企業あるいは事業の買収や合併と統合などの外的成長までに変化し、多角化行動を行っている。

　こうした企業は多数の事業部制を抱え、業務的決定および戦略的決定の分離、必要な内部的統制の機構が組み立てられ、系統的に運用されているという特徴をもっている(ウィリアムソン,訳1980,p.250)。同様に多角化行動を行っている企業組織には事業部制と異なってコングロマリット組織もある。

　(3)コングロマリット組織

　事業部制の企業組織は、市場の変化および技術の変化への適応、またU型組織ロスを緩和するために多数の産業部門にわたって事業内容を多角化して変化してきた。市場および技術上の変化に対応して事業部制の誕生と対照的に、1960年代以降アメリカから形成されたコングロマリット組織は多数無関係事業への進出、つまり市場と技術によるシナジー効果(相乗効果)のない新たな組織形態として創出された。その代表的企業はＩＴＴ社である。

　コングロマリットは多数の事業部制を採用している企業のように内部成長を中心として組織づくりが行われたものではなく、また製品系列と関連した産業のように工場や人員に対する直接投資によって組織づくりが行われたものでもなく、既存の産業に持続的な成長性の可能性がなくなったのを背景として、数々のしかも相互の関連性が必ずしも高くない多くの企業を買収することによって成立した企業体である(チャンドラー,訳1979,pp.818-819)。

つまり、コングロマリットは新製品、新市場の拡大や技術上の「規模の経済性」および「範囲の経済性」によって成立したものではなく、今までの事業とは異なった事業へ参入することを目的として、事業を多角化し、全体的な企業規模を大きくしていくという特徴をもっている。こうした異業種への参入による多角化の成長形態は内的成長より多くの場合外的成長に依存している。

コングロマリットは資源の長期的配分を中心にして、全社的な戦略の策定という役割を追求する一方、事業部制組織は事業部に助言を中心とする機能上の区別をもっている。「コングロマリットは多くの本社幹部を擁していた一方、購買、輸送、研究開発、販売、広告、生産などに関する専門スタッフ機構が欠落していた」(チャンドラー，訳1979,p.819)。さらにコングロマリットは中央研究機関をもっていないので、新しい市場および製品を体系的に開発することを期待することができなくなり、また事業の業績悪化に対して改善するための専門人材を有していない。したがって、それによって所属した企業は本社から新製品、新生産工程、新生産技術における本社の助言をもらわなくなっていると同時に、相当の自律性をもっている(チャンドラー，訳1979,pp.819-820)。

この意味で、事業部制組織はU型企業組織の規模を縮小し、職能別の組織として組織ロスを軽減することができる。このような観点に立てば、コングロマリット企業はより一層各事業部に裁量権を与えているので個別事業部ごとの効率性を重視していると考えられる。このような組織形態において部門間の調整の必要がなくなってくる。

一方、コングロマリット企業本社には「法律や財務の問題を専門化としないスタッフとしては、経営計画(すなわち、投資決定に用いる戦略の策定)担当スタッフしかいなかった」(チャンドラー，訳1979,p.820)。コングロマリットの管理者も資源の長期的配分に関する専門家である。その結果、「コングロマリットは、旧来の大規模な多角化企業と比較して、新しい産業や新市場に対する投資に一途に専心でき、また現在従事している産業や市場からの撤退もはるかに簡単であった」となっている(チャンドラー，訳1979,p.820)。

このようにコングロマリットは戦略の策定を中心に企業全体の観点から資源

配分の最適化という「ミニチェア資本市場の役割」をもっている(ウィリアムソン,訳1980,p.265)。つまりコングロマリットという組織形態は事業間のシナジーによる補完性がほとんど期待できないので本社の財務シナジーのもとでの「情報異化システム」によって機能しているといえる。

以上見てきたように、組織形態の変化は、市場と技術的な変化に対応するために、人々の専門化活動を通じて効率性を実現できる分業化の仕組みとして形成されてきた。換言すれば、組織ロスの解消によって事業レベルの組織規模を決めること、また、組織規模が決まると資源を組織内部に取り入れることを通じて企業成長および競争力を強化することが可能となった。

こうした組織形態の変化は組織の効率性と結び付くために、極めて有効である。それではなぜこのような組織形態が有効なのか、また、その他の有効な組織形態が存在するかどうかについて、以下で検討する。

(4) 日本企業の中間組織形態

現在のアメリカ企業はほとんど事業部制を採用している。一方、日本の企業は事業部制組織の機能および採用比率において、アメリカ企業とは大きな違いが見られる。さらに組織規模において、日本の企業はアメリカ企業よりはるかに小さいことがわかる。たとえば、1987年ＧＭの売上高はトヨタの2.37倍に対し、従業員は12.7倍近くになっている。またＧＥの売上高は日立の1.97倍であった反面、従業員は3.87倍であった(今井・小宮,1989,p.11)。

このように従来の市場と組織内部の二分化と異なって、系列を中心とする中間組織の存在が日本企業の組織規模を抑制する効果をもっている[13]。このような中間組織が自動車産業において、ことにトヨタ自動車の組織効率性に大きく貢献していることが評価されている。

トヨタ自動車はフォードとＧＭのような生産システムと違ってリーン生産方式と呼ばれている。リーン生産方式の真髄は「ジャスト・イン・タイム」と「自働化」の二本柱にある[14](大野 1978)。「ジャスト・イン・タイム」とは物理的に在庫をゼロに近づける考えに基づいており、生産ラインで一台の自動車を

流れ作業方式で組み立てていく過程において、組みつけに必要な部品を必要なときに必要なだけ生産ラインのサイドに用意させるような生産方法である。当初、生産過程での無駄を徹底的に排除し、生産性の上昇を実現し低成長企業からの脱却が意図されていた。

　もう一つの柱はトヨタ自動車ではニンベンの付いた「自働化」といわれる。つまり生産の無駄を発生させないために従業員は機械が正常に動いている時には必要ないが、異常が発生した時に、従業員の判断で機械をストップし、必要に応じて故障現場での異常を調べ、直していく方式である。部分的な生産効率の追求よりも全体的な生産効率の向上が可能となっている。つまりこの方式は異常の発生による生産ロスを極力少なくするために、作業員が常に適切に機能するという考え方に基づいて造られたものである。

　「ジャスト・イン・タイム」システムが機能するために最も重要なことは、取引関係にある企業が必要なときに必要なだけの量の部品を供給することである。トヨタ自動車の前身はトヨタ織機製作所であり、取引関係にある企業を中心に組織されていた「協豊会」に加入していた企業にはトヨタ織機時代からの取引先企業も存在していた。しかし、トヨタ自動車の取引先企業はこのように長期の関係を有している企業だけでなく、トヨタ自動車は既存部品メーカーとの関係を維持しながら新しい部品メーカーとも長期関係を結んでいる。

　このような長期取引関係をもっている中間組織形態は資本、人事、技術、数量、価格など様々な調整メカニズムを制度化し機能させている。たとえばトヨタ自動車は部品メーカーと相互に株式を持合い、また人事面でも役員派遣などの調整を常に行い、「ジャスト・イン・タイム」方式を安定させる保護措置をとっている[15]。トヨタ自動車は61社の協力会社のうち、24の子会社・関連会社に1社あたり平均で3.8人の役員を送り込んでいる(佐藤，1988)。

　4年毎のフルモデルチェンジおよび2年毎のマイナーモデルチェンジが実施される機会は、日頃の技術革新の成果が採られることになる。こうした機会には技術の開発、応用、生産、改善などの調整がトヨタ自動車と部品メーカーとの間で積極的に行われている。技術調整のメカニズムには量産開始前と量産開

始後において早期参入と提言能力の二点に帰着される。早期参入は設計、仕様車を作る段階、いわゆるデザイン・インの段階において技術調整が行われることである。提言能力は部品の設計欠陥を部品メーカーの部品設計の早期参入によって解決される部品設計改善提案とＶＡ提言という能力である。こうした事業間のシナジー、または制度間の補完性が高いことに対応し、トヨタ自動車は組織の効率性をもたらす「情報共同システム」をデザインしている。

中間組織形態の存在から分かるように、組織効率性を追求するという課題に対して組織構造および組織形態への選択はただの手段であって目的ではない。水平的な市場での取引、あるいは垂直的な市場での取引を組織内部に取り組んで組織規模の拡大を図ることは組織の効率性を達成するための経営者用役の手段であるといえる。

問題はどこまで組織規模が効率的になり、換言すればどこまで資源を組織内部で行えば、効率性が達成できるかということであり、資源取引は組織内部あるいは市場で行われる基準は何かという課題である。

次章ではこうした組織のデザインを含む経営者の能力を考察する。

注

1) 経済学の研究課題は基本的に二つある。一つは効率性であり、もう一つは公平性である。効率性についてイギリス経済学者ロビンズ(訳1957,p.25)は、「経済学は、諸目的と代替的用途をもつ希少な諸手段との間の関係としての人間行動を研究する科学である」と論じた。こうした視点によれば、経済学の研究対象は目的にあわせて希少な資源を利用するために、人間の選択行動およびこの行動の評価基準が経済的かどうかということ、つまり効率性ということになる。

2) 組織行動は基本的に組織の中の人間行動を扱い、仕事の意欲、グループの成り立ち・動態、リーダーシップ、部門間のコンフリクト、コミュニケーション、組織文化、組織機構などを対象とする(高橋・金井,2001,WIN,p.93)。

3) 効率性原理とは、人々が十分に話し合うことができ、その決定をきちんと実行

する強制的な選択ができるならば(少なくとも話し合いに参加した人たちにとっては)経済活動の結果が効率的となるということである。

4)こうした組織コストには取引コストおよび組織自体のコストを含んでいると宮本(2004,p.45)は論じた。

5)ウィリアムソンはこうした階層組織の変化を単一型(U型)、持ち株会社(H型)、多数事業部型(M型)、過度的多数事業部型(M'型)、スポイルされた多数事業部型(M"型)、混合型(X型)に総括している(ウィリアムソン,訳1980,pp.249-P250)。

6)伊丹(2001,WIN)は情報の観点から情報の蓄積体、統治体と分配機構を企業組織そのものとして捉えている。

7)情報の性質によって、調整制度への影響を図る基準が三つある。つまり①調整担当者は完全な情報のもとで、設計した制度はそれぞれの問題の発生に識別が出来るのか、②最適の識別には、制度に対しどれぐらいの情報量が必要か、③制度は情報不足の場合にどれほど脆弱になるか、である(ミルグロム・ロバーツ,訳1997,p.124)。

8)ここで古典的ヒエラルキーは必ずしも青木・奥野が指摘した古典的出資者と経営者が同一人物である必要はない。純粋の情報収集と伝達に関する意思決定のルートとしたものである。

9)分権型の調整はイノベーション属性をもつ調整問題、集権的中央指令型成長はシンクロナイズ問題や割り当て問題などのデザイン属性に対応し、有効となっている。デザイン属性問題は最適解における変数間の関係について多くの事前的情報があり、しかも望ましい関係を実現できなかった時のコストが、他の間違いの場合よりも多くかかるような意思決定問題である(ミルグロム・ロバーツ,訳1997,p.673)。

10)サイバネティックス理論は制御工学として有名である。こうした工学の原理を企業経営分析に持ち込んで、企業システムへ応用を始めるのは60年代からである。制御の科学であるサイバネティックスが経営管理、すなわち制御を専門とする職業に対しいかに効果をもっているかについての分析が多く存在している。

たとえば代表としてビーア(訳1987)がある。

11) チャンドラーは(訳1979,pp.703-771)、第一次大戦以前アメリカ農業機械産業、精肉企業は既存の設備の活用および内部的拡大によって成長をつづけたと論じている。さらにU型組織だけでなく、多数事業部制(M型)の創立者のデュポンでさえ、内的成長によって大規模の統合企業として成長を達成したと指摘されている。

12) こうした組織のロスの発生について、ウィリアムソン(訳1980,p.212)は組織の失敗の形として、1．情報の偏在と結び付いた機会主義も関係し、つまり限定された合理性の帰結である、2．官僚主義的偏狭性、3．雰囲気などによって生じると論じている。

13) 中間組織は戦前金融・産業財閥(企業集団)を中心に、戦時体制の発動に伴って、長期取引関係のもとで形成された組織形態であるという論説については岡崎・奥野(1995)がある。

14) この二本の柱についての詳述は、大野(1978)を参照されたい。

15) 各社の有価証券報告書に基づいて、私はトヨタ自動車が他の部品メーカとの株式持合いについて以下のとおり試算した。平成元年、トヨタ自動車はブレーキの専門会社である曙ブレーキ工業の株15％を所有し、電装品、エンジン・コンピュータを生産する日本電装の23％、エンジン部品生産のアイシン精機の12％、外装、内装品、プラスチックを作る小糸製作所の19％、愛知製鋼の21.71％、旭ガラスの約0.49％、ブリヂストンの0.27％株をもっている。一方トヨタ自動車は旭ガラスに0.58％、愛知製鋼に0.07％、ブリヂストンに0.04％を所有されている。

第6章　用役の形成と企業成長

　これまで論じてきたように、経営者用役は戦略の執行役として限られた資源を組織化し、組織の効率性を達成するための役割を担っている。第5章では、組織構造における「調整とインセンティブ制度」のデザインを通じて、経営者用役の組織形態の構築への役割を検討してきた。

　経営者用役は経営者の能力であり、一般的には経営能力と呼ばれる（便宜上、以下では経営者用役を経営能力と呼称する）。一方、企業組織内部ではすべて生産者資源の用役が利用されるとは限らないので、いかに生産者資源の未使用用役を発見・創出するかは経営者用役次第である。言い換えれば、生産者用役の利用と創出は組織内部での「調整とインセンティブ制度」のデザインおよび制度運営に関わる経営者用役のあり方に依存している。

　本章では「調整とインセンティブ制度」の下で、生産者用役の形成に果たす経営者用役の役割を検討する。まず企業組織における経営能力について考察し、つぎに日本企業の生産者用役の利用、発見、創出などをめぐっての経営能力を検討する。最後に技能形成の観点から日本企業の雇用制度の構築および生産者用役の利用、発見、形成の実態を論じていくこととする。

第1節　経営能力と生産者用役

　上述したように、企業組織形態および組織規模は経営者が企業成長を実現するための手段にすぎない。経営者がこうした組織を運営する過程の中で組織は必ずしもデザイン通りに機能するとは限らない。「経営資源の集合あるいは組織能力の束」(伊丹,1984)である組織は、経営能力いかんによって異なった結果をもたらすことがある。

ここでいう経営能力とは生産者資源から生産者用役の利用および生産者資源の「未使用用役」の発見、創出を含んでおり、制度運営の能力でもある。本節では生産者用役の利用に関する経営能力について検討する。

(1) 組織能力の生成

企業組織は「社会の諸資源が結合される一つの制度」(コモンズ，訳1958)であり、情報システムを媒体にしてカネ、モノを組織内で分化・結合した商品を市場に送り出すシステムとして機能している。

このような物理的な資源の観点からの企業組織の定義とは対照的に、人的資源の観点から、つまり人間を中心とする諸資源を抱える集団に注目することで、企業組織は次のように定義されている。企業組織は、「経営者、従業員、銀行、株主、取引先など多様な利害関係者の連合体ないし人的資源、資本および取引先企業の間の複雑な長期的契約関係の結節点として機能する法的存在」(青木・奥野，1986)である。つまり企業組織は特定の目的を遂行するための役割の体系として、専門家からなる人間集団でもある(ドラッカー，訳1993,p.97)。

したがって、企業組織は資源の調達費用、情報、制約などのさまざまな与件に制約されながら、企業の競争力を強化するために組織の構成員を専門家集団として養成することが求められている。換言すれば、企業の競争力は効率的な組織行動をもたらす組織構造および組織制度の下での生産者用役の形成と密接に関連している。

このような組織を運営する経営能力は有効な「調整とインセンティブの制度」を構築することであり、組織制度構造の下での生産者資源を組織化することは優れて経営能力として評価される。したがって、それぞれの組織制度構造は利益の追求を出発点とし、効率性を実現するために生産者資源をめぐる制度のデザインおよび制度機能における異なる経営能力として表示されるものである。

経営能力は企業組織の権力構造に基づいて機能する。つまり、経営能力は権限を制度化した下で、その権利を使用した結果として組織の効率性が実現する。このような企業組織における経営能力は生産者用役の利用、資源の未使用用役

の発見と創出であり、「従業員能力の構築能力」でもある。以下ではこの生産者用役を従業員能力と呼ぶ。

　一般的に組織内部での運営、オペレーションなどの能力は組織能力とも呼ばれる[1]。こうした組織能力は組織権力の階層に基づいて細分化することができる。たとえば、株式会社制度での組織能力は、株主から取締役へと権限が委譲されるので、このような授権に基づく企業者の能力、つまり「企業心」そのものである。企業者は「企業心」によって企業成長に関する戦略の策定を通じて経営者を選任し経営者に戦略執行の権限を委譲している。このような戦略執行としての経営者用役は組織能力の一部として経営能力とも称される。さらに組織能力には経営者から中間管理者に委譲した権利に基づく中間管理能力、中間管理者を経由して一般労働者に与件した権利に基づく従業員能力も含まれている。

　前述したように、日本における経営者は企業者用役と経営者用役を同時に提供している。この意味で日本企業の経営能力は戦略の策定を中心とする「企業心」とともに、戦略の執行において組織の運営能力をも包括している。中間管理者および一般労働者は経営者の全般的な企業運営の下で、生産の執行者として具体的な仕事に励むこととなる。ここでいう従業員能力とは技術的な操作作業、開発、技術改良などの仕事に従事する能力すべてをいう。中間管理層の能力とは一部の管理能力および一般従業員の技術能力を含んでいる。これらを踏まえて組織の能力構造を簡素化するために中間管理層の能力を経営能力と従業員能力の一部と見なすことにする。このように整理すると、企業組織の能力構造は経営能力と従業員能力によって構成されると考えられる。

　このようにそれぞれの能力に対応することによって構成された組織能力構造は、それぞれの組織階層における人間の責任構造と見なすことができる。つまり、それぞれの権限を有する人間は権限を行使し効率性の高い企業組織の形成に貢献する一方、それぞれの権限を行使した人間は戦略執行の結果としてその責任を負っているのである。このような責任の順序は権限の授受の関係に基づいて人間の能力に反映される。つまり権限の授受関係による組織の能力構造お

よび責任構造はそれぞれの権限、能力、責任を担う制度によって機能しているのである。当然最終的な意思決定は権限にしたがうことになる。

　たとえば、現在世界2位のアメリカ・パソコンメーカー Hewlett-Packard（HP）において、先日、HPの成長に大きく貢献した会長兼最高経営責任者（CEO）のC.フィオリーナが辞任に追い込まれた。HPの戦略の作成責任者は取締役会の「企業者」である。これまで指摘したように、多くのアメリカ企業は戦略の策定役と戦略の執行役がはっきり区別され、それぞれの役職が責任を負っており、最高経営責任者（CEO）は、上から下までの「直線形」の戦略執行役なのである。

　戦略執行のプロセスで、組織制度との不都合などが発生した際には、組織内部での「人員配置の仕方を変えて、分担関係を変更する」などさまざまな調整によって組織を機能させるのである。C.フィオリーナの場合には、戦略をめぐる取締役会との意見の相違により、取締役会による戦略の修正でなく、取締役会の長でもある自身が辞職するしかないとの結論に達したのである。このように代表取締役兼社長が戦略に関して取締役会との意見の違いによって辞職することは、日本企業ではまず考えられないであろう。逆に言えば、HPの例から見えるようにアメリカの大企業では、取締役会の権限に基づく戦略策定の役割と経営者の戦略執行の役割とを区分することによって、責任の所在を明確にしていることが明らかである。

（2）経営能力の本質[2]

　経営者は、組織の効率性を実現するために組織内部の商品、技術開発、生産、市場などに関する情報の収集と伝達のプロセスを企業組織内部で制度化している。つまり経営者は、組織内部の情報制度を内部化することを通じて諸制度の連結によって組織全体の効率性を実現する調整の役割を果たしているのであり、同時に経営者は情報の伝達、処理の過程の中で、諸資源配分の意思決定をも行って、組織効率性の実現に貢献しているのである。

　経営能力は既存の戦略を執行する過程で、最初から効率性の高い制度の維持

と創出とを目的としている。このような経営能力とは情報のフィードバックによって設定した戦略が実現するプロセスでの攪乱を制御し、企業組織の安定性を守る能力なのである。

　これまで論じてきたように、戦略の策定は事前に論理的に推定できる情報を重視しており、したがって、それぞれの推定情報の下で予想されるすべての問題群を想定し、それらの解決方法をプログラムに組んでいるのである。もし、想定外の問題が発生した場合には、経営者は制度間、人員間などの可能な限りのさまざまな調整を行い、発生した事態に対処するのである。

　このような調整は戦略の執行において制度のリ・デザインなどを含んでいる。つまり新たな市場環境の変化あるいは技術変化によって効率性が損なわれる場合には、経営者には制度変化などの意思決定の能力が要求される。これは戦略の実現に向けての情報収集と情報伝達の効率性を実現するために諸制度を変えることができる経営能力でもある。

　一方、経営者には戦略執行としての経営能力だけでなく、企業者の成長意欲が高まるのに応じて新たな戦略策定への内的誘引を創出する能力が要求される。つまり、経営能力とは、新生産方式の発明や資源の利用方法の変更および情報制度を含むさまざまな組織制度のリ・デザインなどを通じて企業の新たな成長の内的誘引を能動的に追求することである。このような経営能力は階層組織における中間管理者や従業員などの未使用用役の創出を通じて技術革新および制度革新を実現する能力でもある。

　このような能動的な経営能力により多くの組織革新がもたらされた代表的な事例としては、1920年代にＴ型自動車を生産するフォード自動車のＵ型組織や事業部制組織を形成したＧＭ、1960年代のトヨタのリーン生産方式などがあげられる。

　現在、多くの経営者は経営能力に必要な専門知識をＭＢＡによって習得している。つまり、効率的な企業組織を維持する目的の下で企業経営に関する戦略の実施、組織の機能、費用の削減、市場の開拓、技術革新による収益の改善と競争力の向上などのさまざまな理論的専門知識の学習を通じて、経営能力の形

成は可能となっているのである。

　一方、経営能力はこのようにマニュアル化された専門知識だけでは有効な企業成長を実現させることは不可能であろう。経営者は多くの現場経験の蓄積から帰納的にマニュアル化された専門知識を基礎として合理的な現場判断を下す能力が求められるのである。このような経営能力は内部昇進を中心とした日本企業の経営者にしばしば見ることができる。組織現場の知識を熟知し、これらを専門知識と結び付けることによって、組織効率性を導く経営能力こそが組織形成に必要な能力であり、日本企業の強みはこうした現場と密着し、現場の状況を熟知した現場出身者が経営者である点に求められる。

　多くの場合に、日本企業の戦略の策定は上から下までの「直線型」でなく、現場重視という下から上までの「スパイラル型」となっている（鈴木,1994,p.127）。つまりこの戦略執行のプロセスにおいては戦略と組織制度との不都合が発生した場合に戦略を修正するという現場主義が重視されるのである。

　このように現場と密接した戦略執行の経営者には現場の状況を熟知した現場出身者が求められ、多くの日本企業の経営者は、現場からの内部昇進を通じて企業者用役を同時に提供しているので、戦略策定から戦略執行まで組織構成員の幅広いコンセンサスを確立する必要上経営能力としては従業員の雇用保障を優先するための組織保全能力が評価されるのである。

　欧米企業と比べれば、このような日本企業の経営能力は組織オペレーションの効率性の実現に大きな優位性をもっていた。しかし、企業者用役として働く戦略の策定能力、とりわけ独自的に能動的な戦略の転換などの経営能力が過度に現場を重視するため90年代以降に徐々に弱みとなってきた。この理由の一つは制度的に「企業者」と「経営者」が同一人物であるため、戦略策定および組織経営の分業ができなくなったことにある。これはポーターが日本企業の組織オペレーションの効率性を戦略にすりかえたと批判した理由でもある（ポーター,訳2002,p.122）。

　この意味では、今日、グローバルな経済活動を展開している企業にとっては、

大局的に戦略思考と戦略策定の「企業者用役」と実際の制度設計および組織運営の「経営者用役」との分離がますます重要となってきているのである。

（3）資源の組織能力

経営能力は制度・ルールによってその行為を調整し、生産者資源の相互作用によって組織効率性に貢献する一方、このような生産者資源をどこまで組織化するかという側面も有している。これは企業成長の形態の中での内的成長と外的成長の選択能力である。

戦後の日本企業の内的成長の選択により、製造業を中心にして旺盛な企業家精神を有する多くの企業家が誕生した。ベンチャー精神の旺盛な企業家は本田宗一郎、井深大、豊田喜一郎などがあげられよう。こうした企業家は多くの制限条件の下で不可能を可能にするという野心的な「夢」をもっていた。たとえばリーン生産方式の開発、F1への参戦、カラーテレビの開発等々である。

これらの企業家は商品と技術においてシンプルな発想から完全な商品を完成するために生産者・技術者の未使用用役の発見と創出を重視していたという共通点がある。つまり、技術的にはシンプルな模倣から始めても、発想の転換により、より高度な商品を完成するという生産者資源の未使用用役の発見・創出というメカニズムを組織内部に内包していたのである。これは内的成長を選択した動機でもある。

ただし、こうした企業者には必ず組織のマネジメントや経営全般を委ねることのできる経営者の存在が認められた。たとえば本田宗一郎と藤沢武夫、井深大と盛田昭夫などである。これらの経営者はアメリカの企業などからＴＱＣや財務管理・事業部制の採用などの組織効率性に関わる専門知識を学び、経営に実践していた。さらにさまざまな組織の技能形成および技能形成の雰囲気を制度化し、組織効率性を実現して企業成長に貢献した。この意味でこれら企業の成長パターンは、野心的な「夢」と合理的経営能力とが結合して実現された。

一方、外的成長の条件不備という要因が日本企業の外的成長を大きく制約していた。一般的に生産的機会、つまり外的誘引が存在すれば経営陣には内的成

長と外的成長の二つの選択肢が認められる。しかし、多くの日本の企業はホンダのように外的成長を選択する余地がない状況におかれていたため内的成長を選択せざるを得なかった。その理由として国内では企業買収対象、制度条件および根強い社会風土などの外部条件の不備などがあげられる。

多くの日本企業は戦後キャッチアップのポジションにあり成長を目指していた。しかし企業には研究開発や技術開発、組織のマネジメントなどの「客観的知識」が不足し、成長に必要な生産者資源が全般的に不足していたために、企業間の買収・合併・合弁などの外的成長を選択する余地に乏しかった。

戦後の日本では、重化学工業などのビッグビジネスだけでなく中・小零細企業が経済成長に大きな役割を果たしてきた。ビッグビジネスの企業買収・合併・合弁については独占禁止法にも抵触する可能性があったので、ビッグビジネスは概して慎重な姿勢をとっていた。一方、多くの中・小零細企業は中堅・大企業との取引関係をもつだけで、上場していなかった。このような状況の下で、上場企業自体の株式持合の構造は企業の外的成長を大きく制約していた。

戦後の日本金融市場は、マクロ的に資金供給不足の構造によって厳しく規制されていた。企業の資金調達の仕組みは、長短分離、つまり長期的な投資資金は日本長期信用銀行や日本興業銀行などより、短期的な運営資金はメインバンクより供給されるという仕組みで機能していた。メインバンクの主要業務は資金の収集および資金の貸出である。しかし、企業買収は「投資銀行家の発想から始まり」（ブルックス, 訳1991, p.236）巨額資金の調達を必要とする。したがって、債券市場からの資金調達が厳しい条件を強いられていたため（ただし、LBOとジャンク・ボンドは1980年代からアメリカで登場した）、また商業銀行も買収などの投資の業務を行っていなかったので、買収などの業務を行う投資銀行の欠如は企業買収の制度的な制約条件となっていた。この意味で企業は企業買収の金融制度の不在によって内的成長を中心とする選択しかできなかった。

次に、日本企業は企業買収に対して防衛的制度を作ったことによって企業買収などの外的成長を防ぐことに成功した。この制度は前述したようにメインバンクを介した株式持合制度でもある。60年代の貿易の自由化以降に企業間の

合併が一時盛んになったが、これは敵対的買収を防ぐために従来の系列の下での関係復活、株式持合を強化したことによってであり決して外的成長ではなかった。

証券市場から株式を買い集める株主は持続して一定の数量以上の株式を保有するならば監督官庁への報告義務があり、結果的に筆頭株主にはならない。万が一こうした株主が筆頭株主となったとしても株式持合制度の下では多数を占めることは出来ないので経営への発言力強化には繋がらないといえる。

最後に、社会的に企業買収・合併・合弁などの外的成長の土台がなかったという要因が挙げられる。とりわけ企業買収に対して社会的には根強い批判的な風土がある。グローバル経済が盛んな現在でさえライブドアがニッポン放送を買収した件は反社会的行為として捉えられて厳しく批判されており、政府もその対策づくりにとりかかっていた。一方、海外企業は日本企業の買収の可能性に対して強く警戒されている[3]。

以上のように企業は外的成長を防ぐことができても、常に内的成長によって企業成長を導くことができるか否かという課題を抱えていた。企業成長は、資源の「潜在的用役の集合」自体を変化させることによる新たな用役の形成に基づくものである。このような資源の用役は「知識の関数」となり時間とともに変化する。したがって、企業の経営者は、従来の組織内部で蓄積した研究開発や技術開発などの「客観的知識」に加えて、市場と技術の変化のトレンドにおける「新しい知識」を獲得することによって、「新しい用役」の創出および「未使用用役」の発見に大きな役割を果たさなければならないのである。とりわけ資金力と技術力が求められるグローバル事業を展開する企業経営者は、組織内部における資源の未使用用役の発見・創出だけでなく、グローバルな観点から資源を獲得しなければグローバル競争に勝ち残る可能性は決して高いとはいえないのである。

したがって、従来の現場重視の戦略策定において成長と雇用保障の名目での組織内部における資源の用役を発見・創出する経営能力は、グローバル事業の展開に伴いより複眼的に資源を獲得する必要性がでてくるのである。これは単

に労働賃金の安い地域における資源を利用するだけでなく企業者資源および経営者資源の獲得をも含んでいる。言い換えれば、企業成長にとってグローバルな視点による企業者資源と経営者資源などの用役の発見がより重要となっているのである。多くの日本企業の課題は、まさにグローバル競争において企業者資源と経営者資源の「用役の不足」、つまり企業者用役および経営者用役の発見と創出にあるのである。

第2節　従業員能力の形成と雇用制度

　前節では組織能力の観点から経営能力を論じた。本節では従業員能力の形成と雇用制度との関係について検討する。

　企業組織において製品技術開発および生産過程の従業員能力が企業の競争力に大きな影響を与えたことはホンダとソニーのケースによって明らかである。技術革新は多くの場合に設備投資を通じて資本集約度・設備装備率の増加によって実現しているし、また、技術革新における組織効率性は、組織における技術者および現場の従業員などの専門家集団の能力の向上によっても達成される。

　経営者はいくら設備投資を増加しても、もしくは組織構造を変化させても技術運営に関する従業員能力を引き上げるのでなければ組織効率性は実現できない。このような従業員能力の形成・創出などをバックアップする制度は雇用制度にほかならない。雇用制度は従業員能力を向上させる制度として「調整とインセンティブ」との整合性も不可欠である。

（1）雇用制度と競争力

　企業成長に関わる最も重要な要因は、生産者資源の未使用用役の発見と創出にあり、従業員能力の利用、未使用従業員能力の発見と創出こそが企業成長を実現する鍵を握っている。

企業の利益とシェアに反映される企業の競争力は、技術（規模の経済性と範囲の経済性への追求）、金融、労働、部品などの市場いわゆる要素資源市場から取り入れた生産資源の費用要因に依拠している。とりわけ、人的資源から未使用用役の利用による価値創造が大きなファクターである。したがって、一定の技術条件の下での企業の競争力は、要素資源市場から取り入れる要素資源のコストを最小限にする制度設計が重要であり、また生産者資源から用役の利用による付加価値を最大化するための制度を作り上げることが重要である。

被雇用者がいかなる仕事に従事し、その仕事の性質によっていかなる雇用の形態を決めるかについては取引費用を比較することが必要となる。このような取引費用は、被雇用者が従事する仕事の能力形成のコストとベネフィットに対応した雇用形態が経済性をもっているかどうかを判断するに際しての判断基準となる。

従業員の仕事を行う能力、「技能」あるいは「知的熟練」（小池, 1994）はその仕事の性質次第である。仕事の性質によって、企業はどのような雇用形態で従業員を雇うか、あるいは市場から調達するかという判断を取引費用に基づいて下すことになる。

技術の専門化と高度化につれ、技術を身につけた生産者の能力に対する要求がますます高くなる。したがって、従業員の技能形成の場所と時間は企業の外部から内部に変化し、技能形成にかかったコストも企業の内部に移転することになる。前述したとおり企業内部での人的資産の特殊性が高い場合には企業内部で投資を行う必要があるためである。これは企業にとってより多くの専門家を養うための雇用コストを組織内部に転換する行為であり、組織競争力の蓄積の過程でもある[4]。これは明らかに内部労働市場と外部労働市場が分化する理由の一つでもある。

ホジソン（訳1997, p.131）によれば、企業にとっての外的環境である市場と技術の変化に対して、組織内部の制度はそれぞれの撹乱要因を制御し排除するだけでなく、「知識の獲得」によって柔軟性と能動性の発揮できる性格こそが重要であるということである。

こうした新しい制度形態の形成または制度を機能させるために、人間の特性に対する認識はそれぞれの国の文化、思想、理念などから大きな影響を受け、各国ごとに異なった制度形態が生まれた。ただし、こうした人間の特性への認識は制度を機能させる行動の違いをもたらす一方、根本的な組織効率への追求の目的に異議があるわけではない。言い換えれば、現在各国の企業の雇用制度が異なっているにもかかわらず、雇用制度は技術者や現場従業員などの活動によって、つまり経営者が従業員との契約を通じて従業員能力の取得および従業員能力の養成いかんによって、企業の競争力の向上につながるという本質では変化がないのである。

（2）雇用制度と仕事の性質

人的資本の視点から企業組織内部における特定の仕事および訓練を通じて従業員の能力形成をいかに推進するかについての考え方としてはベッカー（訳1976）の議論が参考となる。ベッカーによれば、企業は従業員がさまざまな仕事に適応するために、従業員の特殊能力の形成を推進していく必要があるが、このような特殊能力の取得には特殊な訓練を必要とし、このような訓練には相応の費用負担が避けがたく、このような費用の多寡は内部労働市場に依存するということである。

ベッカーの人的資本は、取引費用の理論で述べられている資産特殊性という仕事の性質が、取引様式を選択する際にきわめて重要な因子となる。取引コスト理論によれば仕事の特殊性（資産特殊性）が高ければ高いほど仕事に従事する人間の能力を養成するための投資リスクが高まってきて、投資する余地が限定されていることによる。

すなわち難しい仕事を行う従業員能力は、市場での取引に期待するよりも企業組織内部つまり内部労働市場に求めた方がより組織の競争力に結び付けやすくなる。反面、特殊性が低い仕事、同質性が高い仕事に対応する取引は企業組織内部より市場取引に依存したほうが取引費用は安くなる。このような仕事の難易度、特殊能力の形成に要する費用などを考慮しながら、雇用や昇進などの

インセンティブ制度を組織内部にセットする必要がある。

　この仕事の性質に基づいた従業員能力の形成は、外部労働市場と内部労働市場の分化をもたらし組織内部での経済合理性を追求するための制度設計には不可欠である。企業内部で蓄積してきた競争力を最終的に製品市場に反映させ、製品の性能などを総括するサービスを消費者がどこまで受け入れるのかという指標としての製品価格は、こうした取引費用や雇用コストを含み組織コストを包括しているからである。

　経営者の仕事の一つは企業組織内部の生産者資源の管理・配分などを行う「調整とインセンティブ制度」をデザインすることである。このような生産者資源に関する制度を雇用制度という。これらの制度のデザインを通じて経営能力は、戦略を執行した結果として評価されるのである。

　雇用制度の構築は製品技術開発および生産過程の従業員能力に大いに影響を及ぼし、従業員能力に強い相関関係をもつため競争力の変化をもたらす。雇用制度はコーポレート・ガバナンス制度に依拠し、雇用関係に集約されているのであり生産者用役の利用・発見・創出の制度設計でもある。

（3）従業員能力とコミュニケーション

　従業員能力とは企業組織の製品技術開発と生産組織における従業員の能力をいい、この従業員能力はそれぞれの分野において細分化することも可能である。

　経営能力の目的としては、まず日常的に求められる従業員能力を高める点が挙げられる。ここでいう従業員の日常的に求められる能力とは、あがってきた情報を検査し、設計図の通りに与えられた仕事を完成することである。一般的に生産過程において設計図に求められた仕事を完成する従業員のルーチン的な能力は速度と精度として表現される（藤本，2002）。つまり、規格化あるいは標準化された仕事に生産性と生産品質などが反映される能力である。従業員能力の中で同等の技術条件の下でのルーチン的な能力は企業の競争力の上昇にも大きく貢献している

　一方、設計図と予想外の問題を解決し、さらに設計図の修正や改良における

従業員能力はルーチン的な能力でなく改善能力である。このような従業員の改善能力には仕事の性質または難易度が存在するために短時間内での解決のスピードによって企業の競争力に大きく反映される(藤本, 2002)。したがって、一定の雇用制度の下での従業員能力が企業の競争力にとって極めて重要となる。

　企業の競争力はそれぞれの企業によって異なっている。仕事の「同質性」と仕事の「特殊性」が一体化されているので、企業の競争力も仕事をこなせる従業員のルーチン的能力および改善能力の両方に依存している。雇用制度はそれぞれの仕事の従業員能力を上昇させる効果とも密接に関連している。

　仕事の特殊性をこなす従業員能力は企業の雇用制度におけるコミュニケーションの形成に関わり、コミュニケーションの形成は、特定の生産現場での仕事情報に基づく従業員同士の経験交流を通じて調整機能が働く雇用制度がどの程度の独自性を有するかによって異なっている。それは就業時間内のQC活動および以下で論じる専門的なOFFJTのコースに関連している(小池, 1999)。

　このような従業員能力には一定の条件の下で、機械的に動作を操作するという熟練度に加えて、機械的な動作の中で起きたトラブルを解決する能力およびトラブル発生を防止するメンテナンスなどの改善能力が含まれる(小池, 1999)。しかし、こうした問題の解決の改善能力をすべての従業員がもっているわけではない。さらに仕事の同質性と特殊性を区別したのにもかかわらず、従業員能力が反映する競争力は個別従業員の能力もさることながら従業員チームのパフォーマンスにより依存する傾向が強い。

　したがって、従業員同士のコミュニケーションは、発生したトラブルの排除や防止などに関する高度技術をより多くの生産現場の従業員に伝播し、調整する役割を果たすことが期待される。多くの場合にコミュニケーションに基づく調整は従業員各自が仕事上発見した問題およびその問題が発生した深層原因、およびその解決方法をチーム内でプールし、またOFFJTのコースを通じて組織全体の問題解決につなげて、企業の競争力を高める役割を果たすことである。

　従業員同士のコミュニケーションの交流は、雇用制度に定着させないと企業

の競争力の上昇につながらなくなり、こうしたコミュニケーションの交流を制度化させるのが雇用制度の役目でもある。たとえば、1960年代から日本企業は技能形成のプロセスにおいてコミュニケーションの交流（ＱＣ活動やOFFJT）を雇用制度に内部化することによって企業の競争力の向上に貢献してきたことが評価された。したがって、各国企業の競争力は雇用制度においてコミュニケーションの交流を制度化・定着させることができるかどうかによって決まってくるといえる。

　従業員能力を高める方法は、コミュニケーションの交流を雇用制度に定着させるとともに、従業員に能力を取得するインセンティブを与えることにも依存しており、雇用制度において従業員が能力の取得に対応する雇用、昇進と昇給というインセンティブを制度化できるかどうかに依存にしている。今日、多くの日本企業が長期雇用、内部昇進に伴う職能給を採用しているのもこの点に関連している。長期雇用はそれぞれの企業内部の特殊能力を取得するために人的資本への投資と回収を可能にする制度である一方、効率性の賃金契約と従業員の能力評価が正確に行える制度でもある（ミルグロム・ロバーツ,1997,p.403）[5]。仕事あるいは職務に対する昇給と昇進は従業員能力への取得のために活用され、長期雇用制度の所与条件のもとで成り立っているのである。

　各国の企業では雇用制度には長期雇用、内部昇進と昇級だけでなく入職と解雇に関してもさまざまな異同点を見出すことができる。たとえば日本企業はボーナスの調整や関連企業への出向などの手段を行使しながら、可能な限り長期雇用を維持する一方、アメリカ企業は先任権による解雇がしばしば行われる（小池,1999,pp.143-154）。また従業員に対する評価をめぐってもアメリカ企業での職務給に対して日本企業は査定による職能給が採用されているため、以下の議論からわかるように、両国の企業において従業員の昇進数量をめぐっても格差が生じることになる。これらの異同点は長期雇用という雇用制度の効率性、ひいて従業員能力の効率性を損なわないかどうかによって評価されることが妥当であろう。

第3節　日本企業の雇用制度

　これまで多くの日本企業は企業組織内部での生産者資源の未使用用役の発見と用役の創出によって内的成長を中心に実現された。このような内的成長の選択はまさに生産者資源の未使用用役の発見、創出が可能であり、未使用用役による「内的誘引」を顕在化したことに依存していた。以下では技能形成の観点から日本企業の従業員能力と企業成長との関係について考察する。

(1)「人本主義」企業の本質

　日本の企業組織は伊丹(1987)によると「人本主義」と称される。「人本主義」と呼ばれる日本企業は、従業員の観点から生産組織としての重要な意思決定をもつ権利だけでなく、利益の配分および利益の請求において従業員主権を重視するという特徴をもっている。つまり「人本主義」企業は、従業員主権をメインとし、株主主権をサブに位置づけるという特徴がある。

　このような「人本主義」の企業は、株主主権の下での利潤を追求するというアメリカ型の企業組織と行動とは極めて対照的である(伊丹, 2002)。つまり「人本主義」企業は、「ヒト」を中心とする組織編成であるのに対し、「資本主義」企業は「カネ」を基本にした組織編成である。「ヒトのつながり方を「カネを生み出す活動」の基本にすえる、というのが人本主義のもつ特徴である」と、伊丹は指摘した(伊丹,1993,p.43)。これによって、組織構造・行動によって生み出された企業利益は配分権と企業利益の請求権がいかなる「ヒト」と「カネ」の関係に反映されるかということに基づくのである。

　企業の利益分配関係に基づく「人本主義」企業と「資本主義」企業は必ずしも企業組織の効率性と関連付けて議論すべきではないというのが筆者の主張であり、重要なことは「人本主義」企業と「資本主義」企業が従業員能力の利用・発見・創出によって組織の価値創造にいかに貢献するかという観点から分析することである。

　「人本主義」にたつ日本の企業組織の大きな特徴は企業組織内部での従業員

能力の養成（人的資源から未使用用役への創出を含む）に関する組織構造と行動における組織の柔軟性にある。日本企業における従業員能力の養成は組織の効率性につながって企業の競争力の強化にもつながるのである[6]。

この従業員能力の養成は生産現場から技術の開発や商品化までさまざまな段階で行われる。この結果として、このような従業員能力の養成によって得られる組織コストとベネフィットの経済性を長期的な視点から追求することが可能となり、製品市場の変化に即座に対応するアングロサクソン流のアメリカ企業とは決定的に異なっており、日本の企業は高度成長期、石油危機、円高などでさまざまの難局を乗り越えてきた実績を有している。このような従業員能力の養成は70年代から自動車・電気機械・一般機械などの産業の効率性および成長によって証明されたのである。

従業員能力の養成は従業員の採用と解雇・訓練・昇進と昇給などが日本の企業内部組織、内部労働市場によって実現されたのである。従業員に関する包括的な制度によって構築された内部労働市場とする日本の雇用制度は人的資源の利用および資源から用役への転換において効率的に機能しているといえるのである。

（2）職能資格制度

雇用制度の本質は従業員のルーチン的能力と改善能力を高めることである。企業という組織体は仕事の特異性による特殊訓練のためのプログラムを作成することによって内部労働市場が有効に形成されてきた（小池,1999,p.159）。また、従業員能力は従業員を雇い内部訓練の組み立て、実施を通じて企業の競争力に貢献してきた。つまり企業の競争力の向上に役立てるために企業の従業員のルーチン的能力と改善能力は専門的な訓練を通じて行われ、この結果として従業員の能力形成と能力向上が実現するという技能形成[7]のメカニズムが円滑に機能していたのである。このような技能形成のメカニズムが有効に機能するかどうかはどのような雇用制度を構築するかにかかわっている。

日本企業の技能形成はブルーカラー、ホワイトカラーにかかわらず、内部労

働市場を中心とする組織内部訓練に依存してきた[8]。これまでの日本企業は新卒の高校生と大学生を新規従業員として採用し、企業組織内部でOJTとOFFJTの方式で従業員のキャリア形成を推進してきた(小池、1999)。

小池(1999)によれば、OJTとOFFJTは素人から一人前の技能者[9]に至るまで、従業員に仕事をさせながらマニュアル化した一般的な問題解決能力(ルーチン能力)と特殊な問題解決能力(改善能力)とを鍛える方式である。こうした方式を企業組織内部に定着させ、制度化したのが日本企業の職能資格制度であり、アメリカ企業の職務資格制度とは対照的である。

日本に見られる職能資格制度は、従業員の「職務遂行能力」を等級化(資格)する制度であり、「職種や職務ごとに定義されるのではなく、職種と職務を横断する」という特徴をもっている(宮本、1999,p.76)。一方、アメリカに見られる職務資格制度は、職務、つまりジョブに対応する資格制度である(宮本、1999,p.83)。職能資格制度と職務資格制度の下では従業員の問題発見能力と問題解決能力において量的格差が生じている。

職能資格制度と職務資格制度において一般的に上位の資格を取得する従業員は問題解決能力が高いとされる。量的格差は昇進制度により高い能力資格をもっている技能者数の差をさす。職能資格制度は職務地位と能力資格が必ずしも結び付いていない制度であり、したがって従業員の職務地位が低いにもかかわらず、高い職能資格をとることによってそれに相応しい給料ももらえるのである。

① 昇給・昇進

職能資格制度における報酬は本給を除いて(基本給の約3割)、能力資格(職能給は基本給の4割弱)と年功(年齢給は基本給の4分の1を占める)によって構成されている(小池,1999,p.101)。この意味で年功のウエイトが高いので、賃金上昇のパターンは年功序列ともいわれる。このような報酬制度が少なくとも1990年代まで多くの日本企業で採用されていた。

従業員間の賃金の格差、つまり年功以外の賃金上昇手段は職能資格に依存す

るしかないので、従業員が上位の能力資格を取得するためのインセンティブが強く働くようになっている[10]。より高い賃金またはより高い職能資格をとるために、多くの従業員個々の努力によって高い資格を得ることができると考えられる。この制度は、上位資格を所持した従業員が下位資格の従業員に技術伝授を行うことにより自分の昇進と職務の脅威にならないという前提の下で成り立っている。このような条件を整備することによって、チーム内でコミュニケーションの交流が日本の雇用制度に定着することができたのである。生産、仕事上の特異性の問題は情報の収集・伝達・情報の処理など情報システムの機能を通じて従業員間において機会主義行動が取られないことによって、より早く問題解決に結び付き、企業の競争力の上昇に貢献することになっている。これは日本企業のブルーカラーおよびホワイトカラーにかかわらず共通の現象である。

一方、アメリカ企業に採用された職務資格制度は職務地位に基づいて賃金を決定される制度である。職務資格制度は上位の職務の席があいていない場合には下位から昇進することが不可能となる制度であるので、職務の変動する給料しか受けとれず従業員の昇進の機会も少なくなっている(宮本, 1999)。したがって、上位能力に対応する資格および資格による賃金を決める職能資格制度における昇進により、職務資格の昇進人数が少なくなるのも当然である。従業員の能力資格の数量を図形化すれば、日本の職能資格制度は楕円形であるのに対し、アメリカの職務資格制度はピラミット形となっている。企業の製品品質の向上および企業の競争力の上昇が技能者数量の格差から影響を受けているのである。

②OJTとOFFJT

職能資格制度において高い職能資格の所持者が多いこと、つまり量的格差が生じたことは資格に基づく技能形成の時間の長さに依存している。持続OJTの技能形成に加えて、OFFJTによって技能を身につける従業員は、職能資格制度による単一の職務で仕事を行うのみならず、多種多様な職務に勤めることが可

能となる。したがって、職能資格制度による多くの技能者が高い技術を獲得する多能工となる。こうした多能工はアメリカ企業の職務資格制度により形成された単能工よりさまざまな現場において仕事を行うことができるので、結果として量的格差が生じることとなる。

　技能形成の方式は前述したようにOJTとOFFJTによる。技能形成において職場でのOJTは幅広い一般的な従業員能力を形成する主役であるが、仕事の現場での改善能力、特殊な問題を解決する能力は、特殊問題をマニュアル化する(簡素化する)など理論的に整理し、解決に向けて集団で学習することはOFFJTに依存している(小池,1999,p.34)。マニュアル化されていない問題発見能力および問題解決能力は「暗黙知」としてOFFJTによるコミュニケーションの構築に依存し、多くの日本企業に重視されている。したがって、問題解決能力を鍛える訓練を提供するOFFJTの存在により、量的格差が生じるのである。もちろんOFFJTはOJTという能力訓練のプログラムの延長線上にあり、このOFFJTとOJTによる技能形成は多能工を生み出すためには必要不可欠である。

③長期雇用

　職能資格制度においては昇進と昇給に加えて長期雇用という特徴を併せもつ。長期雇用は企業の視点によると人的資本の特異性への投資に見合う収益インセンティブであり、従業員の視点によると報酬の一部としてのインセンティブでもある。技能形成と仕事の特異性に対応できる技能の高い人的資源への投資および従業員の能力に基づく企業の競争力への貢献は、企業と従業員の間に一種の投資と収益の行動パターンであるとして理解できる。こうした従業員の技能形成への投資は企業組織内部を中心に行われ、費用は企業が負担している。一方、投資の収益は企業が回収し、収益の一部は従業員の給料に還元される。長期雇用はこうした技能形成を構築する投資を収益に見合わせる制度である。

　このような従業員への投資と収益に対して、従業員のライフサイクルの観点からも解釈されている。**図表6－1**[11]によれば、企業は30代と40代の従業員の仕事で回収した収益を、20代への投資や50代従業員の退職までの支出に回す

という人的資本への投資と収益のサイクルを内包している。また20代と50代以降の従業員の労働生産性が賃金より低い一方、30代から40代後半までは従業員の労働生産性が賃金より高いため賃金と労働生産性に見合う雇用制度が従業員のライフサイクルを通じて成り立っている（島田,1994,p.163）。企業は、従業員の一部給料を組織内部に留保し、代わりに退職までの長期雇用を従業員にコミットメントする制度である。

逆に大卒や高卒などの新規従業員を採用し、30代と40代の従業員が仕事を辞めるならば、企業は投資に見合う費用を回収していないという意味で損失を蒙ることとなる。一方、企業がこの年齢層の従業員の解雇を極力回避し、50代以降の中高年を解雇する利己的な行動をとれば、同世代の従業員が経済的損失を蒙ることになる。ライフサイクルの観点からみれば、従業員への企業の長期雇用のコミットメントは企業が長期リターンを享受すると同時に企業も長期リスクをも負うことを意味している。

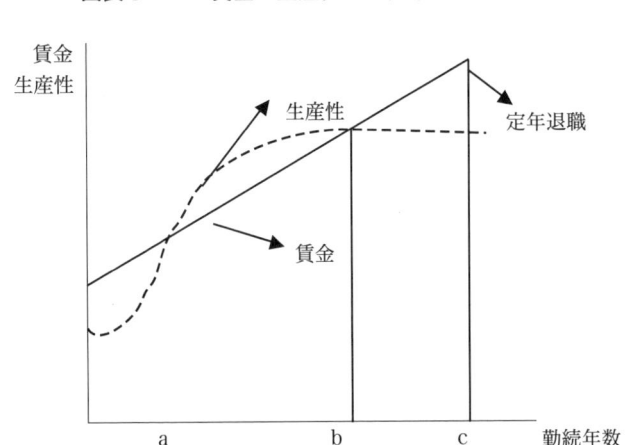

図表6－1　賃金・生産性と勤続年数との関係

a　就職から20代後半までの年数
b　20代後半から働き盛りの40代後半まで
c　50代に入ってから定年退職までの期間
出所：島田晴雄(1994,p163)による

④雇用調整

　雇用調整の方式としては賃金調整と数量調整の二種類がある。数量調整は外部市場から採用したアルバイト、パート、時間工の順番で解雇する方法をいう。そして入口である新規採用の縮小と定年退職という方式をとり最後に出向や正社員の解雇に踏みきるのである。

　無論こうした雇用調整は残業・ボーナス・役員給与など賃金調整が実施不可能という前提で実施される。これは前述した従業員のライフルサイクルの観点から雇用制度の機能を維持するという目的はあるが、労働紛争などによって訴訟を起こされた場合企業に不利な判決が下される要因でもあると考えられる[12]。

　日本での正社員の解雇は、アメリカの先任権制度とは異なり中高年社員から行われるというのが慣行であった。したがって、解雇された従業員が企業の長期雇用というコミットメントに反した背信行為であるために損失の補償を要求するのも当然である。

　雇用調整は人件費の変化を通じて数量調整と賃金の価格調整によって行われる。数量調整とは雇用者の増員と減員を指す。一般的に好景気の場合に企業は生産規模の拡大に伴って新規採用が増えることにより人件費が増加する。しかし、不況期には人件費は傾向的に減少していく。賃金調整とは、雇用人数ではなく、残業手当のカット、あるいは臨時雇用者の解雇などを通じて全体の支払い給料総額を減額することを指す。

　日本における企業の雇用調整は、正規従業員の数量調整より上に述べた賃金支払い総額の価格調整によって行なわれるのが一般的である。企業は数量調整によって従業員の解雇を避けるために、残業時間や自然減少、あるいは出向・配転などによって人件費の調整を行ってきた。これは完全失業率の変化からも読み取れる。

図表6-2　製造業企業の雇用調整

年度	人件費変化率	完全失業率	製造業労働時間(年間)	所定外
1976	9.28	2.0	2087	146
1977	6.97	2.0	2094	156
1978	2.32	2.2	2107	164
1979	6.24	2.1	2135	186
1980	6.59	2.0	2138	197
1981	7.12	2.2	2129	192
1982	4.04	2.4	2124	186
1983	8.46	2.7	2136	194
1984	6.20	2.7	2166	217
1985	5.09	2.6	2156	221
1986	-3.44	2.8	2138	205
1987	-0.25	2.9	2149	210
1988	4.81	2.5	2173	236
1989	7.38	2.3	2152	240
1990	6.69	2.1	2119	236
1991	3.81	2.1	2078	221
1992	0.17	2.2	2017	173
1993	-1.46	2.5	1961	144
1994	-0.49	2.9	1957	145
1995	2.59	3.2	1967	160

資料出所：2004年度厚生労働白書
東洋経済年鑑各期
日本銀行主要企業の経営分析(各年度)による

図表6-2によると、80年代までは景気変動によっても、完全失業率は大きな変化が見られない一方、人件費は景気変動に伴って変化している姿が観察できる[13]。この人件費の変化率と完全失業率との関係から推察すると、日本の製造業では本格的な従業員の解雇などの数量調整が少なくとも行われなかったことが認められるのである。さらに同図表には製造業の総労働時間と所定外労働時間は景気と連動していたことも観察することができる。

このように日本企業が、極力、正規従業員を解雇しないのは、前述したコーポレート・ガバナンスにもかかわっている。つまり製品市場の競争を勝ち抜けることを通じ従業員の雇用保障につなげる代わりに、メインバンクは経営への発言を控えることになる。この意味で、企業の経営者が従業員の解雇に踏み切

るならば経営者自体の運命が変わる危険性が高いからである。

（３）雇用制度のジレンマ

　1990年代前半までは日本企業は経済成長率が低下したのにもかかわらず、前述したような価格調整が行われ、本格的な数量調整が行われた例は概して見受けられなかった。日本企業の長期雇用の慣行を維持するということは経営の硬直性を生むことになるが、この硬直性は必ずしも雇用制度の非効率性につながるわけではない。

　雇用制度は長期雇用や訓練・査定・評価に基づく昇進・昇給・解雇などによって構成されている。このような雇用制度は人的資源を用役へと転換することで従業員能力を養うとともに長期雇用などのインセンティブが伴わないならば成り立たなくなる。すなわち従業員のルーチン的能力と改善能力を育成することによって企業の競争力の上昇に貢献している一方、市場と技術の環境変化において長期雇用を維持するために高コストの制度構造が定着するというジレンマに直面している。

　こうした雇用制度のジレンマは企業成長の観点からすれば内的成長への選択のジレンマともいえる。内的成長は組織内部での資源の未使用用役の発見および資源の用役への転換に依存している。市場と技術条件とが大きく変化する時期に、内的成長に必要な資源の用役が存在していたことによって、企業では内的成長が実現していたのである。この論点は第２章で論じた内的成長の圧力でもある。

　ここで問題は、市場と技術の変化に対して資源の新しい用役が発見できない場合に、また生産者資源から用役への創出が不可能である場合に、さらにそれらが可能であっても時間を要する場合に、内的成長を追求する上で現状の制度を維持することさえ難しくなると考えられることである。つまりこれは、外的誘引の下で内的誘引から内的障害への変化というケースと、内的誘引の観点から外的誘引から外的障害の変化が起こったケースにおける既存の雇用制度の問題であると考えられるのである。

とりわけ不況が長期化すると、つまり外的誘引から外的障害の場合には制度を維持するためのコストが決して無視しうるほど小さくなく、結果として倒産の恐れさえ考えられる。このような市場と技術の変化に対して、企業が資源の用役を利用するための雇用制度においてポジショニング戦略論が必要となり、つまり内的誘引と相性のいい外的誘引を見つけなければならない。しかし、海外への進出など新たな外的誘引の発見は雇用制度の維持の困難を意味している。

一方、新たな成長機会が存在する外的誘引において既存の資源が新たな成長分野へ用役転換ができないのであれば、または競争に対応する時間的に限界に来た場合に、つまり外的誘引と内的障害のパターンにおいて企業内部に蓄積されてきた資源が既存の事業に引きずられ、資源をいかに処分するかといういわゆる内的障害の克服という課題が生じることになる。

しかし、同じ状況の下でも内的成長と外的成長とを選択する余地がある企業は、不採算事業からの撤退や売却などにより資源を市場に返還すると同時に、新たな外部資源を求めることが可能である。ただし、こうした企業は外部資源を組織に取り込むことによって効率的な制度をアレンジすることができるかどうかという課題に直面することになる。このような場合に経営者の制度のリ・デザイン能力が求められるのである。

以上、生産者用役の利用、組織内部での「調整とインセンティブ制度」のデザインおよび制度運営に関わる経営者用役を中心に検討した。次章では日本企業成長の変化の実態を考察し、その要因を探求していくことにする。

注

1) 藤本(1997)は組織能力を企業の全体の観点から考察し、議論をした。
2) ここでいう経営能力はシュムペーター(訳1977)のいう循環能力および新結合能力を含んでいる。シュムペーターは、与えられた与件の下での対応と適応する

能力を循環能力に、また否定のもとの創造的破壊による能力を新結合能力と定義している。

3) たとえば、中国上海電気集団(グループ)が倒産したアキヤマ印刷を買収した際、部品供給、資金調達、販売などさまざまな障害が起きた。これは中根(1967)による日本社会には「内」と「外」区別が慣習として強く植えつけられていることが要因として考えられるといえる。さらに企業間の系列関係もあるので外的成長を選択した企業は社会的に批判の対象となるのである。

4) OJTとOFFJTによって従業員キャリアを取得することについては、小池(1999)の論理がある。小池は内部労働市場という雇用制度の定着に基づいて、従業員の技能形成がOJTとOFFJTによって形成されると指摘している。

5) 長期雇用制度の効率性から人的特殊能力への投資・賃金契約・従業員への評価制度効果についての詳細はミルグロム・ロバーツ(1997,p.403)を参照されたい。

6) これらの解釈は伊丹・加護野・伊藤(1993)による。

7) 技能形成つまり個々の職務に特殊的な技能の形成である。企業の特殊能力の形成については小池が日本とアメリカの比較を行っている。小池は技能形成を「知的熟練」による「キャリア」の蓄積と定義している。一方、青木は「コンテキスト関連技能」あるいは「統合的技能」という概念を提起した。

8) 小池(1999)は仕事に関する内部労働市場と企業の内部訓練を論じている。また浅沼(1997)は中核企業という概念を提起し、企業間の技能形成のメカニズムを分析してきた。

9) 日本企業で一人前の従業員になるまで6年か7年かかるという浅沼説(1997,p.77)がある。

10) 浅沼(1997)は、日本企業組織内には実際二重のヒエラルキーが存在し、実際の昇進は一種の職能資格ヒエラルキーのもとでの職能資格の「昇格」、もう一種類は職位のヒエラルキーのもとでの本当の「昇進」と分類している。いずれにしても「昇進」あるいは「昇格」に必要な手続き、つまり評価制度が組織内部に不可欠である。

11) この図表は労働生産性に見合う賃金と長期雇用との関係を表すものである。こう

した関係は伊丹・加護野(1989,p.519)、島田(1994,p.163)などにより、ほぼ日本中で定着しているといわれている。

12) 日本企業の雇用制度のもとで従業員の解雇により、多くの不利益がもたらされることについては、宮本(1999)の議論がある。

13) ここで経済白書のデータを使って説明するのに整合性はないと考えられる。日本では一般的に不景気による完全失業率の上昇は中・小企業の失業者の増加から始まる。完全失業率が急上昇しないと、大企業は本格的に数量調整を行うことが考えられない。したがって、完全失業率の指標が大企業の雇用調整を説明するのに使われていることについては支障がないと判断する。

第7章　企業成長の変化と原因

　70年代以降、欧米企業に比べて日本企業の高いパフォーマンスは大きく評価されている。景気変動だけでなく変動相場制・石油危機・プラザ合意などの大きな環境変化にもかかわらず、日本企業は長期的かつ安定的な成長を達成していたためである。しかし、90年代に入りバブルの崩壊に伴って多くの日本企業は長期的な停滞に陥ってしまった。
　これまで論じてきたように、企業成長は、企業者用役の戦略策定のみならず効率的な組織のデザインおよび生産者用役の利用、発見と創出とにおける戦略の執行役として経営者用役によって実現される。したがって、長期的な企業成長の変化は企業者および経営者それぞれの能力次第であるといえる[1]。つまり、企業経営陣の能力が企業成長の変化と連動するという表裏一体の関係にあるのである。
　ただし、短期的な企業成長の変化を直ちに企業経営陣と能力に結び付けてはならない。こうした短期的な変化は、企業戦略の一部としての制度のリ・デザインや生産者資源の用役の発見、創出、つまり内的誘引の創出の過程によるものかもしれないからである。あるいは急激な環境変化に適応するため、組織内部における調整への対応、つまり外的障害の克服の過程にあるとも考えられる。
　本章においては、長期的な観点から企業が直面する環境の変化や成長変化が収益構造にどのような影響を及ぼすかの要因を考察し、これらと経営者との関連について検討することにする。まず成長性と収益性の変化の傾向を検討する。次に、このような変化傾向はどのような投資、収益、費用の構造のもとで実現するにかについて考察する。最後に、かかる変化のもつ企業の経営陣に対する意義について検討する。

第1節　企業のパフォーマンスの変化

　経営能力を評価するにあたり経営能力を評価する基準を明らかにする必要がある。前述したように、企業の経営能力としては市場、技術に対応する制度維持能力や制度のリ・デザイン能力などがあげられる。また経営者と企業者が同一人物であるならば経営能力には戦略策定の能力も含まれる。

　企業成長にはこうした制度維持・改善および戦略の策定から、製品の研究開発・成長が含まれる。さらにこれらには技術・市場の変化も反映される。この意味で基準としての企業戦略が確定していなければ、パフォーマンスとのギャップを測ることができないため、正しい経営能力の評価も行うことができない。つまり、業種や企業ごとの企業戦略の把握をしない限り、戦略とパフォーマンスとのギャップが判明しないと考えられる。

　したがって、ここでは日本企業の経営能力の評価についてはひとまず触れずに、これまでの企業の費用構造における収益変化の流れを観察しその要因を検討していくこととする。

（1）費用構造の変化

　企業の収益構造の変化は、売上高と利益の増加をもたらした一方、生産組織の費用構造の変化にも影響を及ぼしている。こうした費用構造の下で、とりわけ費用対売上高の変化は費用と売上高との関係変化を通じて収益にも及んだと考えられる。

　図表7－1は総費用を100として、材料費、金融費および人件費などのそれぞれの割合を示したものである。同図表によれば、製造業においては材料費が諸費用の中でもっとも多く8割弱を占めている。しかし、80年代前半までの非製造業では材料費は4割強にとどまり、80年代後半からは逆に人件費が最も多く4割強になっている。

　費用構造は諸産業の費用の重要性に関して少なくとも二つの意味をもっている。一つは、製造業においては材料費が、また非製造業においては人件費が最

も多くのウエイトを占めていたことである。企業にとってはそれぞれの費用が最大の関心事であったといえるのである。もう一つは製造業のウエイトの変化が小幅にとどまったのに対し、非製造業における費用ウエイトの変化は相当大

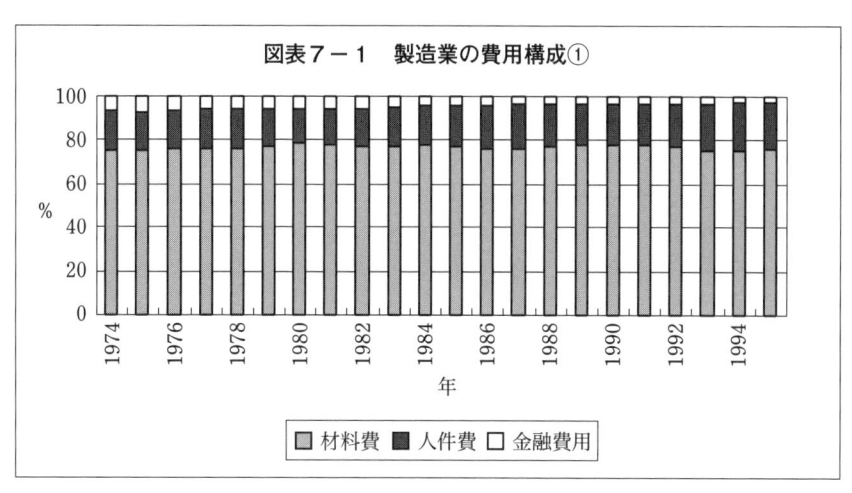

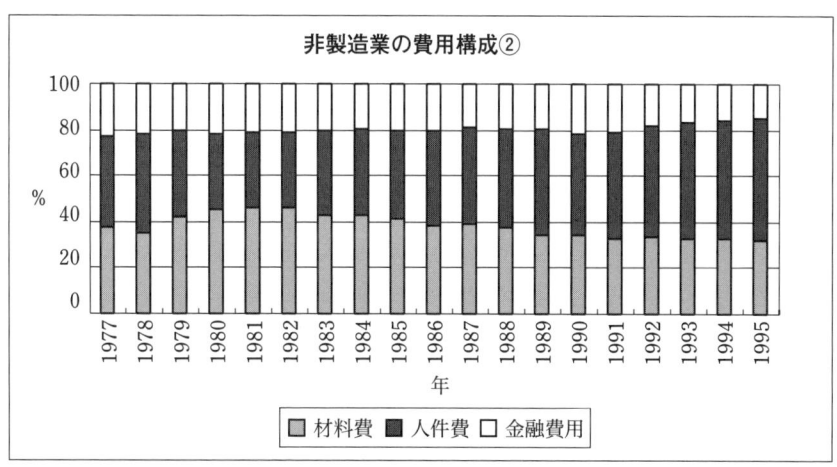

図表7-1 製造業の費用構成①

図表 非製造業の費用構成②

資料出所：図表のデータは日本銀行主要企業の経営分析（各年度）による

きく、とくに人件費と金融費用への依存度が製造業より高いということである。
　したがって、製造業と非製造業とでは費用構造の性質から製造業においては材料費の削減が、非製造業においては人件費の削減に企業の大きな関心が寄せられていると考えられる。たとえば製造業における費用対売上高は70年代に約50％強であったのに対し、80年代以降は40％台に低下していることが**図表7－2**から明らかである。ここから、材料費対売上高の低下は、売上高の上昇率よりも材料費の上昇率のほうが緩慢であったことを意味している。逆に言えば、売上高の上昇幅が費用の上昇幅より大きいので、付加価値の上昇にプラスとなっているといえよう。つまり分子の費用が増加したにもかかわらず、分母の売上高がそれ以上に大きく増えたため付加価値率の上昇がもたらされたのである。
　以上から、製造業における付加価値の上昇は、固定費用の性格をもつ人件費よりも材料費および金融費用の削減が大きく貢献しているといえるのである。同図表からも、製造業における金融費用対売上高の比率の低下は付加価値額の上昇に多く貢献していることが明らかである。したがって、売上高の上昇率が低下すれば、とりわけ長期的に売上高がマイナスとなった場合には、付加価値率を大きく減少させる要因となった。90年代以降に多くの日本企業が直面した問題はまさに売上高の停滞によって企業の組織構造を維持するのに大きな困難を抱えることとなった。

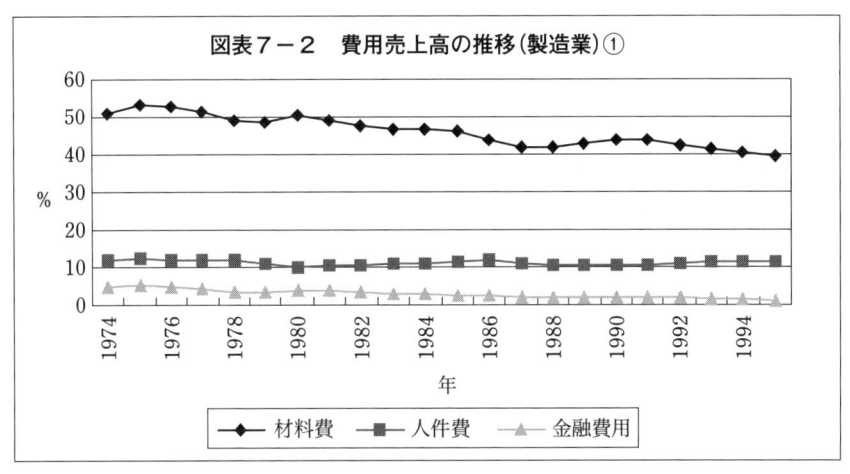

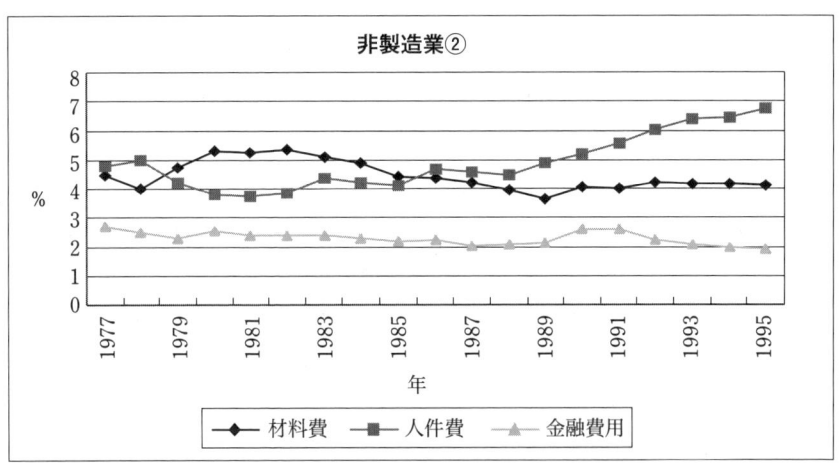

図表7−2 費用売上高の推移(製造業)①

非製造業②

ところで、非製造業企業においては製造業と同じく1985年を境に材料費と金融費用対売上高の低下によって、付加価値率は上昇したことがわかる。そこには二つの理由がある。一つは、持続的に円高によって外注依存の構造をもっている非製造業は、製造業より大きなメリットを享受していた点である。もう一つは、製造業のような国際競争ではなく、国内市場での過当競争や政府規制などの要因が挙げられる[2]。したがって、このような要素市場に及ぼす市場環境の変化は、企業にとって外的障害にも外的誘引にもなりうるのである。

（2）資金調達の構造変化

　前述したように、日本企業は60年代から80年代後半にかけて、メインバンク制度に依存した間接金融を中心にして資金を調達し、またそれに加えて内部留保による投資が行われてきた。日本企業の拡大均衡は、企業の資金調達、つまり企業金融の構造に大きく依存していたと考えられる。金融費用の変化は製造業において企業金融の構造変化につれて、売上高の成長に大きく貢献している。

　ここで**図表7-3**は企業の長期借入金を示したものである。同図表によれば企業の長期借入金が1970年代後半以降減少しており、その後、製造業企業の長期借入金は80年代初期に一時的にプラスとなったが、その後約10年間、80年代末までには再びマイナスとなり、90年代初期にかけて再びプラスに転じた。つまり、製造業は金利負担を軽減するために銀行離れが起き、社債からの資金調達にシフトする行動をとっていると読み取れる。非製造業は、80年代後半から長期借入金と社債の両方において上昇傾向にあるといえるのである。

　企業金融の方式には内部資金の利用があり、上記の資金調達先の変化は、銀行・証券・債券市場のみならずこの内部資金の利用にも見受けられる。**図表7-4**は、製造業の資金調達比率の変化を示したものである。一般的に日本企業は、景気がよい時期に外部資金を多く利用し、不景気の場合には内部資金を利用する特徴をもっている。

　80年代以降、外部資金より内部資金を利用する傾向が強くなった理由としては、企業成長に伴い内部留保を拡大できたことだけでなく、内部留保を投資にまわすことが可能な企業組織の構造変化にあると考えられる。すなわち企業組織構造におけるコーポレート・ガバナンス制度により、経営陣には自己資金の利用方式と利用程度に関する大きな裁量権が与えられたことで企業成長に大きく依存したといえるのである。

　前述したように、有利子負債は企業の利益を圧迫していたので、経営者は企業成長を実現するために金融コストの削減およびメインバンクの干渉を極力に

排除するという目的のために自己資金に依存していたといえる。それはリスク対応への自己防衛であるとともに、よりいっそうの経営者の裁量権拡大に通じる行動でもあった。**図表7－4**も明らかであるように、80年代には企業の資金調達において2割以上3割未満が内部留保で賄われていたのである。

しかし80年代後半、こうした経営者の裁量権の拡大によって従来の製品研究開発・生産への設備投資のみならず、不動産・株式などの多角投資をも行った結果、これらがバブル形成の一因ともなった。90年代以降はバブルの崩壊

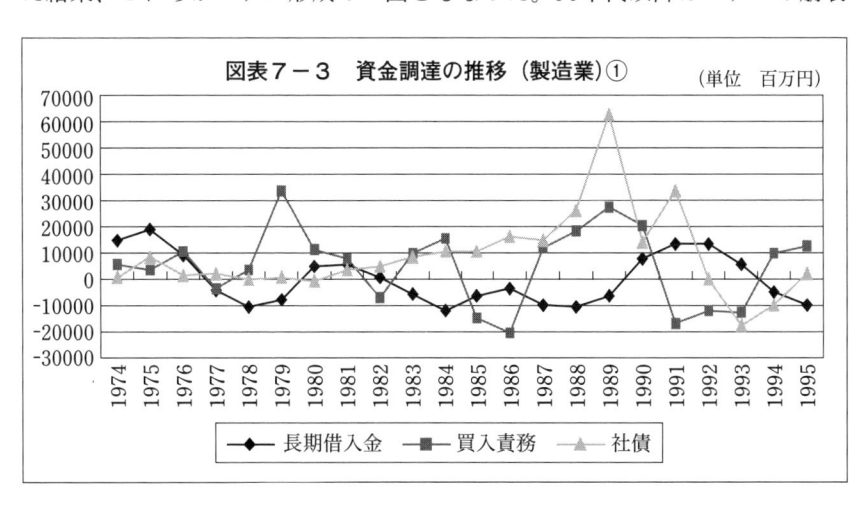

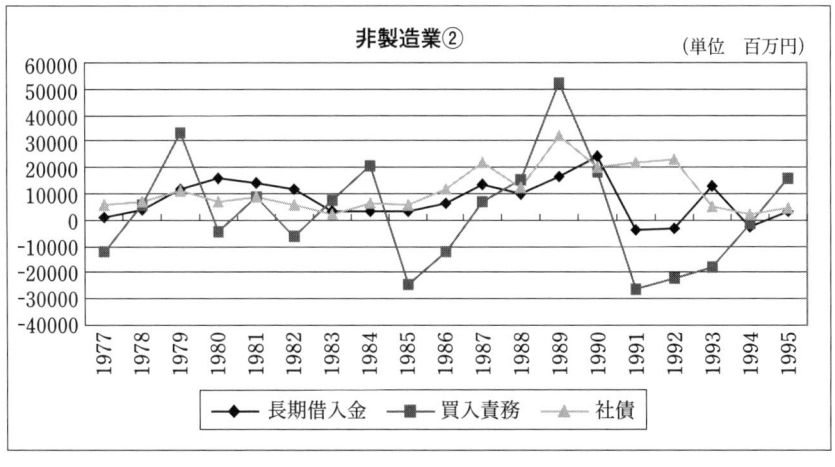

図表7－3　資金調達の推移（製造業）①　（単位　百万円）

非製造業②　（単位　百万円）

によって長期的な不況に陥り収益も減少し、また内部留保の急激な減少をも招いた。バブル崩壊による不良債権の処理と内部留保の減少によって企業の従来までの投資パターンは崩れ、企業は資金調達を再び外部資金に求めだし、その結果銀行の発言力も回復するに至った。

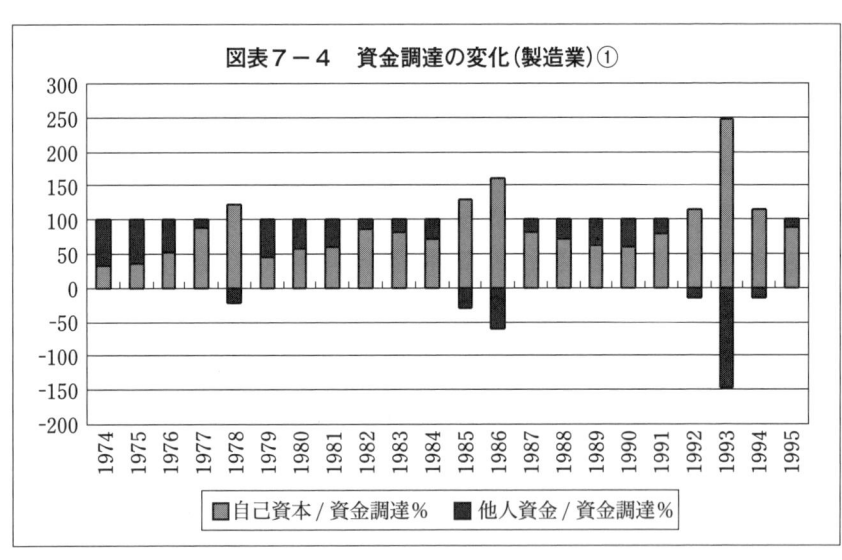

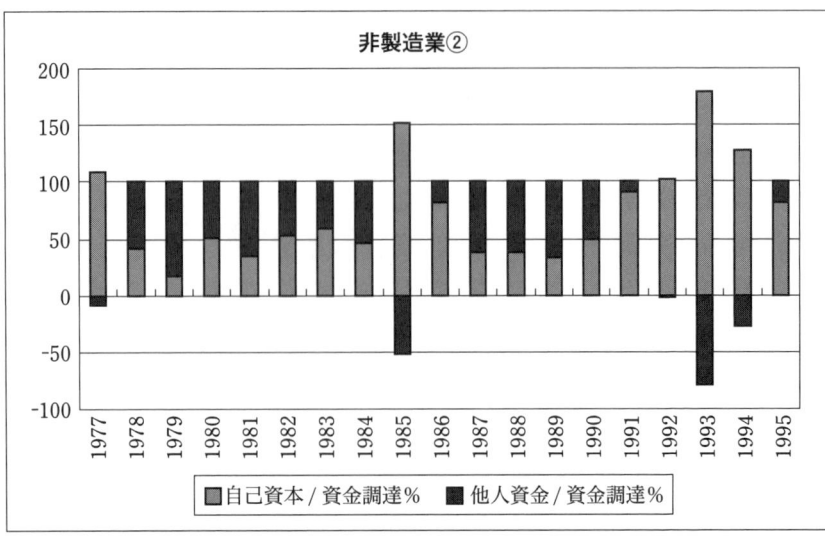

図表7－4　資金調達の変化（製造業）①

非製造業②

間接金融から直接金融へのシフトをもたらしたマクロ金融制度の変化は、企業の資金調達の多元化を促したのである。企業も80年代後半以降の本格的な金融自由化によりさらなる低金利のメリットを享受したのである。他方、マクロ的な制度の変化とともに、ミクロ面における企業の組織構造による内部留保の拡大は、70年代から80年代まで日本企業の金融費用の削減に貢献しその企業成長の実現に大きく貢献したことがわかる。

(3) 収益性変化の原因

80年代までの製造業は、売上高経常利益率から見れば安定成長を達成していた。売上高の変化率および費用の変化率から見れば明らかなように、当時の企業では売上高の上昇率が費用の上昇率よりも大きかったといえ、これは企業組織の「規模の経済性」が達成されつつあるとともに、組織の効率性を達成するために費用が抑制され、企業組織が費用の抑制に有効に機能していたからと考えることができる。

ところで非製造業における売上高経常利益率は製造業よりも低かった。その理由は非製造業の費用構造および企業外部の環境変化が、企業組織内部の収益構造に影響を及ぼしたためである。非製造業では売上経常利益率と総資本収益率が低い水準であるにもかかわらず、収益の安定性は保たれていた。

ここで付加価値率とは売上高に占める付加価値の大きさを表すものであり、自社の加工度の高さを示すものでもある。また付加価値率の上昇は仕入中間部品[3]の外注が少なく、企業組織内部において高付加価値を生み出す生産構造を有していたことを意味する。逆に付加価値率の低下は企業組織が外部中間部品に過度に依存し、企業内部は低付加価値に対応する生産構造であることを表している。

図表7－5によれば、70年代後半から1984年にかけて製造業における付加価値率は低下傾向を有し、一時的に上昇するケースもないわけではないが、90年代に入ると全体的に低下傾向がはっきりしてきた。非製造業の付加価値率は当該期間中に上昇傾向にある。ただし、付加価値率の絶対値においては製

造業企業よりかなり低位にある。

同図表の付加価値率の変化から、二つのことがいえる。一つは企業組織内部では高付加価値の生産構造が失われ、収益の低下を招いたこと、あるいは外注の増加によって、収益の一部が外部に流出したことである。このようなことは、前述したような内的誘引から内的障害への転換のパターンである。

もう一つは、多くの大企業は多角化事業を行っている。こうした企業は高付加価値の生産構造と低付加価値の組織構造（相対的に費用高）をも同時に有している。したがって、利益の相殺によって企業全体の付加価値率の低下または収益率の低下がもたらされたことである。これは外的誘引が外的障害に変化するパターンと、内的誘引が内的障害に変化するパターンと同時並行していることである。

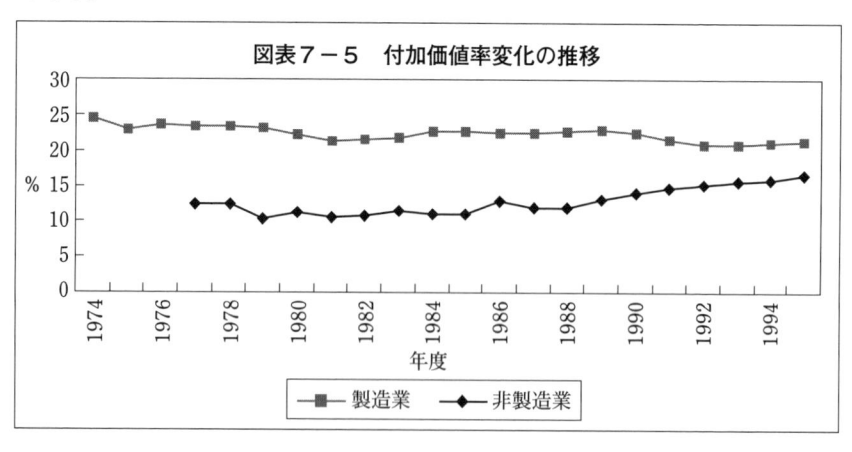

図表7-5 付加価値率変化の推移

90年代以降の企業の収益性は、70年代後半および80年代全体と比べると低下してきている。この収益低下の理由は、売上高成長依存型の収益構造に決定的に依拠している。このような構造の下では売上高の成長がとどまると費用が高く計上され、収益率が極度に圧縮されることになる。このように既存の組織構造の下では、企業はしばしば景気変動に伴い前述した稼働率の変化を通じて付加価値率の変化を選択している。したがって、企業は90年代に入って収益

性の低下をもたらした生産規模と生産能力を維持するために新たな要素市場、また成長市場に新たな展開を求めた戦略を選択したのである。

第2節　市場と技術条件の変化

　70年代以降、産業構造の変化に伴って自動車・電気機械・一般機械などいわゆる機械系モノ造り産業が基幹産業となっている。こうした産業における企業は、円切り上げ、変動相場制への移行および石油危機などの大きな環境変化を克服して、高いパフォーマンスを実現した。しかし、90年代以降には、こうした産業でもバブルの崩壊に伴って成長性と収益性の低下傾向が明らかであった。たとえば、自動車産業では日産自動車、マツダ、三菱自動車、家電産業では東芝、三洋電気などが該当しよう。

　こうした成長性と収益性の低下はＩＴ技術の応用と普及という技術条件の変化や経済のグローバル化に伴う市場環境の変化が企業の収益構造・費用構造に大きく影響を及ぼしていたのである。

（1）これまでの技術革新

　70年代半ばまでの日本企業は先端技術の吸収や既存技術の改良・開発によって、技術能力が著しく高まり、また、生産工程における技術革新はTQCの普及に伴って生産技術と製品開発技術に関する組織学習を通じて従業員の問題発見能力と問題解決能力の向上をもたらした。こうして形成された能力は「学習能力」(藤本, 1997) と呼ばれ、このような「学習能力」は新たな生産者用役の発見・創出として製品の品質、性能の上昇ひいては製品価格の低下に貢献し、組織の競争力を引き上げるために大きな役割を果たしていた。

　たとえば、60年代後半から定着したトヨタ自動車を代表するリーン生産方式を始め、「学習能力」は製品開発技術の上昇と生産工程技術の改善を通じて日本企業全体の技術能力を高め、組織の競争力の上昇に多大に貢献したといえ

る。70年代以降の自動車・家電製品を中心とする機械加工と機械組立の技術力の向上はまさにこうした「学習能力」が極めて有効であったことを証明している。この時期以降にアメリカへの製品輸出と技術輸出が増加したのは日本企業の技術力の向上が背景にあった。

　日本企業はオリジナル商品の開始よりも、既存製品の品質と性能の改良・改善に優れた能力を発揮していた。たとえば、70年代に入って、企業は製品性能や品質の改善などの技術を開発し、製品シェアの拡大の実現に努力したし、新規需要の拡大を図るために企業は製品の低価格化によって製品シェアの拡大による成長戦略の実現に努めた。80年代に入ってからは、製品の高級化と個性化の消費傾向に対応するために、デザインや利便性などの製品設計技術の能力を高め、ことに自動車産業では車種数と高級車数の増加を実現し、このような企業努力がアメリカ市場での成功につながっていた。

　製品開発技術における技術革新は、従業員能力の向上による既存製品の技術改良や開発力の向上によって実現した。日本企業は第一次石油危機以降に、製品の改良と開発で大きな成果を収めたことによって企業業績が迅速に回復し、このため日本企業のパフォーマンスの高さに国際社会が大きな関心を示し、注目した。たとえば、生産現場における従業員間のコミュニケーションの交流を制度化したことは、生産段階における製品の設計および生産プロセスでの早期問題発見と問題解決を実現させ、製品の顕著な品質改善につながっていた。一方、製品開発段階、たとえば自動車のモデルチェンジの場合には、企業組織内部の強力なチーム結成および企業組織間（中間組織）の製品開発力の向上により製品開発の時間短縮が実現し、市場シェアの拡大を通じて成長に貢献したのである。

　企業は国内市場の競争を通じて、こうした資金・人材・組織構造から製品の技術革新を支えることによって成長している。一方、国際市場では、特に第二次石油危機以降に欧米企業を競争相手とする日本企業は、多品種・少量生産方式を採用し、習得した製品技術を通じて省エネルギー・低価格・多品種および高品質の製品を供給して、成長していった。

80年代に入ってからの自動車、電機、一般機械などの広義の機械工業を中心とする製造業の国際市場でのシェアの拡大はこうした生産・製品技術の改良による結果であったと考えられる（堀内・花崎，2000）。

(2) 中間組織の活用

日本企業の生産方式の中で、とくに中間組織の役割については次のような特徴を有する（浅沼，1997）。日本の企業は企業内部の垂直統合によるものでなく、部品生産が系列企業と呼ばれる中間組織の形で完成品と半製品さらに小さい部品の生産が行われる。各企業間の情報交換と技術交流は製品開発の時間を短縮できるとともに品質の改善、部品価格の低下などによって中核企業だけでなくグループ企業全体の競争力の強化と結び付いている。

日本企業の生産は、完成品企業の組織に集中するのではなく、中間組織を活用し、「規模の利益」を実現している。中間組織は長期的な信頼関係の下で、資本・技術・人員などさまざまな分野で協力し、品質の上昇とコストの削減に貢献し、いわゆる取引コストの節約を通じて「全体最適」を実現している。製品の設計から製品開発技術・生産工程の改善、コスト削減と品質向上など複雑な製造工程全般において、日本企業の競争力は欧米の企業を上回っていたのである。

企業は生産規模を拡大する一方、生産ラインにおいて多様化した商品の多品種少量生産を可能にしたことによって、製品シェアの上昇と企業成長を実現し、さらに大量消費時代に対応する大量販売方式を確立することによって企業成長を実現した。企業成長は組織の水平統合による拡大でなく、中間組織の活用や製品種類の多様や販売網の整備などに依存していたのである。

日本企業の国内市場での競争は、価格と品質による競争に加えて、製品の多様化と性能の向上など製品差別化によって行われていた。国際市場では、日本企業は製品の性能・品質および価格において欧米企業より優位にたち、このような日本企業の優位性は製品・組立を中心とした分野において優れた従業員能力に依存していた。つまり、製造・組立プロセスにおいて技術的なハードルが

存在したので、日本企業は研究開発・生産現場でのコミュニケーションによって従業員能力の向上を図り、その結果、欧米企業の組織に比べて日本企業の競争力が強化されたのである。

（3）ＩＴ技術の影響

　技術革新の歴史によれば、エネルギーを中心とする新技術の発明が産業革命の大きな要因であり、蒸気力の活用によって第一次産業革命が、石油の活用によって第二次産業革命がもたらされた。
　1980年代後半から情報通信技術（ＩＴ技術）の発達、とくに軍事通信技術から生まれたインターネットの発明と民間への普及により企業は時間的・空間的な制約から解放され、地球規模の製品調達・生産・販売のネットワークの形成が可能となった。これはＩＴ革命ともいわれている。こうした非連続的な技術革新は、企業の生産方式・製品・技術開発にまで影響を及ぼし生産工程の技術革新を促進する大きな役割を果たした。
　90年代に入って、日本の企業成長はＩＴ技術の出現によって大きな技術条件の変化に直面している。情報通信技術からもたらされた「デジタル革命」は、日本企業の製品開発・改良の技術優位性および品質改善に対して組織的な対応を不可避とし、生産プロセスにおける問題発見能力および問題解決能力のさらなる飛躍を大きな課題とした。
　現在、ＩＴ技術は広範囲に活用され、コンピュータに代表される「デジタル革命」[4]を引き起こしている。前述したようにＩＴ技術は新たな市場を提供し、産業構造に大きな変化をもたらしている一方、ＩＴ技術の応用は製品技術の開発と改良また生産工程にも新しい要素技術を提供し供給側の企業にも大きな影響を与えている。
　1960年代後半からの「デジタル革命」は「微細加工や品質管理において精密な共同作業」（池田、2001）の下で、関係者間の共同作業と協調による早期の問題処理が求められ、このため情報の共有が必要であったが、80年代の「デジタル革命」は「どんな問題も言語で表現されて処理すること」が可能となっ

ており、このため「従来の特定職場のなかでのみ通じる暗黙知の価値がなくなる」ことによって、日本企業の生産方式および組織制度(生産現場)の優位性が失われてしまう可能性はある(池田, 2001)[5]とする悲観的な見方も一部に存在している。

ＩＴというツールは「補完性」が高い情報システムにおいて製品技術の研究開発および生産工程に大きな影響を与えている。その典型としては製品のモジュール化を促していることである。90年代に入ってからのモジュール化という新しい生産方式により日本企業の競争力の源泉であったモノづくりに大きな構造変化の波が押し寄せ、このことが原因となって製造・組立の分野におけるかつての優位性が低下することとなった。フォードの単一品種大量生産方式からＧＭの多品種大量生産方式へ、さらに日本の多品種・少量生産というリーン生産方式への革新が企業の組織形態と規模に変化をもたらしたように、今日のモジュール化の生産方式は新しい水平的な分業組織を生み出しているといえる。

日本企業の優位性は複雑な製造工程にある。たとえば、自動車産業では多能工による生産現場での製品技術の情報交換(情報のプール化あるいは情報同化のシステム)は品質改善や多品種生産に貢献し、さらにこれらの企業はサプライ企業(中間組織)との資本・技術・人的・品質の交流により、製品の開発期間の短縮や問題の早期解決、製品価格の低下という成果を上げてきた。したがって、製品の研究開発および生産が複雑化するにつれ、日本企業の優位性が注目を集めたのである。

(4)モジュール化の生産方式

モジュール化とは、部品を組み合わせたモジュール(構成要素)を寄せ集めることによって簡便に製品として作り上げる方法である[6]。モジュール化は複雑系の生産過程を簡素化することによって、日本企業の優位性を低下させる効果をも併せもつ。旧日本興業銀行産業調査部の報告は、「モジュール化によって、製造業を取り巻く新たな環境変化を顕在化している。モジュール化の本質はサ

プライチェーン全体の「全体最適」は犠牲にしても製品要素(部品、モジュール)ごとの「部分最適」を追求することにある。製品要素の「部分最適」は要素そのものの価格、品質においての優位性をもつ」と述べている(『週刊ダイヤモンド』2002年3月,第9期)。

　この製品のモジュール化は、家電・電機産業などいわゆる製造・組立における集約と高い技術などの優位性をもつ日本企業の生産方式の強みがかなり制約され、また、こうした生産方式が労働コストの低い東南アジアや中南米において採用されれば、日本企業製品の価格・性能・品質の優位性が次第に縮小する恐れもあり、価格競争がますます激しくなると予想されているのである。ただし自動車産業への影響は必ずしもそうではない。それはこれまでの自動車産業における部品生産自体がモジュール化されている要因が大きいためである。

(5)「相性」が産業組織能力への影響

　藤本・延岡(2004)は、産業分野ごとに組織能力との「相性」が存在するというアーキテクチャ理論を提起した。藤本・延岡のアーキテクチャ理論は「国と産業の相性」を前提とし,個別の製品について具体的にアーキテクチャの策定・分類を行い、製品開発や生産に関わる組織能力の内容を具体的に明示し、その後に両者間の「相性」を判定して企業や企業群の競争力・シェア・収益性などを予測するというものである。

　こうした産業理論は産業を「擦り合わせ(インテグラル)型」と「組み合わせ(モジュール)型」に分けて、企業組織内の統合(調整)活動に負荷を与える「相互依存性」に直目し、「擦り合わせ(インテグラル)型」に対応する統合能力がいい相性と「組み合わせ(モジュール)型」に対応する「選択能力」がいい相性とを区別している。

　藤本・延岡の考え方によれば、90年代以降ＩＴ産業を中心としたデジタル財が主役になったことによってインターネットを代表するとするモジュール型産業に強いアメリカ産業の復興をもたらしている一方、こうした「モジュール型」に「相性」がいい「選択能力」は日本企業には欠けているので、ＩＴは電

気・電機産業を中心とした産業の成長性と収益性に影響を与えていると説明している。逆に「統合能力」に「相性」がいい「インテグラル型」における自動車企業は依然として競争力が強いというロジックである。すなわち藤本の議論によれば、ＩＴ技術の応用は一部の日本企業の生産方式への影響があり、限定的であるという。

こうした産業理論は技術変化に基づく生産方式への影響が各国の産業の優位性と結び付いた分析ツールを提示こそするが、反面、「各国と産業の相性」が生まれてきた理由については説明できない。たとえば、日本の自動車産業を代表とする擦り合わせ型におけるトヨタと日産との相違などがあげられる。同様に組み合わせ型の電気・電機産業においてもキヤノンやシャープや松下の「勝ち組」が存在することが説明できない。

ウェーバーとシュムペーターの思想である「没価値性」の主張や個人主義的政治信条とは無関係の観点によれば、「国と産業の相性」の産業理論が説明できないところが少なくない。今日の経済のグローバル化においては国ごとの産業・企業の意義が薄くなっている。要するに、産業あるいは企業そのものの存立の意義が問われ始めており、企業にとっては「属国」でなく「属人」の重要性の比重がますます高まっているのである。

この論点こそ、本書において、戦略・組織・制度に関わる企業者・経営者・生産者の概念の下で企業成長の命題を研究する理由の一つでもある。

（６）海外への直接投資と海外企業の成長

70年代後半から日本企業は海外への直接投資を行い、85年の円高を境に海外での生産拠点の構築や海外市場への進出などの両面で大規模な直接投資を実施した。90年代に入り、ＧＡＴＴからＷＴＯへの転換により資本と貿易の国際的展開によるグローバル化が進展し、ＩＴ技術の応用に伴ってこれまでとは比較にならないスピードで資金と技術の国際的流動化が促進され、また市場の統合化が実現された。このような国際的流動化を企業の視点からみれば、国内と海外の両市場の拡大という外的誘引とともに、新たな国際的側面において水

平分業体制に取り組み、新たな競争体制の確立が要請されたといえる。

　こうした国際的な広がりをもった競争によって品質レベルの格差が企業間でほとんどなくなっており、これは1960年代に日本企業がＴＱＣを導入してきた結果でもある。また価格競争においても組織構造に依存していた従業員能力が国内の企業間で格差が生じたとしても、国際的な価格競争の結果として価格の平準化が進み、このために価格差別による付加価値の増加にまではつながらないようになってきた。

　価格・品質・アフターサービス・性能などが各企業間で大きな差異が見られない国内市場では、付加価値増加の方法としては原価低下以外に考えられず、したがって企業は価格面で優位に立つために材料費を中心とする部品価格の低下を通じて費用構造の変化を求め、海外に進出する方法を選択する企業が増加している。今日の日本企業の競争対象は欧米企業のみならず、東南アジア諸国や中国などの企業も加わっており、企業の国内市場での競争は新たな分業体制の下で海外企業の要素が強くなってきている。

　一方、輸出企業は国際市場の下で、70年代以降に価格と品質と性能の面で競争に勝ち残ってきた。輸出の決定的要因としては所得効果と価格効果があげられるが、アメリカを始めとする先進国では所得効果が大きく、とくにアメリカは日本企業に大きな市場を提供してきた。

　70年代から80年代前半にかけて日本対世界の価格比は低下しており、また輸出価格の弾力性も大幅に低下した（南, 1992）ために、世界市場における輸出シェアの増加は、日本の国内市場と同様に性能や品質を支える企業組織の品質管理など従業員能力に大きく依存していたので、必ずしも付加価値の増加にはつながらないという難点があった。付加価値の増加につながる方法としては諸要素費用が低い海外に直接投資するという選択肢しか日本企業に残されていなかったのである。

　海外進出は円高リスクの分散とともに、円高を生かし海外投資のコストを低下するというメリットがある。しかし、海外市場において日本企業の競争対象はもはや欧米企業のみならずアジア諸国や中国などの企業も加わっている。と

くに90年代後半に入り、台湾や韓国などの企業の躍進が目立っている。これはＩＴという新しい産業の成長やＩＴ技術の応用によるモジュール生産方式の拡大によって、半導体技術が応用され、労働コストが安い中国への直接投資を通じて急速に競争力が強化されたからである。現実にはこうした現象は家電電機、一般機械産業において目立ってきている。また海外市場のみならず、日本の国内市場でも日本企業同士との競争が激化している。従来の「雁行発展パターン」は資本および技術の流動化が激しいグローバル市場においては崩れつつあるのである。

　90年代に入ってから、企業の生産拠点を世界中に転換するという国際レベルでの水平分業体制が形成されたことにより、部品生産の集約と特化によって企業の比較優位がより顕在化されやすくなっている。通信技術の発展、とくにインターネットの普及は世界中の生産ネットワーク形成に大きな役割を果たしている。地理的にある程度の製品技術さえあれば、企業は関連する部品を調達して、ブロックごとに製品を市場に提供できるため、これらを有効に活用することによって付加価値の増加をもたらすことが可能となっている。したがって、従来の個々の部品の技術ハードルを克服できないと次の段階の生産に入りにくいような旧来の生産方式は簡便な生産方式に変わってきている。さらに従来の立地の概念は、製品的ネットワークに加えて人的ネットワークの重要性が増して、それぞれの市場で大きく変化してきている。

第3節　日本企業の新たな成長課題

　今日、市場と技術環境の変化および企業の内部費用・収益構造の下で、90年代以降に収益性と成長性の低下をもたらし、このため企業の経営能力の有効性が疑われている。ここでは経営能力の有効性という概念を用いて、「経営能力の低下」と表現しなかった理由は、安易に過去の経営能力と現在の経営能力とを比較することを避けたかったためである。「経営能力の低下」は新たな市

場と技術環境の下で、従来のような経営能力では成長性と収益性を高める余地が少なくなってきたことであり、企業者用役と経営者用役の概念からすれば企業者資源と経営者資源の新たな用役の発見ができなくなったことを意味している。このような現象はこれまでの成長性と収益性の変化によれば多くの企業で見受けることができる。

経営能力の有効性は制度などの構造的な要因と経営陣自体の能力の両方からなると考えられる。

(1) 構造的な制度改革

90年代以降の日本企業への不信は日本の企業組織制度への不信に端を発している。70年代からの高いパフォーマンスによって日本企業が評価されたのは企業組織制度であると同様に、パフォーマンスの低下もまた企業組織制度に結び付けられて考えられるのである。

①雇用制度の改革

これまでの日本企業の雇用制度における長期雇用慣行は、研究開発および現場生産における従業員能力の養成と能力向上へのインセンティブとなり、日本企業の競争力を向上させる役割を果たしていた。しかし、90年代以降の企業の成長性並びに収益性の低下は相対的に長期雇用慣行に基づく雇用制度のコストが高くなったことを意味している。

したがって、これまで論じてきた雇用調整、つまり従業員の賃金カットやボーナス削減、新規採用の削減・リストラなどを通じて雇用コストを引き下げたことに加えて、長期雇用慣行を基軸とした制度自体の改革が必要となってきた。実際のところ、多くの企業は景気変動に対応して賃金上昇の抑制・ボーナスの削減・関連会社への出向・新規採用の停止・早期定年退職の社内募集など人員削減に関するさまざまな雇用コストを低下させる方策を打ち出しているが、長期雇用慣行を揺るがすほどの大規模な解雇にまでは至っていない。問題は長期雇用慣行を基軸とした雇用制度を崩壊させる改革を行うならば、果たしてそれ

が企業の成長性および収益性の改善に有効かどうかということである。それは前述した雇用制度のジレンマにも関連している。

　こうした改革の提案には大きく二つの問題が存する。一つは、企業の成長性を促進させるという選択ではなく、目前の収益性の改善のみ関心を払うことの難点である。長期雇用を見直すことによって雇用コストを削減することは雇用制度の維持の観点から見れば妥当であろう。しかし、企業は目前の収益性の改善のみならず、今後成長性があると認められる事業の拡大を通じて収益性を高めるための雇用慣行が必要になるのである。つまり長期雇用慣行を変化させることによって企業成長に必要な内的誘引の利用に役割を果たしたかどうかということである。たとえば、藤本・延岡が論じたように、各産業との「相性」のいい組織能力を高めるためには、自動車産業ではむしろ長期雇用を堅持すべきであると考えられるのである。

　もう一つは制度の観点からの問題である。かりに長期雇用の改革が収益性の改善に有効であれば、この新たな慣行が新たな事業における従業員能力の育成と向上に対する有効性の存否に関わる問題である。雇用制度は企業の成長戦略実現のツールに過ぎない。したがって、今後の雇用制度は新たな企業成長に対する生産者用役の発見と創出が機能しないならば、この制度の改革に踏み切った意味はなくなるのである。

　この意味で、企業の経営者は雇用制度などの改革に着手していくことが考えられるならば、今後企業成長の戦略に依存しなければならない。戦略の観点からすれば、企業の経営者は市場と技術の変化のトレンドを認識した上で、市場ポジションに対し現在の組織構造の下での競争力に関心を払うとともに、今後の企業の成長性への貢献が認められる制度をリ・デザインするのである。

　したがって、それぞれの企業は将来への市場状況や技術条件および不確実性の推移を慎重に検討し、異なる事業に対応し、長期雇用を維持しながら漸進的なあるいは抜本的な改革を選択することが重要である。長期雇用の改革あるいはこの慣行を維持することの意思決定を行うにあたっては、生産者資源の用役の利用によって、組織に競争力がもたらされるだけでなく、生産使用役の発見

と創出によってどのように機能するのかという点を見極めるべきなのである。
　また「歴史的経路依存型」の観点からしても、今後、長期雇用慣行の改革は文化や社会などの所与条件、さらにグローバル事業展開の視点をも考慮した上で行われるべきである。これにより今後の日本の雇用制度は現状への適応力をさらに高めていく可能性が大きいと考えられる。
　この論点は多角化事業を展開する企業組織において内部労働市場が分化されていくことを意味する。同じ事業組織内での各仕事の性質によってそれぞれに長期雇用・短期雇用・バイト・外部委託・派遣などの多様な雇用形態が認められるのである。現実に多くのＩＴ企業は仕事の補完性が高くない特徴を利用し、単一技術に特化すれば事業を展開できるという多様な雇用形態を採用している。言い換えれば、このような生産者資源は従来の一組織内部だけにとどまらずより広い外部市場にも視点を広げていく必要性を示唆しているのである。当然企業の多角化事業に対応し、異なった雇用形態も必要になったといえる。
　ただし、この多様な雇用形態がいかに持続され、企業成長に貢献する生産者用役の発見と創出が実現されるかは経営者のマネジメント能力次第である。経営者は企業成長の戦略の下で、企業自体の状況を見極め、どのような雇用制度を構築していくかという制度のリ・デザイン能力が求められている。また選択した雇用形態を説明し社内に浸透させる能力が要求される。これによって、これらが実現することにより今後の雇用制度の改革への明白な戦略を提示し、「調整とインセンティブ」の制度の下で、職場環境を変化させ、従業員能力を再発見するという企業者用役の役割が果たされるのである。
　このような企業者用役は、今日、一部の日本企業で見受けられる。たとえば、トヨタ自動車の奥田会長は記者会見中、何回も長期雇用慣行を守ることを宣言し、またキヤノンの御手洗社長も長期雇用制度を維持していくとの見解を示している。一方、ソニーの出井元社長は能力給を中心に中間採用を拡大するなど従来の長期雇用慣行とは異なる雇用形態を打ち出している。日産のゴーン社長は元経営陣が工場閉鎖に伴って大量解雇に踏み切ったが、業績の回復傾向が明確になるに伴い、従来の従業員を中心に改めて採用し、能力給を中心とした長

期雇用を提示している。

　以上で見てきたように、経営能力には企業者の戦略の下で制度維持能力とともに制度のリ・デザイン能力も含まれている。とりわけ市場環境と技術の変化が激しい今日、企業の経営者による組織制度のあり方を示す能力次第で競争市場における企業成長は変化すると考えられる。言い換えれば、こうした経営能力は新たな企業成長に必要な資源が獲得できるかどうか、ひいては資源の新たな用役が創出できるかどうかという制度設計にかかわっているのである。

② コーポレート・ガバナンス制度の改革

　日本のコーポレート・ガバナンス制度が経営陣への制御不能によるバブル形成の一因となり、さらにバブル崩壊後、経営陣が迅速に収益性と成長性の改善に取り組めなくなったことを背景として、制度改革の議論が盛んに行われるようになった。しかし、コーポレート・ガバナンスの本来の目的は株主が取締役会を通じ経営者を規律づけることにある。株主は「発言アプローチ」と「退出アプローチ」によって企業の収益性に基づく配当や株価に関心を示す傾向がある。したがって、コーポレート・ガバナンス改革は取締役会を介することにより株主への配当などには影響するが直接的には企業成長の改善にはつながらない。ただし、従来の退職金や名誉職などとは異なる業績連動のインセンティブ制度の構築によって、間接的に企業収益を上昇させる効果があるのではないかと考えられる。

　日本企業は、株式の集中度が高いにもかかわらず、株式の相互持合によって株主を無力化することによって経営陣の権限を強化してきた。このような日本のコーポレート・ガバナンスの下では、多くの企業の取締役は経営者を兼任し、内部昇進する性質を有していた。また、経営者が経営の第一線を離れたとしても、経営への関与が認められる習慣があったことから現役の経営者の権限と責任の関係はいっそう不明確となっていた。さらに、制度的には経営者と取締役の役割分担と責任が不明確であるので戦略の観点からすれば企業状況の改善が困難となる難点があった。

たとえば、現役の経営最高責任者の多くは先任者の指定によって昇進する慣わしがあり、このために後継経営者は企業の既存戦略を継承しつつ経営トップの座に就くのが一般的である。したがって、こうした経営者は前任者が策定した戦略に異議ないしは反対を唱えるならば後継者として選ばれることはないと考えられる。もっとも、ごく稀には既存戦略を放棄して新たな戦略に基づいて経営の舵取りを行うケースもないわけではない。このようなケースは企業が新たなビジネスモデルの構造を求めているような場合である。
　このように後継者にとって重要なのは前任者の戦略を継承することである。とくに前社長が会長あるいは相談役に就任すれば(議決権があるかどうかにもかかわらず)、後継者が新たな企業成長のビジョンと戦略を提示することは一般的に困難である。むしろ現役経営者は企業の安定成長を最優先し、経営陣の一致団結というイメージを社会に植えつけることに心血を注ぐことになる。このような慣行の下では前経営者の戦略に反対する取締役は退陣に追い込まれることが多いと思われる。
　この意味で現役最高の経営者は先任者が築いた企業組織制度の維持能力をとくに要求され、戦略と組織調整が必要な時期には企業組織内部での権限と責任が不明であるために、迅速な判断を下すことができないケースが存在する。つまり、経営をめぐる環境や技術が大きく変化した場合には、先任者の戦略と矛盾したり、あるいは現実と適合しない戦略を放棄したりすることは、現役の経営陣にとって容易なことではないことと考えられる。
　現実に一社員から社長まで上ることのできる人間は一般的に相当の経営能力をもっていると思われる。アメリカのような帝王学などの英才教育がない日本社会においては、このような社長は社員から経営者になるまで厳しい現場での洗礼を受け、企業内部でいくつかの管理職を経験し、企業経営の経験を積み重ねてきているのである。
　取締役会の戦略策定の責任と経営執行役の責任の所在が不明であり、またそれぞれの権限を一体化したことにより、現場重視の組織オペレーションの効率性における経営能力は確かに上昇した。しかし、企業の経営能力は制度維持の

観点から現場重視の組織オペレーションの効率性に加えて大局的な戦略策定能力も不可欠である。これらの戦略策定および現場重視の経営能力を結合できる経営者はそれほど多くはないと考えられる。日本の企業経営者は、企業家のような独自の戦略思考と戦略策定能力とともに、組織・技術・市場・生産などの現場重視の経営能力をバランスよくもっている人に限られているのである。さらに企業組織の戦略策定において組織の現場からの積み上げが重視されるので、経営者の能動的な側面よりどうしても受動的な立場からの戦略策定が多いと考えられる。

したがって、コーポレート・ガバナンスの改革は、制度的に取締役会と経営者（経営責任者）との役割分担を明白にすることにあり、取締役会は従業員の利益とともに株主の利益にも配慮し、企業成長の「最高責任者」として責務を全うすべきである。これによって、取締役の選任において株主、とくに機関投資家（日本だけではなく海外の機関投資家も含む）などの大株主の発言を強める必要がある。とりわけバブル崩壊後不良債権の処理のため、メインバンクを中心とする株式相互持合の解消による所有構造の変化はコーポレート・ガバナンス制度の改革に大きな影響を及ぼすことになる。つまり従来のメインバンクの代わりに、影響力と交渉力をもっている新たな発言アプローチを行使できる株主の出現が必要とされている。

このような発言アプローチを行使できる株主は株式を保有する期間次第である。この中にはポートフォリオの観点から投資行動による企業成長と利益への発言でなく、資産運用による株価と配当だけを目当てにして利益を獲得した後退出のために発言アプローチを行使する株主もいれば、長期的に資産運営のために株式を保有する株主もいる。もちろん、すべてのメインバンクが株式持合を解消するわけでない。その中で、取引関係による利益を考慮し、より慎重に選別することで長期株式を保有するメインバンクと投資業務とする短期保有の銀行もある。いずれにしても、企業の経営者は従来の日本企業の製品市場から競争を勝ち抜くだけの制御を受けるのみならず、経営者自体の規律や企業成長に関連する資産と利益の配分に関する資本市場の発言による制御も強く受ける

ことになる。この意味で、取締役会と企業経営に関するそれぞれの戦略の役割を果たす制度をリ・デザインしなければならない。

　日本企業に欠如しているのは企業者用役の利用・発見と創出という取締役会の制度機能である。実際のところ、こうした機関投資家はグローバルな投資を行っているので企業者用役としての取締役の選別もより広い視野で行われることが可能となる。このように取締役会自体の役割を制度上保証することは日本企業にとってますます重要である。

　一方、これによって従来の従業員主権型のコーポレート・ガバナンスの構造が放棄されるわけではない。つまり、従来の内部昇進とともに外部大株主の指名を融合することによって構成された取締役会は策定した戦略の実効性が高まることになる。それに加えて日本企業の強みである現場重視の経営能力は環境変化への適応・制度維持・新技術と新組織の創出などの内的誘引の創出においてより効果的に機能することになる。

　同様に戦略策定もアメリカ企業のような上から下までの「直線型」ではなく、日本企業のような下から上までの「スパイラル型」でもなく、両者融和的な型に落ち着く。戦略と組織との不合理が発生する場合、即座に戦略修正あるいは組織修正という意思決定が求められる。グローバル企業においては戦略のミスによって企業倒産にまで至る危険性があり、これは取締役会が責任をとることだけによって済む問題ではない。したがって、取締役会の改善を通じ、制度上保障を与える「直線型」と「スパイラル型」の融和によって、戦略策定の意思決定の正確性はより高くなる。むしろこれこそが日本のコーポレート・ガバナンス制度改革の本来の目的であるといえる。

　制度は人間行動をまとめると同時に、人間自体によって構成されたものであるので、人間の知識の獲得および欲望の変化によって固定されるものでもない。この意味で、「制度は個人行動の統御、解放、拡大についての集団行動である」（コモンズ,訳1958,p.25）、あるいは「制度は組織的構造物であり、人間行為の広範囲な可能性を一つまとまったシステムへ組織することである」（ホジソン,訳1997,p.131）、として考えられる。したがって、「制度は単に制約としてだけで

はなく、選好の形成を促し、選択のための知識の獲得を可能にするものとして感知されている」(ホジソン,訳1997,p.131)ので、制度の変化さらに変化せざるを得ない性質は重要である。

以上から、これまでの日本の企業制度に新たな知識などの要素を加えることで、つまり制度の再構成により企業成長を導くことは、企業者と経営者が担うべき責務なのである。

(2) 経営陣自体の制約

制度の制約によって戦略策定と経営能力の役割が不明確になっている。一方、制度の改革によって必ずしも企業者および経営者の能力が上昇するとはかぎらない。この理由としては企業家気質や経営者の能動性、さらに社会の風潮などがあげられる。

しかし、制度の制約が存在しても経営者は相応の権限を手中に収めた上で、制度の改善や制度のリ・デザインの能力があるならば、企業成長は認められる。さらにこのような経営能力とともに「資本主義的企業の創造にかかる新消費財、新生産方法ないし新輸送方法、新市場、新産業組織形態からもたされる」(シュムペーター,1947, P129)という「創造的破壊」をその前提とした「企業家精神」が求められる[7]。ただし、企業家気質次第で戦略にはその幅が認められる。

①内的成長に一辺倒な成長戦略

内的成長はそれぞれの企業において内的誘引の存在、つまり企業内部での資源の用役の利用、未使用用役の発見と創出によって、選択した企業の成長形態である。

日本企業が内的成長を選択した理由は、人的資源をベースとした未使用用役を利用するためである。もちろん資源から用役への転換は、これまで製品・技術における生産・開発ノウハウの蓄積、さらに消費者の嗜好の変化傾向や取引相手の確立などを含んでいる。

戦後の日本経済の高度成長は企業の内的成長に一辺倒の成長戦略によって確

立されてきた。さらに70年代以降、こうした成長戦略は人的資源をはじめ、さまざまな資源の蓄積によって自動車、一般機械などの広義の機械産業の省エネルギー製品の生産・研究開発・品質改善と「相性」の合う制度の確立によって促進されてきた。

　前述したように内的成長は、内的誘引つまり内部資源を重視する資源戦略論によって達成されたのである。しかし90年代以降、経済のグローバル化やIT技術など従来の企業成長の外部与件が大きく変わったことにより、内的成長をめぐる条件は、新製品・新技術の研究開発における時間サイクルが短縮したことによって、大きく変化した。このため内部資源の蓄積を重視する日本企業は国内市場および国際市場で勝ち残るために内部資源から用役への転換に必要な時間と資金の余裕がなくなったのである。

　さらに内的成長を実現してきた資源の用役が、新たな市場と技術の変化によって事業設立に有効性をもたなくなった場合には、企業は産業構造の転換に対応しきれなくなり、このような場合に新事業を成長させるために賃金削減・出向・従業員の自然減などの対応によって長期雇用を保証することは、かえって組織コストを膨張させることを意味する。すなわちこのような企業は、内部資源に依存しすぎて、事業転換ができなくなったため、あるいは事業転換ができても時間的な余裕がなくなったため、資源を企業内部に抱え込んだままでは（市場に還元できない内的成長の構造によって）存亡の危険に立たされるのである。

　とりわけ90年代以降、グローバルな市場と技術条件の変化は、従来の企業組織内部での資源から成長の用役に転換しないために、このような企業組織内部での資源はかえって内的障害になってしまうことになる。この場合に資源を抱え込んでいるだけで、資源が市場に還元されなければ、資源配分の観点からも非効率である。現実に90年代以降、多くの日本企業はまさにこのような状況に置かれてきたのである。この意味ではかつての成長パターンの思考に陥っている経営陣にとっては新しいビジネスモデルを作るための戦略の重要性がいっそう高くなってきているのである。

②経営能力の独自性

　藤本・延岡のアーキテクチャ産業論による「相性」のいい産業での組織能力は統合能力と選択能力に分けられる。こうした経営能力は、企業成長の観点から企業の「内的」と「外的」の障害と誘引を見分ける能力であり、さらに企業成長のためにこうした誘引と障害を組織内部に整合する能力でもある。この能力は企業戦略の策定能力でもある。

　戦略の策定能力は、企業成長における「内的」と「外的」の誘引と障害を見極め、実行に移される。一方、戦略の策定過程においては市場と技術の外部環境の変化を読み取る能力と同時に、組織内部での優位性を把握する能力も求められるのであり、内的成長と外的成長への選択能力をも要求される。

　多くの場合に、新製品あるいは新技術の開発および採用は、中小企業の方が大企業より先に行われるケースが多い。シュムペーターが期待した技術革新の担い手である大企業は経営者の独自性の欠如によって、出遅れる傾向がある。大企業が中小企業よりリスク回避の行動をとる理由は、組織規模の拡大につれて組織を有効に機能させるために、それぞれの制度を固持することで官僚的な組織性格が強くなってきたことにある。たとえば、第1章で論じたように製品と技術における「先へ」と「次へ」の創造精神の下で成長してきたソニーでさえ、90年代以降に組織の硬直性が強くなっているように思える。

　日本企業において戦略策定を中心的機能とする取締役会代表は、前述したように、成長を中心的機能とする社長を兼任するケースが多いようである。このような場合企業に必要とされる戦略の策定能力は、成長に有効な新技術やリスク行動をとらない、いわゆる外乱を排除する制度維持を執行する能力と重視されている。

　企業成長が停滞する場合に、経営者は企業成長に関する戦略的思考をとることはほとんど考えられない。なぜなら経営者はより内向きの視点で、新技術と新製品などのリスク回避によって、既存組織の下での輸出などにより成長回復を期待しているからである。しかし、実際にこうした時期こそ経営者には新たな成長に対する戦略的思考の重要性が求められるものである。

90年代以降に、ＩＴ技術の発達および応用を始めとする中核技術の提供の下での技術ネットワークの形成は、企業成長にとって新たな成長環境を提供している。つまり外部企業との提携によって企業成長を促進する技術条件はグローバル化する競争の下では必要不可欠である。企業にとっては中核技術の開発は莫大な資金と技術者が必要とされる。これは技術開発から実用化まで企業が大きなリスクを負っていることを意味する。さらに中核技術の開発から製品生産への応用までより多くの周辺技術開発も必要とされる。このような技術条件の下で、多くの大企業は従来の内部資源での蓄積による技術開発だけでなく、中小ベンチャー企業の買収を通じ、迅速に企業内部で技術を応用できるような行動もとっている[8]。

　企業が市場と技術という制約の下で中核技術を共同開発するのは[9]、他の企業との戦略提携によって時間的・資金的節約が可能である。同時に、企業は他の企業との中核技術を利用することは迅速に競争力を増大させ、また新たな市場を創出することによって企業成長を達成することも可能である。ただし、こうした行動は、戦略の観点からグローバルな技術的・人的資源に着眼しないかぎり、実現が不可能に近い。言い換えれば、新たな市場と技術の環境の下でこうした中核技術における企業の独自的な戦略の融合ができれば、従来と違う成長のパターンで企業成長を導くことが可能である。しかし、このことはグローバルな技術的ネットワークと取引ネットワークを構築しなければ難しいと考えられる[10]。

③経営能力の柔軟性

　企業組織内部および外部の環境変化は、企業成長に関する時間と強い相関関係をもっている。したがって、内的成長および外的成長の選択は企業成長の観点から迅速に判断する経営能力の柔軟性が必要である。

　経営能力における柔軟性は安易な戦略の変更ではなく、戦略の執行手段の変化に際して見受けられる。これまでの日本企業の経営能力においては戦略の策定能力の低下ではなく、戦略の策定と戦略の執行が混同されたことによって手

段と目的の関係が不明確になっていたためなのである。この意味で経営能力の有効性は低くなってきている。

　今日、世界的企業となったホンダやソニーの創業者は従来の官僚的な手続きに基づかない、成長形態に拘らない柔軟性を有するという特徴をもっていた。これら創業者は、自分の発想や夢について組織と意思疎通を図り、柔軟な成長行動を自由に発揮させることが可能であった。反面、この後継者たちはホンダやソニーのような企業組織が自分の在位期間に問題が起きないよう行動するという保全的な立場に立たされやすくなる。これらの経営者は、夢や発想を描く「創造的な破壊」の野心的企業家でなく、組織の維持を中心にして、より効率性を達成するために更なる硬直化・官僚化の組織を追求する経営者となってしまうのである。

　こうした組織に育成された経営者が外部環境の変化に対応するために前任者の成長戦略を修正し、あるいは廃棄する行動をとることは期待できない。ホンダやソニーのように、経営陣にすばらしい企業家と経営者を同時に有する企業も少ない。さらにホンダやソニーのような企業には後継者の選任によって、夢と発想をもつ企業家と経営者を求める文化はよりいっそう少ないと考えられる。したがって、制度と企業文化・慣行が企業経営者の行動を規定している大きな要因であると考えられるのである。

　これまで論じたように、80年までの経営能力は、景気変動が短期間であったり、海外市場へ輸出機会を見出したり、あるいは不況による減収減益も小幅であったりなど多分に幸運に恵まれていたので、伝統的な経営方針を維持しながらでも経営を支えていくのに有効であった。一方、90年代以降になると市場と技術条件が激しく変動しさらに長期間の不景気に陥っており、伝統的な枠組みでは対応しきれなくなっている。したがって、かつての経営能力の有効性も喪失しつつあり、また企業成長を回復する制度も機能しなくなっているのである。

　今日の日本企業の停滞は市場や技術などの環境変化・制度の制約・経営能力などの複合的な要因によって形成されている。再び企業を成長軌道に乗せるた

めに、企業は保有する資源・組織の状況・また市場環境・制度などの下で、「内的」と「外的」の誘引と障害を戦略的に思考し、新たな経営能力の柔軟性と独自性を発展・活用することが強く求められるのである。

注

1) 舟岡(1986,p.74)が、「企業統計を用いた企業分析は企業の経営内容と企業の意思決定の二つのタイプに分けられる」と強調している。これは舟岡によれば、企業組織における意思決定がそれぞれの企業成長のデータと対応し、とりわけそれぞれの能力の寄与度を通じ、企業の経営内容を反映するという違いである。したがって、本論文では企業成長を経営陣全体の能力として考えており、それぞれのデータへの対応、能力の分別、評価は行っていない。

2) 戦後日本の産業規制の歴史については鶴田の議論がある。詳細は鶴田(1997)を参照されたい。

3) こうした中間部品の調達が日本の関係企業間の取引が多くを占めているので、取引商品は完全に市販品ではないとわかる。付加価値率の高さは企業内部の高付加価値生産を意味するので、関係企業に対する外注可能性は高くないと考えられる。その外注部品は日本国内企業および海外進出した企業も含んでいる。

4) 池田(2001)によれば、コンピュータを代表する「デジタル革命」の特徴は企業の特殊的な知識を一般的なデジタル情報に置き換え、自由に流通させることを可能にし、結果として暗黙知の価値を相対的に低下させつつあることである。80年代の「デジタル革命」は単純な記号の変化操作に置き換えることによって高い効率を実現するという特徴を有する。90年代以降の「デジタル革命」は処理対象だけでなく処理するシステム自体がソフトウエアとしてデジタル情報で書かれ、汎用のパソコンで実行される。

5) 奥野(1999)によれば、①製品や企業形態の多様化の程度の促進、②情報の分散処理化と意思決定の分権化、③生産能力や販売能力を拡充するための調整費用が低下し、能力投資の上限がなくなる傾向、④未知の人々同士の経済取引をサ

ポートするオープン・ネットワークの可能性、などの点でＩＴ革命は経済社会に影響力をもつ。一方、平成12年の経済白書にも、情報化革命が情報の処理、伝達のコストの低下とともに経営のグローバル化に伴って、経営の標準化による外部取引コストの低減に繋がると記述されている。

6) モジュール化の概念およびモジュール化の生産方式が日本企業に及ぼした効果については『週刊ダイヤモンド』(2002.3.9期)を参照されたい。

7) シュムペーターによると企業者の機能において、改善能力を表現できるのは発明の利用・新技術の利用・新生産流通方式の利用・組織の革新にあるという(シュムペーター,訳1977,p.206)。一方、「経営学」のリーダーシップの行動科学理論においては、経営能力は業務や課題に関わる行動および対人関係に関わる行動という2軸を中心に議論される。詳細は『一橋ビジネスレビュー』(2002,AUG)を参照されたい。

8) たとえば第8回アジアサイエンス・パーク年会で、中小ベンチャー企業の買収を通じ、大手企業行動を紹介した栗田の論文がある。詳細はASPA第8回年会論文集を参照されたい。

9) ソニーの出井は2004年6月23日、中国上海における『広州日報』のインタビューで、ソニーの今後の成長戦略について、企業間共同の中核技術の提供と利用(特許を公開)を通じてより多くの企業が参加するネットワークの形成について語っている。一方、キヤノンのような特許技術を公開しない企業は今後特許の時限によって、競争力の喪失につながるという意見を述べられている。詳細はhttp://gzdaily.dayoo.com/gb/content/2004-06/24/content_1600893.htmを参照されたい。

10) こうした戦略は基礎技術の提供、たとえば特許の無料公開などを通じ、周辺技術の革新を促し、企業を新たな市場および技術形成に向かわせるものである。

結 び

　本書は、日本における企業成長の変化について考察したものであり、ペンローズの企業成長理論の諸概念を中心に、戦略の観点から組織内部の諸制度および人間の能力と企業成長との関係について論じたものである。
　これまで日本企業の経営能力は現場重視による組織効率性を中心として企業成長に大きく貢献してきた。しかし、90年代以降は環境変化とともに多くの企業の成長が低下している。その原因は、制度上の取締役と経営者の役割分担が不明確であることによって、従来の経営能力の有効性が低下したことにあると論じた。さらに企業成長の戦略策定に必要な企業者資源および経営者資源の「不足」、あるいはこうした資源による新たな用役の創出の不能となったことが、より深層的な要因であると考えられる。
　最後に新たな経営能力がどのように形成されるべきかについて論じ、結びに代えることとする。
　これまで企業成長の低下の原因は、制度的および経営者自体の独自性と柔軟性の欠如にあると論じてきた。このような経営者自身の問題は経営者が受けた教育やその教育に関わる社会環境に影響を受けている。ほとんどの日本の経営者は「意識的に規定された集団の原則に従わせるのではなく、自分の「心の中心」と社会的な場の意味の調和を目指すこと、さらに「和」という考え方」という日本式の教育(中込, 2004)を受けている。すなわち、経営者は個人としての集団帰属意識が高い反面、いかに企業を成長させるかという経営者の自己主張の意識が日本では教育されていない。さらにこうした自己主張が強い者への寛容的な雰囲気は見受けられないという社会学的要因もあげらよう。
　しかし、現在の企業組織をうまく運営し企業成長を実現している経営者の多くは、こうした日本の教育を受けたのと相俟って広い視野をもち、また国際経営の経歴をもった人物である。彼らは集団帰属意識が強い一方、仕事の現場で

欧米流の「意識の中心」による自己主張との融和を併せもつことで成功した人物であるといえる。この意味で、グローバル競争において「和」という現場重視の能力と「自己主張」を結合することは経営者自身の能力の拡大に大きく依存するものと考える。言い換えれば、欧米の経営者に比べ「自己主張」と「和」を融和する日本の企業経営者にその優位性を広げる可能性があることを意味している。今日の日産の成功は、まさにカルロス・ゴーンなりの「自己主張」および日本企業の「和」の下での現場重視の結合によるものであった。

日本でも、欧米の諸国でもそれぞれの社会環境の下でそれぞれの国の伝統に沿って教育を実施している。問題は多くの場合、各国自身の教育内容を正当化し、相手を否定し、また自分の知恵しか認めないということである。逆に自己を否定し相手を真似るだけの教育も問題である。これは近代の歴史においてアジア諸国にしばしば見られる現象であった。こうした学習により多くの社会問題を引き起こされ、その結果、莫大なコストを払うことになったこともある。市場競争に勝ち残るために、多くの企業は戦略の策定や組織の構築および戦術の運用など各国の成長の「原則」を探求している。それらの成長の「原則」を学習することで、新たな成功をも獲得した反面多くの企業が失敗したのも事実である。

『孫子の兵法』には、戦争の勝利をもたらしたのは戦争の「原則」でなく、「変則」と記述されている。したがって孫子の思想によると、企業が永遠に成長をしようとすれば、これまでの成功した「原則」でなく、むしろこれからの「変則」を探求すべきであるとされる。このような「変則」は異なる思想の融和、つまり老子の思想とした「中庸」でもある。「変則」は決して自己否定だけでなく自己肯定あるいは自己否定を融合し、新たな変化への適応また新たな変化の創出を可能にする。経営者に問われることは今後の変化のトレンドを読み取る経営能力および変化への臨機応変に対応する能力である。この意味で経営者は戦略家でなければならない。

これまでキャッチアップによる後発の優位性が利用する成長戦略およびそもそも日本企業には戦略のないというような批判は、企業成長の「変則」を模索

する過程を否定することである。実際に企業成長は欧米人、アフリカ人、アジア人などの人種に関係なく常に「変則」を模索する経営者がいるかどうかに関わる。

企業成長の成功および失敗はマリアン・ケラーが次のように述べていた。「歴史的に見て、成功を収めた大企業が長い間にほとんど消えていったのは、世界の政治の変化や経済の発展を認識してそれに適応することができなかったからだ。それゆえ、ローマ帝国は衰退して滅亡し、もはやロシア皇帝は存在せず、イギリスの東インド会社は勢いを失い、キュナード汽船は大西洋の両岸を結ぶ旅行事業の覇権を失った。新しいトレンドを認識する上で最も都合のよい位置にいるものが戦略を変更する必要性を見抜くうえでもっとも鈍感なのだ」(ケラー,訳1990,p.245)と。

しかし人類文明の長い歴史をみれば、企業組織の歴史はわずか500年程度に過ぎない。この意味で「企業は進化のごく初期段階にあり、潜在能力のごく一部を開発し、活用しているに過ぎない」(グース，1997)と考えれば、これまでの企業成長の成功と失敗にそれほど過敏に反応しなくてもよいと考える。

したがって、今日の日本企業の成功と失敗は企業歴史においてわずかなものに過ぎず、むやみに日本企業に対し悲観的な見方をもつ必要はなく、むしろこれまでの日本企業の成功に敬意を払い、さらに現在新たな「変則」を模索し、努力を続けている経営者に期待しよう。

参考文献

青木昌彦・伊丹敬之（1985）『企業の経済学』岩波書店
青木昌彦（1992）『日本経済の制度分析』永易浩一訳 筑摩書房
青木昌彦（1995）『経済システムの進化と多元性』東洋経済新報社
青木昌彦・奥野正寛（1996）『経済システムの比較制度分析』東京大学出版会
青木昌彦・パトリック・H（1996）『日本のメインバンク・システム』東銀リサーチ インターナショナル訳 白鳥正喜監訳 東洋経済新報社
青木昌彦・奥野正寛・岡崎哲二（1999）『市場の役割国家の役割』東洋経済新報社
青島矢一・加藤俊彦（2003）『競争戦略論』東洋経済新報社
赤塔政基（1991）『最適解の戦略経営』ダイヤモンド社
浅沼万里・菊谷達彌（1997）『日本の企業組織革新的適応のメカニズム』東洋経済新報社
池田信夫（2001）「デジタル革命が求める組織革新」『一橋ビジネスレビュー』2001 WIN 東洋経済新報社
石川馨（1981）『日本的品質管理』日科技連出版社
伊丹敬之（1993）『人本主義企業』筑摩書房
伊丹敬之（1984）『新・経営戦略の論理』日本経済新聞社
伊丹敬之（2000）『日本型コーポレート・ガバナンス』日本経済新聞社
伊丹敬之・加護野忠男（1989）『ゼミナール経営学入門』日本経済新聞社
伊丹敬之・加護野忠男・伊藤元重（1993）『日本の企業システム』全4巻 有斐閣
伊丹敬之・加護野忠男・小林孝雄・榊原清則・伊藤元重（1988）『競争と革新—自動車産業の企業成長』東洋経済新報社
伊藤秀史（1996）『日本の企業システム』東京大学出版会
今井賢一・伊丹敬之・小池和男（1982）『内部組織の経済学』東洋経済新報社
今井賢一・小宮隆太郎（1989）『日本の企業』東京大学出版会
今井賢一・香西泰（1984）『21世紀をめざす研究開発型企業』東洋経済新報社
今井賢一（1984）『情報ネットワーク』岩波新書
今西伸二（1988）『事業部制の解明』マネジメント社
ウィリアムソン・O・E（1980）『市場と企業組織』浅沼万里・岩崎晃訳 日本評論社
植草益（1982）『産業組織論』筑摩書房
上杉治郎（1999）『自動車業界・繁栄の時代は終わった』エール出版社
ウェストニー・A（1995）「日本企業の研究開発」青木昌彦・ドーア・R編著『シス

テムとしての日本企業』NTT出版
ウオマック・J・P・ルース・D・ジョーンズ・T（1990）『リーン生産方式が，世界の自動車産業をこう変える。』沢田博訳 経済界
碓氷悟史（2003）『日産のV字回復を会計で読む』中経出版
大野耐一（1978）『トヨタ生産方式』ダイヤモンド社
岡崎哲二・奥野正寛（1993）『現代日本経済システムの源流』日本経済新聞社
小川英次（1983）「日本企業の生産システム」『ビジネスレビュー』Vol.30 No.3,4 ダイヤモンド社
小佐野広（2001）『コーポレート・ガバナンスの経済学』日本経済新聞社
小田切宏之（1998）『日本の企業戦略と組織』東洋経済新報社
加護野忠男・野中郁次郎・榊原清則・奥村昭博（1983）『日米企業の経営の比較：戦略的環境適応理論』日本経済新聞社
勝見明（2003）『ソニーの遺伝子』日本経済新聞社
カルダー・K・E（1994）『戦略的資本主義』谷口智彦 日本経済新聞社
河合忠彦（1996）『戦略的組織革新』有斐閣
北原貞輔（1985）『不確実性下の経済・経営システムの研究』九州大学出版会
グース・A・D（1997）「リビング・カンパニー」『ハーバード、ビジネス、レビュー』森尚子訳 ダイヤモンド社
クレイナー・S（2000）『マネジメントの世紀1901-2000』嶋口充輝・黒岩健一朗・岸本義之訳 東洋経済新報社
ケインズ・J・M（1995）『雇用・利子および貨幣の一般理論』塩野谷祐一訳（初版1936）東洋経済新報社
ケラー・M（1990）『GM帝国の崩壊』鈴木主税訳 草思社
コース・R・H（1992）『企業・市場・法』宮沢健一・後藤晃・藤垣芳文訳 東洋経済新報社
小池和男（1999）『仕事の経済学』（初版1991）東洋経済新報社
小池和男（1994）『日本の雇用システム』東洋経済新報社
小池和男・中島宏之・太田聡一（2001）『ものつくりの技能』東洋経済新報社
幸田一男（1984）『意欲と動機と組織』中央経済社
後藤晃（1993）『日本の技術革新と産業組織』東京大学出版会
小林峻一（2002）『ソニーを創った男井深大』ワック
小宮隆太郎（1988）『現代日本経済：マクロ的展開と国際経済関係』東京大学出版会
小宮隆太郎（1989）『現代中国経済：日中の比較考察』東京大学出版会

コモンズ・J・R（1958）『集団行動の経済学』春日井薫・春日井敬訳 文雅堂書店
佐藤公久（1993）『日本企業・先見力の時代』ＰＨＰ研究所
佐藤義信（1988）『トヨタグループの戦略と実証分析』白桃書房
塩入肇（1991）『実践市場シェアアップ戦略』日本能率協会
重沢俊郎（1981）『孫子の兵法』日中出版
渋谷武夫（1994）『経営分析の考え方・進め方』中央経済社
島田晴雄（1994）『日本の雇用』ちくま新書
清水啓典（1997）『日本の金融と市場メカニズム』東洋経済新報社
下川浩一（1990）『自動車』日本経済新聞社
シュムペーター・J・A（1977）『経済発展の理論』塩野谷祐一・中山伊知郎・東畑精一訳（初版1951）岩波書店
ジョンソン・C（1982）『通産省と日本の奇跡』矢野俊比古監訳 TBSブリタニカ
白沢照雄（1990）『自動車業界』教育社
末政芳信（2001）『ソニーの連結財務情報』清文社
鈴木淑夫（1993）『日本の金融政策』岩波新書
鈴木成裕（1994）『企業意思のリデザイン』講談社
関本安孝（1978）『新版経済学史』梓出版社
ゼミナール（1990）『現代日本企業入門』日本経済新聞社編
『Sony chronicle : Since 1945 製品の歴史でつづるソニーの足跡とその未来』（2000）ソニー・マガジンズ
高木仁・黒田晃生・渡辺良夫（1999）『金融システムの国際比較分析』東洋経済新報社
高野光一（2003）『ソニーの決断』日経出版販売日経事業出版センター
立石泰則（2003）『異端の勇気：ソニー革命の起爆剤』中央公論新社
ダートウゾス・M・L・レスター・R・K・ソロー・R・M（1990）『Made in America』依田直也訳 草思社
チャンドラー・A・D(1979)『経営者の時代』（上下）鳥羽欽一郎・小林袈裟治訳 東洋経済新報社
チャンドラー・A・D・ジュニア（1967）『経営戦略と組織：米国企業の事業部制成立史』三菱経済研究所訳 実業之日本社
土屋勉男・大鹿隆（2002）『最新・日本自動車産業の実力』ダイヤモンド社
土屋守章（1993）『企業と戦略』メディアファクトリー
鶴田俊正（1999）「日本の企業システム・メインバンクシステム・展望」『専修経済

学論集』第 34 巻第 1 号
鶴田俊正（1997）『規制緩和』ちくま新書
鶴田俊正・伊藤元重（2001）『日本産業構造論』ＮＴＴ出版
出水力（2002）『オートバイ・乗用車産業史』日本経済評論社
ドーア・R（2001）『日本型資本主義と市場主義の衝突』藤井真人訳 東洋経済新報社
ドラッカー・P・F（1985）『イノベーションと起業家精神：実践と原理』上田惇生・佐々木実智男訳 小林宏治監訳 ダイヤモンド社
ドラッカー・P・F（1993）『ポスト資本主義社会』上田惇生・田代正美・佐々木実智男訳 ダイヤモンド社
中込正樹（2004）『事業再生のマクロ経済学』岩波書店
中根千枝（1978）『タテ社会の力学』講談社
新原浩朗（2004）『日本の優秀企業研究』日本経済新聞社
日経ビジネス人文庫（2001）『俺たちはこうしてクルマをつくってきた』日本経済新聞社
日本生産性本部組織研究会（1975）『企業戦略と経営組織』日本生産性本部
ハーシュマン・A・O（1970）『組織社会の論理構造』三浦隆之訳 ミネルヴァ書房
バーナード・C・I（1968）『経営者の役割：新訳』山本安次郎・田杉競・飯野春樹訳 ダイヤモンド社
バーナード・C・I（1990）『組織と管理』飯野春樹監訳 日本バーナード協会訳 文真堂
林周二・中村隆栄（1986）『日本経済と経済統計』東京大学出版会
ビーア・S（1987）『企業組織の頭脳』宮沢光一監訳 啓明社
広田真一・池尾和人「企業金融と経営の効率性」（1996）『日本の企業システム』伊藤秀史編 東京大学出版会
フォアイン（2000）『グローバルサプライヤーの世界再編とモジュール / システム化動向』Fourin 社
深尾光洋（1999）『コーポレート・ガバナンス入門』ちくま新書
深尾光洋・森田泰子（1997）『企業ガバナンス構造の国際比較』日本経済新聞社
藤本隆広・クラーク・K・B（1993）『製品開発力』田村明比古訳 ダイヤモンド社
藤本隆広・武石彰（1994）『自動車産業 21 世紀へのシナリオ』生産性出版
藤本隆広（1997）『生産システムの進化論』有斐閣
藤本隆広・西口敏弘・伊藤秀史（1998）『リーディングスサプライヤー・システム』有斐閣

藤本隆広・延岡健太郎（2004.08.04）「日本の得意産業とは何か：アーキテクチャと組織能力の相性」経済産業研究所
ブルックス・Ｊ（1991）『アメリカのＭ＆Ａ』東力訳 東洋経済新報社
ベッカー・Ｋ・Ｓ（1976）『人的資本』佐野陽子訳 東洋経済新報社
ペンローズ・Ｅ・Ｔ（1962）『会社成長の理論』末松玄六訳 ダイヤモンド社
ホジソン・Ｇ・Ｍ（1997）『現代制度派経済学宣言』八木紀一郎・橋本昭一・家本博一・中矢俊博訳 名古屋大学出版会
ポーター・Ｍ・Ｅ（1982）『競争の戦略』土岐坤他訳 ダイヤモンド社
ポーター・Ｍ・Ｅ（2002）『競争戦略論』竹内弘高訳 ダイヤモンド社
堀内昭義・花崎正晴（2000）「メインバンク関係は企業経営の効率化に貢献したか」VOL.21-1 日本政策投資銀行設備投資研究所
正村公宏（1985）『戦後史』（上下）筑摩書房
正村公宏（1997）『改革とは何か』ちくま新書
万仲脩一（2001）『企業体制論—シュタインマン学派の学説』白桃書房
三戸節雄（1981）『ホンダ・マネジメント・システム』ダイヤモンド社
南亮進（1992）『日本の経済発展 第２版』東洋経済新報社
宮本光晴（1995）『企業と組織の経済学』新世社
宮本光晴（1999）『日本の雇用をどう守るか』ＰＨＰ新書
宮本光晴（2000）『変貌する日本資本主義』ちくま新書
宮本光晴（2004）『企業システムの経済学』新世社
ミルグラム・Ｐ・ロバーツ・Ｊ（1997）『組織の経済学』奥野正寛・伊藤秀史・今井春雄・西村理・八木甫訳 ＮＴＴ出版
村松司叙（1995）『日本のＭ＆Ａ』中央経済社
孟勇（2001）「日本の企業システム・取引関係の考察」専修社会科学論集第 27 号
孟勇（2003）「要素市場の変化と企業組織の行動」専修社会科学論集第 31 号
モンクス・Ｒ・Ａ・Ｇ・ミノウ・Ｎ（1999）『コーポレート・ガバナンス』太田昭和訳 生産性出版
八木勤（2000）『ソニー ＩＴ革命の衝撃』中経出版
安岡哲夫・坂垣博・上山邦雄・川村哲二・公文博（1991）『アメリカに生きる日本的生産システム』東洋経済新報社
吉田和男（1996）『解明日本型経営システム』東洋経済新報社
吉田昇三（1974）『ウェーバーとシュムペーター』筑摩書房
吉冨勝（1998）『日本経済の真実』東洋経済新報社

吉原英樹・林吉郎・安室憲一（1995）『日本企業のグローバル経営』東洋経済新報社
米倉誠一郎（1999）『経営革命の構造』岩波新書
ライベンシュタイン・H（1992）『企業の内側 階層制の経済学』鮎沢成男・村田稔監訳 中央大学出版部
ロー・M・J（1994）『アメリカの企業統治』北條裕雄, 松尾順介監訳 東洋経済新報社
ロビンズ・L（1957）『経済学の本質と意義』中山伊知郎・辻六兵衛訳 東洋経済新報社
ローランド・ベルガー＆パートナー・ジャパン自動車戦略チーム（2002）『自動車産業勝者の戦略ガイドブック』日刊自動車新聞社

『新版 わが国の金融制度』（1995）日本銀行金融研究所
『ハーバード、ビジネス、レビュー』各号 ダイヤモンド社
『一橋ビジネスレビュー』各号 東洋経済新報社
『週刊ダイヤモンド』2002.3.9期 ダイヤモンド社
『週刊東洋経済』各期 東洋経済新報社
『経済統計年報』各年巻 日本銀行
『経済統計年鑑』各年巻 東洋経済新報社
『経済白書』各期 経済企画庁（内閣府）
『ソニー有価証券報告書』各年度
『ホンダ有価証券報告書』各年度

孟 勇（モウ　ユウ）

1966年3月中国・上海生まれ
1992年10月来日
1998年3月専修大学経済学部経済学科卒業
2006年3月専修大学大学院博士課程修了　博士号（経済学）取得
現在　横浜国立大学VBL講師／中核的研究機関研究員

日本企業の組織行動研究　企業成長の組織的課題

2007年2月20日　第1版第1刷

著　者　孟　勇
発行者　原田　敏行
発行所　専修大学出版局
　　　　〒101-0051　東京都千代田区神田神保町3-8-3
　　　　　　　　　　㈱専大センチュリー内
　　　　電話　03-3263-4230㈹
制　作　株式会社　パンオフィス
印刷・製本　平河工業社

©Meng Yong 2007 Printed in Japan
ISBN978-4-88125-189-8

◇専修大学出版局の本◇

少年の刑事責任──年齢と刑事責任能力の視点から
渡邊一弘著　　　　　　　　　　　　　　　A5判　282頁　3990円

大学教育と「産業化」
吉家清次著　　　　　　　　　　　　　　　A5判　192頁　2100円

天然ガス産業の挑戦──伸びゆく各国の動向とその展望
小島直他著　　　　　　　　　　　　　　　A5判　264頁　2940円

知識の構造化と知の戦略
齋藤雄志著　　　　　　　　　　　　　　　B5判　256頁　3045円

米国統治下沖縄の社会と法
中野育男著　　　　　　　　　　　　　　　A5判　312頁　3360円

日本国憲法第9条成立の思想的淵源の研究
──「戦争非合法化」論と日本国憲法の平和主義
河上暁弘著　　　　　　　　　　　　　　　A5判　424頁　6510円

専修大学社会科学研究叢書8
中国社会の現状
専修大学社会科学研究所編　　　　　　　　A5判　220頁　3675円

戦前期中小信託会社の実証的研究
──大阪所在の虎屋信託会社の事例
麻島昭一著　　　　　　　　　　　　　　　A5判　512頁　7980円

（価格は本体＋税）

◇専修大学出版局の本◇

はんらんする身体
香山リカ 下斗米淳 貫成人 芹沢俊介著　　　　四六判　200頁　1890円

J・S・ハクスリーの思想と実践
笹原英史著　　　　　　　　　　　　　　　　A5判　480頁　7140円

リットの教育哲学
西方守著　　　　　　　　　　　　　　　　　A5判　256頁　3780円

現代アメリカにおけるホームレス対策の成立と展開
小池隆生著　　　　　　　　　　　　　　　　A5判　272頁　3990円

首都圏人口の将来像——都心と郊外の人口地理学
江崎雄治著　　　　　　　　　　　　　　　　A5判　182頁　2940円

ユングの宗教論——キリスト教神話の再生
高橋原著　　　　　　　　　　　　　　　　　A5判　324頁　3045円

ヴェーバー社会科学の現代的展開
　　——グローバル化論との結合の試み
川上周三著　　　　　　　　　　　　　　　　A5判　252頁　3360円

運動イメージと自律反応
大石和男著　　　　　　　　　　　　　　　　A5判　136頁　2520円

（価格は本体＋税）

◇専修大学出版局の本◇

はんらんする身体
香山リカ 下斗米淳 貫成人 芹沢俊介著　　　　四六判　200頁　1890円

やおい小説論──女性のためのエロス表現
永久保陽子著　　　　　　　　　　　　　　A5判　400頁　4410円

四本和文対照　捷解新語
林義雄編　　　　　　　　　　　　　　　　A5判　236頁　5775円

岡本かの子作品研究──女性を軸として
溝田玲子著　　　　　　　　　　　　　　　A5判　214頁　2520円

小林秀雄　創造と批評
佐藤雅男著　　　　　　　　　　　　　　　A5判　300頁　2940円

佐藤春夫作品研究──大正期を中心として
遠藤郁子著　　　　　　　　　　　　　　　A5判　244頁　2520円

歪む身体──現代女性作家の変身譚
カトリン・アマン著　　　　　　　　　　　A5判　220頁　2520円

The Global Economy in the News 2
──英字新聞で読む国際経済の動き──《CD付き》
常行敏夫／岡山陽子／金谷佳一／トム・ガリー編　　A5判　96頁　2520円

（価格は本体＋税）